Journal d'un éveil du 3ème œil

tome 1

Christophe ALLAIN

Journal d'un éveil du 3ème œil

Tome 1

COLLECTION
SPIRITUALITE

LES EDITIONS ATLANTES

Collection dirigée par Christel SEVAL

Visitez et commandez sur notre site internet :
www.interkeltia.com

Ecrivez-nous : interkeltia@hotmail.fr

© 2011 Christel Seval. © Illustration Amar Djouad – www.djouad.com
© Maquette de couverture Amar Djouad.
Edité par les éditions Atlantes, 7 rue Pasteur, Jouy en Josas, France.
Tous droits réservés pour tous pays.
ISBN 978-2-36277-002-9.
En application de la loi du 11 mars 1957, il est interdit de reproduire intégralement ou partiellement le présent ouvrage sans l'autorisation expresse des auteurs. Imprimé en Bulgarie.

Je remercie ma femme Carine qui m'a toujours soutenu dans ma recherche du divin, quelles que soient mes étrangetés,

bien sûr mon meilleur ami Pascal sans qui tout ce travail n'aurait pas été possible.

Je remercie tous les lecteurs de mon blog : http://evolutionspirituelle.over-blog.com

entre autres Florence dont les remarques plus que pertinentes m'ont souvent permis d'évoluer,

et une spéciale pour Didier qui corrige toujours aussi promptement mes fautes d'orthographe.

Et n'oublions pas mon éditeur qui n'a pas ménagé sa peine pour rendre mes textes publiables dans un livre et qui partage la même quête de lumière que moi.

Christophe Allain

Préface

La chose la plus traumatisante de l'éveil du troisième œil et de la kundalini n'a certainement pas été la perception des énergies : au contraire cela a tout rendu bien plus excitant et m'a ouvert des voies dont je n'osais rêver dans ma jeunesse. Quoi de plus excitant de réaliser qu'au final « la magie » existe malgré tous ses détracteurs et qu'il est possible de faire autre chose que métro boulot dodo dans la vie ? Le vrai traumatisme qui m'a conduit chez un psy avec l'impression d'être devenu fou, est la transformation de mon « monde ». Avant, mon corps était bien défini : je percevais uniquement de la chair. Après la chair il y avait les poils et, après, il n'y avait plus rien. Brusquement, mon corps n'a plus été mon repère : je me suis retrouvé comme un flot d'énergie habillé d'un corps. Cela a complètement changé ma perception de moi-même. Avant, le monde que je voyais était constant : un arbre était un arbre, une voiture était une voiture et un chien était un chien. Il ne me venait même pas à l'esprit que les gens puissent voir autre chose que moi, donc quand quelqu'un ne voyait pas quelque chose qui me crevait les yeux, je pensais simplement que la personne était stupide, et moi super intelligent ! Quelle veine ! Si quelqu'un voyait quelque chose que je ne voyais pas du premier coup, je me disais que c'était parce qu'elle était mieux placée que moi, ou bien parce que je n'y avais pas prêté attention.

Nous sommes bien intégrés dans notre monde : nous le touchons, le sentons, le voyons, le goûtons, l'entendons. Il n'est pas possible au premier abord que nous n'en

fassions pas partie intégrante. On a beau nous dire à l'école que notre perception est générée par notre cerveau, que ce que nous voyons est une illusion, nous n'y prêtons pas attention. Nous disons « oui, oui » au professeur et puis nous retournons dans notre monde où nous sommes si bien incrustés.
ET puis un matin, tu te lèves et le monde n'est plus le même ! Et là, tu ne peux plus oublier que c'est une illusion : tu ne peux plus « T'OUBLIER » dans l'illusion. C'est trop différent, ton mental disjoncte. Il le dit lui même ! L'image ne correspond plus ! J'ai vu cette rue pendant dix ans, je la connais pas cœur : c'est la même, et plus la même !

BUG.

Il m'a fallu un an pour réussir à intégrer cette expérience. Pendant cette période, j'avais les yeux exorbités, on aurait dit que je sortais directement de la secte « richnous » des inconnus. Moi-même je me terrifiais en me regardant dans un miroir : on aurait dit un illuminé, quelqu'un qui a effleuré le divin. Et au final, c'est bien ce que j'étais. Il m'a fallu plus de dix ans pour pouvoir écrire ce qu'ont impliqué toutes ces années pour moi.
La transformation en soi est simple, le monde des hommes n'a pas changé : nos voitures, nos blocs de bétons, nos rues toutes goudronnées sont toujours les mêmes. Mais la nature s'est transformée ! La première fois que j'ai vu un arbre, la réflexion qui m'est venue à l'esprit a été : « la forêt est devenue magique, comme dans les dessins animés, elle est enchantée ! » Et je disais ça en regardant deux pauvres platanes perdus dans une forêt de béton. Mais ils étaient tellement majestueux que je ne voyais plus la rue à côté. La lumière s'est transformée d'une manière indéfinissable et surtout les reflets ! Les couleurs sont plus vives ! Mon monde

d'avant était terne et moche : je suis passé d'une veille télé minable à un super écran couleur (avant, je ne savais pas que le monde que je voyais était terne et moche : c'était le seul que j'avais !).
Le plus grand mystère est dans les arbres et la nature. Lorsque le soleil éclaire un arbre, il réfléchit la lumière comme un diamant ! Cela n'arrive pas tout le temps. Parfois, le même endroit avec la même luminosité va être identique : je ne verrai que « la forêt enchantée » qui est déjà très belle. Mais parfois, au gré de l'ouverture d'un centre énergétique quelconque, les choses se transforment encore : les arbres deviennent des diamants vivants qui réfléchissent la lumière dans tous les sens ! Dans ces moments là, je peux regarder stupidement par la fenêtre pendant des heures, je peux oublier de traverser en regardant un pauvre platane tout déplumé en plein hiver à coté d'un feu rouge : la nature me donne le goût du divin, je le sens dans ma bouche, je l'ai sur le bout de la langue, je sens qu'un seul pas dans cette direction et je pourrais entrer de plain-pied dedans. Je suis comme un affamé qui sent l'odeur de son repas, le cherche partout mais n'arrive pas à le trouver.
Je sens le divin dans la lumière reflétée par les arbres de diamants !

"Et il était incroyable de comprendre que la lumière est vivante. La lumière est un être vivant qui contient toute la sagesse de l'univers et occupe chaque espace."
La voix de la connaissance, par Don Miguel Ruiz.

Au début j'ai cru que j'étais fou. Alors je suis allé voir un psychologue et je lui ai tout raconté en me disant qu'il me donnerait des cachets. Mais après plus de vingt séances à raconter toutes les choses que je voyais et expérimentais avec mes yeux plus ou moins exorbités, il a conclu en disant que je n'avais simplement aucune

maladie mentale connue. Alors j'ai laissé tombé la théorie, les idées reçues de la société, et j'ai décidé que ma voie désormais serait d'expérimenter l'univers pour trouver le divin qui nous crève les yeux et pourtant que nous ne voyons pas !
Quel intérêt de raconter toutes ces choses aujourd'hui ? D'abord, de m'en libérer. Ensuite je rends ce qu'on ma donné : à cette époque quand j'ai compris que la science ne pouvait rien pour moi, les témoignages des gens qui ont eu la même expérience que moi m'ont énormément aidé à trouver ma voie.

Aujourd'hui, c'est à moi de laisser un témoignage pour les autres.

Introduction

Avant, je faisais, me semble-t-il, comme tout le monde. Je croyais plus ou moins ce qu'on me disait à l'école et à la télé. On me disait : ta vie va être de bosser pour avoir de bonnes notes, puis bosser pour avoir de l'argent, puis, enfin, tu seras à la retraite et tu te reposeras. Dieu et la religion n'existent pas, ce sont juste des superstitions (mes parents sont athées).
Pas terrible comme vie mais bon ok, je vous crois.
Vous êtes mes professeurs, mes parents ; vous savez ce qui est bon pour moi.
Il y a plus de dix ans, suite à une longue période de méditation faite en toute innocence, le monde s'est brusquement transformé. Je me suis aperçu que, finalement, ce qu'on me disait à la télé n'était pas la vérité, peut être que mes parents ne savaient pas vraiment, et qu'il était peut-être temps de chercher seul le but réel de ma vie.
C'est à cette époque que nous avons commencé à expérimenter avec mon pote, Pascal. Pourquoi à deux ? Nous avons des visions complètement différentes : si je m'embarque dans un fantasme personnel, il me ramène dans le monde réel (plutôt abruptement) et inversement. Car il est tellement facile de voir les problèmes des autres et tellement impossible de voir les siens, alors autant travailler à deux : tu me dis mes problèmes, tu m'aides à les régler et inversement.
Nous ne jugeons rien, ne crachons sur rien et nous expérimentons tout ce que notre intuition juge acceptable. Cela marche, on voit comment l'intégrer à nos buts et on continue. Cela ne marche pas, on arrête et on passe à autre chose…

Voici le récit de nos diverses expériences qui continuent encore aujourd'hui.

Expériences

Tous les faits relatés ici ont été réellement vécus.
J'ai essayé de les relater au mieux en étant le plus proche possible de mon ressenti.

Expérience 1
La méditation

Il y a donc plus d'une dizaine d'années, lors d'une période assez difficile de ma vie, je me suis mis à méditer. J'avais appris une méditation simple lors de cours de yoga : cela consistait à se coucher et à fixer un point au plafond en laissant passer les pensées. Je cogitais trop à l'époque, et cette méthode m'a semblé parfaite pour me détendre. Je me suis donc installé et ai commencé à méditer.

La plupart des gens sont incapables de rester éveillés plus de cinq minutes dans cette position : généralement un concert de ronflements suit le début de la méditation dans un cours de yoga classique. Mais moi, je suis incapable de m'endormir sur le dos : je ne dors que sur le ventre.

L'idée est de fixer un point en ne pensant à rien et en attendant le sommeil, pour surprendre la frontière où on bascule de la réalité dans le rêve.

Donc je commence à fixer mon point et à laisser passer les pensées.

– Au bout de dix minutes, le corps commence à s'engourdir et la vision se trouble.

– Au bout de trente minutes, le bien être est total : la tête commence à être vraiment vide et la sensation d'engourdissement arrive.

Des sensations bizarres surviennent. A chaque nouvelle sensation, une légère crispation de peur interrompt le processus et il faut recommencer. Mais on s'habitue et, petit à petit, on reconnaît les sensations et on n'y prête plus attention.

– Au bout d'une heure, le corps est paralysé, une lumière dorée semble émaner de toutes choses, sans compter des troubles bizarres de la vision. On est toujours pleinement éveillé et conscient de l'environnement. A ce moment là, les larmes coulent toutes seules et on est incapable de les essuyer, c'est très libérateur.

– Au bout d'une heure et demie, on arrive dans un état qui dépasse le simple plaisir : c'est une espèce de trip où l'esprit est libre de toute tension, le corps n'existe plus, on est une espèce de chose informe qui flotte dans un océan invisible. On a l'impression de flotter et en même temps d'accélérer. Le plaisir est total.

– Au bout de trois heures, on approche vraiment du sommeil : les larmes ont séché depuis longtemps sur les joues et le rêve éveillé commence, le point se transforme en papillon ou bien les meubles se mettent à voler.

On est si près du réveil que ces rêves éveillés semblent aussi réels que la vie de tous les jours, mais la moindre tentative pour bouger met fin à tout et vous renvoie de l'autre côté de la frontière. C'est une expérience assez intéressante qui fait fortement relativiser la réalité que nous contemplons tous les jours.

Voila, j'arrête de méditer, il s'est écoulé quatre heures.

A cette époque, je m'aperçois que je suis capable de méditer quatre heures sans la moindre difficulté.

Et le plaisir est tel qu'il doit approcher celui d'un trip à la drogue. Je n'ai jamais fumé de cigarette, et encore moins de pétard, donc j'ai du mal à avoir une idée, mais, en gros, on a tout le plaisir de la cuite (la phase de montée lors des premiers verres où on est euphorique) sans aucun effet secondaire, en mille fois plus fort. La notion d'extase mystique prend tout son sens lorsqu'on a expé-

rimenté cet état. Accessoirement, on obtient énormément d'effets secondaires bénéfiques : du bien être au quotidien, un regain d'énergie, des capacités de réflexion accrues. Et il n'y a aucun effet d'accoutumance, même psychologique. Il faut méditer au moins une heure pour voir venir les effets, alors la motivation a intérêt d'y être (avec la pratique, la durée avant d'obtenir des effets secondaires intéressants se réduit de plus en plus).
Tous les soirs, je montais dans ma chambre à vingt heures pour aller soi-disant me coucher, et je méditais jusqu'a minuit.
Cela a duré six mois, jusqu'à ce qu'un événement étonnant survienne.

Expérience 2
Un événement vraiment étonnant

Un soir comme les autres, me voilà à vingt heures dans ma chambre, prêt à méditer. Maintenant, il me faut beaucoup moins de temps pour entrer en méditation profonde. L'engourdissement s'installe. Puis la sensation de flottement avec cette accélération habituelle. Je suis là, sur mon lit, les yeux grand ouverts, et en même temps, je suis ballotté sur cet océan invisible tout en fonçant à une vitesse vertigineuse. Les larmes ont presque fini de sécher quand, soudain, quelque chose de bizarre se passe : je distingue une lumière très forte quelque part au-dessus de moi. Je tourne mes deux yeux vers l'endroit d'où semble venir la lumière : un point en plein milieu du front. Je louche un peu pour y parvenir.
Et d'un coup c'est l'explosion : j'ai l'impression d'avoir été branché sur une centrale nucléaire.
Lorsque j'étais jeune, j'ai mis les doigts dans une prise : j'ai reçu une sacrée châtaigne. La sensation physique n'était rien comparée à celle que je ressens maintenant. C'est comme si un courant électrique d'une puissance indescriptible avait jailli de mon bas-ventre pour s'élancer vers le sommet de mon crâne. J'ai l'impression de brûler vif tout en étant traversé par un courant qui devrait m'anéantir sur place, et pourtant la sensation dépasse tous les plaisirs que j'ai connus avant. C'est plus que sexuel, et plus que toute jouissance qu'on puisse ressentir. Un bruit assourdissant et bienfaisant, comme

celui d'un torrent, m'emplit les oreilles. Je suis une prise électrique qu'on a enfin branchée : je sens à l'intérieur (et à l'extérieur !) de moi toute une série de câbles, petits et grands, avec des ramifications infinies qui conduisent naturellement ce courant qui me traverse tout en entier et au delà.

Une sensation totalement surréaliste, surtout que je suis toujours bien là, allongé sur mon lit. La sensation est tellement plus forte qu'une sensation physique qu'elle prend le pas sur tout le reste. J'ai l'impression d'être comme ces méduses qui ne sont constituées que de l'eau qu'elles traversent : je suis un corps creux, traversé entièrement par un flot d'énergie surpuissant qui me donne vie.
Curieusement, je n'ai pas peur.
Cette sensation dure un temps totalement indéfini et je m'en délecte jusqu'à une heure avancée de la nuit.
Beaucoup plus tard, quand la sensation de brûler vif semble s'apaiser un peu, je crois que je finis par m'endormir. Je suis inquiet quand même, mais il sera plus facile de comprendre tout ceci à la lumière du jour.

Expérience 3
Un monde transformé

Le lendemain matin je me réveille avec une sensation étrange. Je n'ai plus la sensation de brûler, mais j'entends toujours cette chute d'eau lointaine qui se met à rugir dès que j'y porte attention. Je suis toujours traversé par un flot continu d'énergie, et mes sensations du toucher sont étendues au delà de mon corps : je sens tous les objets situés jusqu'à dix cm de moi comme si je les touchais ! Comme si les contours de mon corps, pourtant bien définis jusque là, avaient été remplacés par un fondu enchainé avec mon environnement.

Je me lève en attendant que cela se dissipe mais il n'en est rien. Au contraire, en traversant ma chambre, la sensation se transforme. J'ai plus que jamais l'impression d'être une méduse qui parcourt un océan en étant traversée par l'eau dans laquelle elle navigue. Et cette eau n'est pas toujours propre. Suivant les endroits où je suis dans la pièce ça brûle, c'est froid, ça pique, ça a même un goût très étrange. Je sens le goût de mon environnement par la peau et même au delà de ma peau. Cette sensation est tellement plus forte que les sensations physiques normales, que la sensation de mes pieds sur le sol paraît faible en comparaison.

Je m'habille tant bien que mal en me décidant à aller suivre mes cours. Après tout, cela va peut être passer en prenant l'air. Je sors dehors et là, les bras m'en tombent. Le monde s'est complètement transformé pendant la nuit. Les arbres qui n'avaient jamais attiré mon atten-

tion jusque là semblent comme des diamants multicolores qui brillent au soleil. Je ne me rappelle pas avoir vu ces couleurs avant, ni une lumière aussi intense dans le ciel.
Je reste stupidement la bouche ouverte en regardant une rue banale que j'ai contemplée toute ma vie, complètement transformée.
Mon cerveau disjoncte littéralement : il reconnaît l'endroit, mais il me crie que ça n'est plus le même.
C'est comme passer d'un vieil écran de télévision minable, aux couleurs éteintes, à un écran géant haute définition. Et puis cette sensation d'énergie qui pique et brûle et me glace littéralement suivant les endroits du trottoir, et puis ce bruit dans mes oreilles qui va et qui vient.
D'un coup quelqu'un me traverse littéralement !
En fait il vient de passer à plus de deux mètres de moi, mais j'ai senti clairement son goût : celui de son énergie. C'est la chose la plus intime que j'ai pu ressentir avec quelqu'un. Nous avons littéralement fusionné pendant quelques instants et j'ai senti son énergie fusionner avec moi et m'emplir entièrement de son goût.
C'est fou, j'ai l'impression de boire les gens que je croise comme si nous nous traversions littéralement. Je ne rêve pas pourtant : je crois même que je n'ai jamais été aussi éveillé de ma vie.
Et là, la peur me saisit vraiment.
Si j'avais eu une éducation religieuse quelconque je crois que je serais tombé à genoux en criant que la grâce m'a touché. Seulement, il n'en est rien, et pour moi, il n'y a qu'une explication possible : je viens de devenir complètement fou. A qui en parler, comment faire ?
Si je suis fou, on va me donner des cachets et ça ira mieux.

C'est la seule manière de gérer cette situation à ce moment là.
N'ayant pas de prêtre ou de Dieu vers lequel me tourner, je fais ce que tout bon citoyen doit faire : je vais consulter un psy afin qu'il me confirme bien que je suis fou.
Cela n'est pas possible autrement, si le monde était vraiment aussi beau, les gens le sauraient et on me l'aurait dit, non ?

Expérience 4
Le psychologue

Me voilà parti chez le psychologue. Un type plutôt banal, calé dans son fauteuil avec une montre en face de lui. Ambiance calme et détendue.
– Bonjour, je vous écoute, qu'est-ce qui vous amène chez moi ?
Et là, un barrage cède en moi et je me mets à parler. Je lâche tout, je lui explique tout sous tous les angles.
Lui me regarde stoïquement, sans bouger un sourcil. Et la séance se passe en un clin d'œil : je déballe vraiment tout. Je n'ai osé en parler avec personne jusqu'à présent, c'est trop bizarre.
Et chez le psychologue, moi je suis comme à la confession devant le curé : je peux tout dire et tout raconter, c'est ainsi. La séance se passe et mon psy n'a même pas levé un sourcil d'étonnement. Il me regarde toujours de manière aussi neutre et ne place pas un mot. Au bout d'une demi-heure, il me dit que la séance est finie, je fais un chèque, je prends rendez-vous pour la prochaine fois.
Je vais faire plus d'une vingtaine de séances, toutes pratiquement identiques.
Pendant ces séances, je vais raconter toutes les expériences, les recoupements et les tests que je suis en train de faire sur mes nouvelles perceptions. Sans aucun tabou, et lui ne va pas lever un sourcil. Un jour, me voilà en train de lui expliquer comment j'ai compris que les pensées ne venaient absolument pas de nos têtes mais n'étaient que des choses qui passaient et que

nous attrapions au vol. En effet, lorsque j'ai envie de dire quelque chose, quelqu'un d'autre le dit brusquement autour de moi : donc je constate cinq fois par jour que j'ai une pensée en commun avec quelqu'un. Il semblerait donc que nous partagions les pensées sans le savoir et je vais même jusqu'a élaborer une théorie : nos esprits sont des postes radios et nous nous branchons sur une fréquence suivant notre humeur. Pour une raison que j'ignore, j'ai tendance à me brancher sur la fréquence des gens que je rencontre (peut être par mimétisme inconscient), ce qui fait que je partage certaines pensées. Le seul indice étant que j'ai très envie de les dire quand elles ne viennent pas de moi. Or, je suis quelqu'un qui ne parle pas, limite muet, alors quand j'ai envie de dire quelque chose, je sais bien que ce n'est pas normal pour moi. Brusquement, en plein milieu d'une phrase, je m'arrête et lui dis : « d'ailleurs je ne crois pas être schizophrène ». Pourquoi ai-je dit ça ? Aucune idée, ça tombe vraiment comme un cheveu sur la soupe. Là, mon psy ouvre de grands yeux, me regarde comme si j'étais un extra-terrestre et d'un coup, lui qui n'a pas ouvert la bouche pendant vingt séances, se lâche.
– Heu, je ne veux pas rajouter à votre histoire, mais c'est exactement ce que j'étais en train de penser.
Il m'explique qu'il a beau le tourner dans tous les sens, je ne suis pas malade mental. Je ne suis ni schizophrène, ni mythomane ni tout plein d'autre noms de maladies psychiatrique bizarres et il m'explique à chaque fois pour quelles raisons. Il conclut en disant que je n'ai aucun problème. Si je sens les énergies, et que je fais tout plein de choses bizarres, et bien, ma foi, ça doit être vrai. Mais lui ne peut rien pour moi.
Ca sera ma dernière séance.
En allant chez le psy, j'attendais une phrase réconfortante comme : « vous êtes fou, tenez, je vous donne

des pilules, et tout rentrera dans l'ordre tranquillement ». Seulement voilà, si je ne suis pas fou, alors il y a un gros problème. Si ce que je vis est vrai, alors l'école et la société passent à côté d'un truc énorme et tout ce qui faisait ma vie jusqu'à présent s'avère erroné. Je comprends alors qu'il va falloir que je me débrouille seul pour comprendre ce qui m'arrive.

Expérience 5
Le rayon ésotérisme

La question est : où trouver des réponses ? Qui pourra m'expliquer ce qui m'arrive maintenant ?
A ce moment, je me souviens qu'à la Fnac il y a un rayon de livres bizarres devant lesquel je suis toujours passé en rigolant : le rayon ésotérisme. Il y a toutes sortes de bouquins de gens plus ou moins allumés sur les anges, les ovnis et j'en passe. Avant, mon avis sur ces choses était bien arrêté : ces livres sont le fruit de fous ou bien de charlatans qui essaient de soutirer de l'argent aux autres en les escroquant (c'est l'avis de mes parents), et il ne m'est jamais venu à l'esprit qu'ils contiennent autre chose que des affabulations. Or là, je me jette sur le rayon et je me mets à lire. Je dévore littéralement tous les livres. Il y a une capacité que j'ai toujours eue jusqu'à présent, c'est un don de famille en quelque sorte que possède ma mère. Elle a toujours eu la réputation d'être fine psychologue : elle comprend très facilement les problèmes des autres. J'ai toujours possédé cette capacité moi aussi, mais depuis quelques temps, c'est carrément devenu délirant. Quand les gens parlent, j'entends la phrase et aussi une phrase cachée dans la phrase. J'entends en fait le schéma mental caché derrière la phrase : l'élément de programmation de son cerveau qui fait que la personne dit telle phrase à tel moment. Il est donc facile pour moi de comprendre les problèmes des autres. Pire encore, si je mets le doigt sur le problème véritable derrière la phrase, la personne en face de moi a une réaction bizarre : elle

s'énerve brusquement ou bien part en pleurs ou bien fait semblant de ne pas avoir entendu. Elle a une réaction de rejet systématique face à la nature de son vrai problème. J'en déduis que son inconscient la protège.

Je suis passionné d'informatique, et j'ai compris depuis longtemps que les gens sont programmés à leur insu : ils font et disent des choses pour une raison très précise, à cause d'une ligne de code inscrite dans leur tête. Et comme tout bon programme, quand on essaie de l'effacer, il se protège automatiquement. La personne n'en a pas la moindre conscience, et il est très facile de la faire disjoncter en touchant son problème du doigt. Qui plus est, elle fait totalement abstraction de sa réaction : quelques instants après, elle a tout oublié. Elle se rappelle juste que j'ai été méchant ou désagréable avec elle, mais elle ne sait plus pourquoi. Or, je possède maintenant la même capacité en lisant un texte. Je sais donc exactement quel est le problème de l'auteur, pourquoi il dit telle phrase à tel moment et je peux distinguer parfaitement la forme du fond, les faits objectifs des rajouts. C'est un outil extrêmement efficace. Je dévore un tas de livres, et je suis capable en faisant des recoupements de trouver les points communs, les objectifs cachés derrière les mots. Après un après-midi de recherche, j'en déduis que mon expérience bizarre s'appelle la montée de kundalini. Les gens qui le décrivent utilisent des mots précis et je peux distinguer facilement les expériences authentiques des simples copies de texte en me référant à ma propre expérience. Ainsi, nous avons tous en commun la sensation énorme d'énergie qui monte de bas en haut. Les bruits dans les oreilles. Les sensations énergétiques. Ensuite, les effets semblent différents pour chacun. C'est très étonnant. Chacun y va de sa religion : les chrétiens ont vu des anges, les fans de science fiction des ovnis, et les athées ne voient que de l'énergie. Normal. Nous rapportons tous notre expérience à partir du référentiel que nous possédons. Mais, apparemment, personne ne comprend réellement à quoi ça correspond, ni n'a jamais pu en faire vraiment quelque chose.

Moi, je décide que, non seulement je vais comprendre pourquoi c'est arrivé, mais qu'en plus, je vais l'utiliser pour faire quelque chose. Quoi ? À ce moment, je n'en ai pas la moindre idée.

Expérience 6
L'énergie

À l'époque où je consulte mon psy, je tente d'expérimenter tout ce que cet état peut m'apporter. Première découverte : l'énergie est totalement à mes ordres. Il suffit que je fixe un point ou que je pense à quelque chose pour sentir un flot énorme d'énergie me traverser et foncer vers le point en question. C'est comme si je commandais à un torrent, instantanément.
Je pose une attention sur la chaleur en bas de ma colonne vertébrale et l'énergie s'élance directement jusqu'à ma tête en brûlant. C'est la sensation la plus jouissive que je connaisse : une sensation de puissance absolue, mon environnement semble être totalement à mes ordres. Seulement voilà : je n'arrive pas à faire le lien entre cette énergie et les faits du monde matériel. Comme si les deux étaient totalement déconnectés. L'énergie que je vais accumuler dans ma main semble faire une boule que je peux palper, sentir, déplacer ; et pourtant elle n'existe pas pour la matière. Un objet mis au milieu l'ignore totalement. Les gens se servent constamment de cette énergie mais ne s'en rendent pas compte et ne semblent pas en sentir le moindre effet. Une personne qui passe à côté de vous sans vous regarder va pourtant systématiquement fusionner avec vous, preuve que vous attirez toujours l'attention, et je dirais même de manière fort inconvenante pour notre société coincée (elle vous inspecte littéralement et vous sonde de l'intérieur en quelque sorte : c'est plus fort que tous les rapports sexuels possibles). Les dépressifs sont

difficilement supportables : ils émettent une énergie brûlante et collante et douloureuse jusqu'à plusieurs mètres. Une manière d'appeler au secours je suppose. Les filles on un goût totalement différent de celui des garçons. Une personne en manque de sexe dégage une énergie sexuelle qu'on réceptionne jusqu'à plusieurs mètres. C'est marrant et agréable et totalement indécent. Les gens doivent bien le sentir inconsciemment.
Je dirais donc que l'énergie sexuelle a tendance à se charger et à un moment elle doit être déchargée : soit vers le haut soit vers le bas.
Vers le bas c'est un rapport sexuel et cela libère et nettoie énormément à l'intérieur.
Vers le haut, l'énergie s'élève et monte jusqu'au sommet du crâne mais c'est plus désagréable qu'autre chose car cela renforce les blocages.
L'énergie sexuelle semble être la pile atomique qui nous fait tourner. C'est extrêmement bizarre quand on sait à quel point on refoule le sexe dans nos sociétés. Je comprends pourquoi certaines religions prônent l'abstinence : elles veulent faire monter l'énergie vers le haut. Une grave erreur pour tout le monde, car cela ne fait qu'amplifier les problèmes déjà existants : il y a trop de blocages. Bien sûr, il y a peut être des gens sans aucun blocage qui peuvent s'y risquer, j'aimerais bien en rencontrer.
Les villes sont des dépotoirs énergétiques. Un simple passage en centre ville et je me trouve plein de choses dégoûtantes qui collent à moi et dont je mets des heures à me débarrasser. La nature est, au contraire, une vraie féérie : à côté d'un arbre mon énergie se rééquilibre et semble récupérer sa stabilité. Se coucher dans l'herbe quelques minutes rééquilibre le flot d'énergie dans mon corps et la terre me débarrasse de toutes les choses bizarres que j'ai accumulées. Une symbiose parfaite semble t-il. Comment, lorsqu'on a vécu cela,

peut-on encore se sentir séparé de notre mère la terre ou croire un instant que la nature est hostile ? Et c'est un informaticien pas écolo pour un sou qui vous dit ça ! Le seul endroit hostile est nos villes, pleines de champs électromagnétiques poisseux et dégoûtants qui se collent à nous et sont difficiles à déloger.

A ce moment, je découvre les contreparties de mon état : je sens les blocages de l'énergie à l'intérieur de mon corps. Ces sensations sont extrêmement désagréables et, qui plus est, beaucoup plus fortes que des sensations physiques. Par exemple, je n'arrive pas à ouvrir la bouche pour parler (c'est un trait de mon caractère) et, énergétiquement, j'ai l'impression constante d'avoir une corde autour du cou que quelqu'un serre toute la journée. Par moment, ma tête semble totalement se déformer, comme si mes dents poussaient dans ma bouche, et je suis obligé de me toucher pour vérifier qu'elle n'est pas en train de se tortiller dans tous les sens. J'ai plein de points douloureux, comme un poids ou un blocage, parfois en dehors de mon corps. Plus je fais monter d'énergie, plus les blocages semblent devenir douloureux et forts. C'est extrêmement gênant, et pourtant il y a une distance étrange avec ces sensations. Quand je traverse une zone qui brûle, aussi fort que si je mettais la main au dessus d'un feu, ma main n'a pas la réaction de retrait qu'elle aurait sur une sensation physique. Chose encore plus étonnante, au cours de la journée, je sens au niveau de mes oreilles l'énergie des autres. Par moment, je sens le goût de quelqu'un que je connais, comme s'il m'envoyait de l'énergie. Par recoupement avec le reste, j'en déduis que ce quelqu'un est en train de penser à moi. Au goût, je sais qui c'est ; et à la texture de l'énergie (forte, faible piquante ou non etc...), je peux même savoir s'il est énervé, ou content, c'est marrant.

Nous sommes donc tous constamment reliés les uns avec les autres, nous qui nous croyons seuls, c'est vraiment incroyable. Mais j'aimerais bien le partager : comment expérimenter réellement si je n'ai l'avis de personne à ce sujet ?

Expérience 7
Recueil de témoignages

Le meilleur moyen de tester si quelqu'un ressent les mêmes choses est de recueillir des témoignages. Au vu du nombre de livres écrits sur le sujet, j'en déduis que cela doit arriver beaucoup plus souvent qu'on ne le pense. Je commence alors à faire parler les gens autour de moi. Surprise : après quelques minutes de réticence, je m'aperçois que tout le monde a quelque chose à raconter. Cela va de la simple expérience de prescience, à la projection hors du corps en passant par des sensations énergétiques. Jusqu'à mon père (lui qui est totalement hermétique à cela) qui m'explique les cas étranges qu'il traitait lorsqu'il était interne aux hôpitaux de Dakar : là bas, les marabouts ne font rire personne. Je raconte une petite partie de mes expériences à ma mère (une version édulcorée et très censurée des faits). Surprise ! Quelques jours après, elle me fait rencontrer une de ses amies qui a eu exactement la même chose. Cette personne est soulagée de me parler, elle m'explique qu'elle avait peur d'être folle (tiens donc !) et qu'elle n'a jamais osé en parler avant. C'est en entendant ma mère lui parler de moi qu'elle a voulu me rencontrer pour partager son expérience. C'était suite à une fausse couche. Elle me dit qu'elle a senti l'énergie s'élever d'un coup en pleine rue. Elle décrit les symptômes très caractéristiques. Pendant plus d'un mois, les lumières s'allumaient systématiquement quand elle entrait dans une pièce, et elle m'explique qu'en touchant n'importe quel élément, elle comprenait la structure réelle dont la matière était constituée (elle ne peut pas expliquer davantage). En montant, l'énergie lui a fait rejaillir plein de problèmes psychologiques. Elle a préféré tout refouler, et ça a fini par disparaître.

Je comprends alors l'intérêt de ces montées d'énergie : apparemment, les blocages deviennent plus forts parce que la kundalini cherche à nous en débarrasser pour monter librement vers le haut. C'est donc bien un travail de purification de l'égo qui est nécessaire et c'est donc bien dans cette direction que je vais chercher.

A cette époque j'en parle à mon ami Pascal. Lui est très ouvert sur la question : il a eu une petite amie qui voyait les morts et faisait du voyage astral et dont la belle-mère pouvait vous paralyser d'un regard, alors, les trucs bizarres, il connaît (pas pratique comme petite amie quand même).

Qui plus est, il sent les énergies de la même manière que moi, en tous cas quand je projette de l'énergie sur lui il le sent et inversement. On trouve même tous les points de la pièce où l'énergie monte du sol sans se tromper : preuve que nous percevons bien la même chose.

J'ai enfin trouvé quelqu'un avec qui expérimenter. A cette époque c'est un jeu et nous décidons de tout essayer.

Nous sommes totalement différents : moi je suis un informaticien solitaire et lui est le type extraverti, qui connaît tout le monde à la fac, qui change de copine toute les semaines et qui fait du sport à haut niveau. Il est difficile de trouver deux personnes plus opposées.

J'explique donc à Pascal tout ce que j'ai lu dans les livres, mon expérience personnelle pour faire monter l'énergie et nous nous livrons à toute sortes d'expériences plus ou moins débiles de manière totalement inconsciente, sans nous soucier qu'elles soient dangereuses ou non, comme seuls des gens d'une vingtaine d'années peuvent le faire.

Expérience 8
Les apprentis sorciers

Nous nous lançons dans toutes sortes d'expériences sur l'énergie. Cette période va s'étendre sur plusieurs mois.
Le but pour nous est de savoir comment s'en servir pour obtenir des effets concrets.
Nous écumons tous les bouquins de magie divers et variés disponibles dans toutes sortes de librairies ésotériques.
Il s'avère pour moi que toutes ces techniques « magiques »contiennent principalement deux points communs :
– Premièrement, elles consistent à se placer dans un état d'esprit particulier afin de faciliter la concentration et de permettre d'avoir le moins d'interaction possible avec le mental (rituels, accessoires etc…) ;
– Deuxièmement, elles consistent à concentrer toute sa pensée sur une seule action afin d'y envoyer un maximum d'énergie. Puis de s'en détourner brusquement.
Je ne doute pas qu'appliquées correctement (ou dans des circonstances propices à la structure mentale du sujet en question), ces techniques aient des effets réels. Seulement, je doute sérieusement qu'un quidam moyen affublé d'une structure mentale disproportionnée (telle que fournie par notre société) et doué d'un niveau de concentration mentale normal soit capable d'arriver consciemment à quelque chose de concret.

Et malheureusement nous n'échappons pas à la règle avec Pascal. Encore que lui soit bien plus doué que moi.

Je m'aperçois bien vite que je suis incapable de concentrer mon énergie plus de quelques secondes sur une action précise et que je la disperse plutôt un peu partout.

Qui plus est, nos tentatives diverses et variées ne parviennent qu'à déséquilibrer complètement notre énergie et nous nous retrouvons avec des sensations abominables, des blocages dans tous les sens. Une vraie catastrophe. Pourtant nous ne nous décourageons pas, quand nous sommes trop en vrac, nous faisons un petit tour dans la nature pour nous re-stabiliser un peu et puis c'est reparti pour un tour.

Globalement nous nous amusons bien, mais les résultats concrets sont presque inexistants si ce n'est que nous sommes de plus en plus déséquilibrés.

Je me rappelle de Pascal obligé de rentrer en catastrophe d'un week-end de ski en s'apercevant que les douleurs provoquées par les blocages énergétiques dans les têtes deviennent catastrophiques en altitude.

Ou bien d'une journée où, suite à une expérience dont je ne me rappelle plus la teneur, il se met à « voir l'avenir » dans les yeux des gens. Cela ne durera qu'une journée, accessoirement il est complètement saoul, pourtant il touche particulièrement juste. Ce jour là, il me prévient que mon foie est mon point faible et qu'il ne faut surtout pas que je boive trop de vin sinon dans quelques années ça sera une crise de foie monumentale. Comme je suis, et ai toujours été, en bonne santé, ça n'a pas vraiment de sens pour moi, mais bon je préfère calmer le vin. Quelques années plus tard je fais une crise de foie monumentale : pendant trois mois je n'ai pu manger que de la salade. Il avait oublié de me préciser d'arrêter aussi le chocolat.

Je me rappelle de sa petite copine du moment blêmir et mettre des lunettes noires toute la journée. Il faut dire que nous avons tous appris à respecter l'intuition de Pascal depuis pas mal de temps à cette époque, et cela ne l'amuse pas du tout que son copain lise en elle comme dans un livre !

A ce moment je reprends le yoga, et surprise ! Après une séance de « haute magie blanche » avec Pascal particulièrement dévastatrice pour mon équilibre (je crois que j'ai l'impression à ce moment là que mes dents veulent quitter ma bouche et la sensation de corde autour de mon cou semble plus forte et catastrophique que jamais) je me rends à mon cours de yoga.
Je fais les exercices banals habituels. Et lorsque je sors : presque plus rien. Mon énergie a été parfaitement rééquilibrée.
C'est à ce moment que je comprends qu'avec Pascal nous essayons de réinventer la roue. En effet, ces techniques qui manipulent l'énergie (yoga, arts martiaux et autres) existent depuis plus de 3000 ans. De nombreuses générations de maîtres dont la clairvoyance de l'énergie était bien plus poussée que la nôtre, ont déjà étudié la question dans tous les sens.
Et les exercices divers et variés en apparence banals qu'ils ont mis au point permettent réellement un effet concret sur l'énergie. Qui plus est un effet équilibrant.

A ce moment, je comprends que nous prenons la mauvaise direction, car même si nous avions 3000 ans devant nous pour réinventer tout cela je n'en vois pas l'intérêt. Autant utiliser le travail déjà effectué par les autres.

Le coup d'estocade final est donné pour notre carrière de « magiciens » le jour où nous décidons de nous lan-

cer dans une expérience totalement anodine. Pascal me bombarde d'énergie la main et j'essaye de faire pareil sur la sienne. J'ignore quel est le but sinon de nous amuser. L'énergie enfle, enfle devient de plus en plus forte et c'est particulièrement amusant. Seulement voilà, je ne suis vraiment pas doué pour ça.
Pour projeter de l'énergie, il faudrait que je visualise ma cible, or je visualise ma main en train d'envoyer de l'énergie. Comme l'énergie suit ma pensée, je concentre l'énergie dans ma main. Pascal qui a compris le processus balance lui aussi de l'énergie dans ma main. Je sens ma main devenir un vrai concentré bouillonnant.
Et brusquement je ressens une très vive brûlure au niveau de la paume. Nous arrêtons tout brusquement.
Cette « brûlure énergétique » va me faire très mal pendant deux jours, et au bout de ce laps de temps je vois apparaître une cicatrice sur ma main à l'endroit exact où la brûlure a eu lieu.

Je comprends alors que les expériences que nous faisons sont vraiment dangereuses, parce que les canaux qui conduisent l'énergie dans notre corps peuvent surcharger et brûler, comme de simples fils électriques.
Pour moi, il vaut mieux diriger nos recherches sur quelque chose de moins dangereux.
Dorénavant, notre travail va prendre une autre direction.

Expérience 9
Le « pète névrose »

Suite à nos diverses expériences sur l'énergie, je mets au point la théorie suivante sur le fonctionnement de notre corps : l'inconscient contient notre mental. Il crée l'émotionnel. L'émotionnel crée la circulation énergétique. La circulation énergétique crée le corps.

C'est simplifié, sûrement pas vraiment juste ; mais il me paraît que le meilleur moyen d'avoir un effet concret sur l'énergie (et surtout sa mauvaise circulation dans notre corps) reste de travailler sur l'inconscient.
En effet le yoga ou autres techniques peuvent réguler le flux d'énergie mais pas modifier la façon dont celle-ci circule dans notre corps. Pour moi, chaque blocage d'énergie est un problème psychologique qu'il faut résoudre.
Nous décidons donc de mettre une technique au point.
Ma mère est passionnée de psychologie et adore nous réciter tous les cours qu'elle lit pendant les repas. Donc en quelques années de repas à la maison j'ai fini par avoir des notions de base.
A cette époque, elle est en psychanalyse et ne cesse d'en vanter les vertus. Il semblerait que tu t'allonges, tu parles et les lapsus de ton inconscient font remonter un événement passé, qui est source d'un problème actuel.
Lorsque cet événement qui était inconscient, devient conscient, le problème est résolu. Mais apparemment,

c'est très long car il faut attendre que le problème remonte tout seul.

Et si nous faisions remonter le problème directement ? En obligeant la personne à le regarder en face ?
Je vous rappelle que je vois facilement les problèmes des gens, et je me dis que si l'on assoit une personne, qu'on lui dit son problème en boucle jusqu'à ce que le mécanisme de défense cède, on pourrait probablement l'en libérer.
Aussitôt dit aussitôt fait et avec Pascal nous nous lançons dans des expériences à tout va.
Armés d'une bonne dose de résolution nous attaquons à bras le corps. Pascal fait les frais de notre première tentative et je viens juste après.
Je ne saurais dire aujourd'hui sur quels problèmes nous avons travaillé tellement ils étaient nombreux. Mais une séance se déroulait toujours de la même manière. Le sujet sur lequel on travaille s'assoit et l'autre le fait parler pour noter les endroits où son discours devient incohérent, ou bien où il s'énerve ou encore où il se met à pleurer (le moment où l'inconscient se met en processus de défense).
Une fois ce point trouvé on répète la chose en boucle jusqu'a ce qu'il la comprenne (ce qui est très long !).
Mais au bout d'un moment la résistance cède. Sur ce, on la lui fait noter (la chose) sur un bout de papier et il doit la relire tous les jours. Et ça fonctionne !
On ne peut pas se tromper car lorsqu'on a bien trouvé la cause du problème, la personne est incapable de s'en rappeler sans faire un gros effort pendant plusieurs jours. Mais lorsque c'est fait, une montagne semble s'enlever de ses épaules. Malheureusement il y a plusieurs problèmes. D'abord, c'est très long. Ensuite, c'est très douloureux (psychologiquement s'entend) et en plus, nous n'avons aucune idée du nombre de pro-

blèmes qu'il va falloir sortir avant de nous rééquilibrer entièrement. Peu importe, nous nous y mettons à fond comme d'habitude et très vite ce procédé devient routinier.

Un jour à la même époque, je passe par hasard devant la boutique d'une voyante. Après tout, nous n'en sommes plus à une expérience près ? Alors pourquoi ne pas essayer ?

Cette décision va changer notre vie.

Expérience 10
La voyante

Je franchis donc la porte de la boutique sans trop savoir à quoi m'attendre. Je suis accueilli par une femme d'une cinquantaine d'années très gentille, couverte de la tête au pied de pierres, talismans et gris-gris divers et variés. Elle m'installe avec un grand sourire dans un cabinet rempli de signes cabalistiques et de cartes, runes et objets divers. Le cauchemar incarné d'un psychanalyste.

Ma mère m'a toujours mis en garde contre ces personnes. Elle sait très bien, elle, que c'est juste un truc psychologique, et elle est bien placée pour le savoir : « tu comprends, tu vois le problème des gens, tu leur dis ce qu'ils veulent entendre et après, tu les fais revenir en leur soutirant un maximum d'argent ».

C'est donc assez amusé et pas trop convaincu que je commence la séance.

Celle-ci se déroule bien et en gros la personne m'a bel et bien dit tout ce que je voulais entendre à ce moment là bien que je n'aie pas ouvert la bouche.

Je suis bien placé pour le savoir car je suis en plein pète névrose alors je connais bien la carte de mon mental.

Elle me dit que je suis plein de colère, que je ne communique avec personne. Que je suis en quête spirituelle mais que les choses que je veux réaliser aujourd'hui sont utopiques au vu de mon état d'esprit et de ma manière de faire. Pourtant à force de travail sur moi, je finirai par atteindre la paix de l'esprit et toutes les choses les plus spirituelles que je souhaite réaliser, je les ferai y compris l'illumination et le reste.

Comprenez bien : son don est réel en ce sens qu'elle lit à travers moi comme un livre ouvert. Mais elle ne sort que ce que mon mental contient, mes phantasmes avec. Je suis pourtant assez étonné par son jeu de cartes et la capacité qu'il semble avoir à augmenter son intuition.

Je décide donc de m'atteler à comprendre la voyance. Au passage je propose à Pascal d'aller jeter un œil chez cette personne pour voir ce qu'il peut tirer de cette expérience.

Voila ce que j'en comprends après avoir écumé mon rayon ésotérique préféré à la Fnac (à l'époque Internet n'existe pas).

Apparemment la voyance consiste à passer un accord avec son inconscient. On considère que tel symbole a telle signification pour lui, puis on tire totalement au hasard, et là, l'inconscient (qui pour une raison que je ne comprends pas à ce moment là semble être tout puissant) sort les symboles correspondant à ce qu'il veut dire.

Plus on a d'affinités avec un support, plus on passe de temps à nouer la relation avec son inconscient et plus ce qu'on tire est non altéré par le mental. Les rituels divers, attendre la pleine lune, toutes ces choses, ne sont que des conventions choisies, des accords que nous passons avec nous même pour être sûrs d'être au plus dans notre intuition et pas dans nos phantasmes.

Inutile de dire que cet exercice ne peut pas être réalisé par n'importe qui.

Je réalise bien vite que je ne suis pas doué du tout pour cela : en effet j'ai une idée arrêtée sur tout. Je ne suis pas capable de faire taire mon mental pour réceptionner quelque chose d'autre que mon propre avis. Par contre

je suis très fort pour tirer exactement la carte que je veux !
Mais c'est exactement le contraire de la voyance.
Il s'avère que Pascal est étrangement doué pour cela. Cela n'est guère étonnant : il se fiche de tout et n'attend aucun résultat. En plus en allant chez la voyante il est tombé amoureux instantanément du jeu de runes et s'en est fait une panoplie. Il tire sur tout et n'importe quoi avec une facilité déconcertante.
Pour moi le futur n'est pas écrit.
De toutes les expériences faites à ce moment là, je déduis la théorie suivante : nous avons plein pouvoir, mais nous laissons toutes les décisions être prises par notre inconscient.
Celui-ci fait des choix basés uniquement sur nos frustrations dont nous ignorons normalement tout. Ce qui explique que nous ne comprenons pas que nous générons notre futur, or rien ne se fait sans notre approbation inconsciente.
Un voyant lit dans votre tête comme dans un livre (un bon voyant j'entends). Il peut donc à partir de ce que contient votre inconscient prédire globalement de quoi vous allez faire votre futur. C'est pourquoi cela marche.
Or, si une personne travaille à se libérer de ses frustrations, elle va forcément changer la manière dont elle génère son futur. En ce sens une prédiction catastrophique peut être évitée en enlevant simplement de la tête la raison que nous avons de générer cette expérience.
A cette époque, ce n'est que théorique et je sous estime encore la puissance avec laquelle nous créons notre réalité. Je vais m'apercevoir que les choses sont encore plus poussées que cela et que notre pouvoir réel n'a vraiment aucune limite.

Expérience 11
Les runes

C'est en voyant à quel point Pascal est doué pour le tirage de runes qu'il me vient une idée : si, au lieu de faire des tirages sur l'avenir, nous faisions des tirages sur le passé ?
Cela nous permettrait de retrouver le fameux événement source recherché en psychanalyse bien plus vite et cela, même si la personne l'a énormément occulté.
Pendant une période le jeu de runes va faire partie intégrante de nos séances. Les débuts sont poussifs : lorsque Pascal lit les runes, il ne voit que des bribes de choses, et surtout il est incapable de se rappeler les mots. Il dit les choses et les oublie instantanément.
Nous nous organisons. Lui effectue le tirage sur l'événement voulu et moi, je colle les morceaux et en fais quelque chose de logique. C'est tellement bien que notre pète névrose gagne une efficacité démesurée.
Nous sommes capables en quelques heures de faire « sauter » de mauvais schémas inconscients que nous mettions des jours à traiter avant. Nous décidons que la méthode est mûre pour être testée sur quelqu'un d'autre que nous.
Pascal me parle d'une de ses amies qui, pense t-il, a besoin d'aide et serait un sujet idéal pour expérimenter avec nous. Celle-ci est tout d'abord assez réticente devant notre manière de faire, mais, très vite, devant les résultats obtenus, elle semble convaincue. Pascal me dit alors que cette fille est faite pour moi et que nous

nous marierons ensemble et nous entendrons parfaitement bien.

Plusieurs années après, nous vivons ensemble et nous sommes toujours aussi amoureux et nous nous entendons parfaitement bien après plus de 10 ans de vie commune : c'est vraiment cool d'avoir un pote voyant !

A cette époque, je fréquente assidument un cours de yoga, toujours pour essayer tant bien que mal de rééquilibrer mon énergie.

A force de pète névrose, je m'équilibre de plus en plus, même si c'est au prix de la perte de certaines sensations.

Je ne sens plus le goût des gens. Cette capacité à disparu, mais je contrôle beaucoup mieux mes sensations énergétiques et je peux pratiquement les ignorer si je le souhaite. Une nécessité vitale pour vivre dans notre société. Car comment expliquer à un copain que son canapé est vraiment trop pourri énergétiquement et que je ne peux pas rester dessus tellement il me brûle ? Pas vraiment simple.

A cette époque, ma mère qui est bavarde comme une pie, a encore parlé d'énergie, mais cette fois à la prof de yoga. Apparemment celle ci connaît quelqu'un qui est expert en techniques ésotériques en tous genres et qui veut bien me rencontrer pour écouter mon témoignage et voir si j'ai bien eu une expérience authentique de kundalini.

Ces choses se disent sous le manteau et à voix basse après le cours comme si on parlait de choses sales ou taboues. C'est tordant.

Enfin je m'en moque, je vais enfin rencontrer ce qui est pour moi un maître véritable et je suis sûr qu'il répondra à toutes mes questions !

Expérience 12
Le maître spirituel

Me voilà donc parti chez ma prof de yoga pour y rencontrer le fameux maître. Je suis à la fois excité et un peu méfiant. Je m'attends presque à trouver un vieux type tout maigre, incrusté sur un bout de rocher avec une barbe qui descend jusqu'à ses pieds.

Première impression : je suis déçu ! C'est un type tout à fait normal. La cinquantaine, plutôt en forme mais sans plus : le type totalement anodin. Il s'assoit avec une autre personne (un des ses élèves semble-t-il) et me dit de raconter mon histoire.

A cette époque, j'ai une vingtaine d'années et ces types sont bien plus âgés que moi. J'ai l'impression de passer un oral. Je raconte donc mon expérience en n'omettant aucun détail. Lui ne dit absolument rien et m'écoute jusqu'au bout.

Lorsque j'ai fini, il me confirme que j'ai bien eu une expérience de montée de la kundalini. Là-dessus, il me demande ce que ça me ferait de savoir que rien de ce qu'on dit à l'église n'existe et que rien n'est ce qu'on croit. Que dans les couvents les prêtres dessinent des cartes de France et ne font certainement pas de la rétention sexuelle, et qu'ils ne pourraient expliquer le monde réel et encore moins Dieu.

C'est dit de manière provocante, une sorte de test je suppose. Je lui dis la vérité et lui explique clairement que je m'en moque, que l'univers peut être constitué de ce qu'il veut et que la seule chose qui m'intéresse est d'expérimenter.

Il me répond alors, que j'ai le bon état d'esprit, que de par son expérience les gens qui deviennent fous suite à ce genre d'expérience sont ceux qui ont le plus d'idées arrêtées sur ces choses (entre autres les gens très religieux) et qu'avec cet état d'esprit j'ai une bonne chance de conserver ma santé mentale et de pouvoir réellement évoluer.

Sur ce, il me propose de venir le rencontrer une autre fois afin de lui poser toutes les questions qui m'intéressent pour qu'il me réponde en fonction de son expérience.

Je suis aux anges, je n'en attendais pas autant : non seulement il n'a pas le profil d'un chef de secte quelconque (c'est un peu ce qui me faisait peur au début) mais il est prêt à répondre à toutes mes questions.

Que demander de plus ? J'organise donc un deuxième rendez-vous pour le rencontrer chez lui avec Pascal.

Expérience 13
Retour chez le maître spirituel

Je viens avec Pascal, bien décidé à lui poser les questions qui me tiennent à cœur.
Sa maison est tout ce qu'il y a de plus banal et il exerce la profession totalement anodine de professeur de mathématiques. Cette fois je m'installe, bien décidé à lui poser mes questions.
– Que veux-tu savoir ?
– Quel est le secret de la mort ? Où va-t-on quand on meurt ? Que devient-on ? (Autant commencer par quelque chose d'intéressant)
– Christophe (c'est moi) ira sous terre et sera dévoré par des asticots et on n'entendra plus parler de lui, et c'est très bien comme ça.
Il me balance ça tranquillement sans sourciller.
Et ben, et c'est ça le maître spirituel ! J'imagine à ce moment ces gens qui étaient prêts à escalader l'Himalaya pour trouver un vieux maître au fond d'une grotte en train de s'entendre répondre ça ! Tu dois avoir sacrément envie de lui en mettre une... enfin, moi j'ai juste fait 10 kms en voiture !
Et là il continue :
– Tu poses les mauvaises questions ! La question est : qui es-tu ? Es-tu Christophe ou quelque chose qui se prend pour Christophe ? Là est la vraie question. Tu ne vois pas le monde tel qu'il est, ce que tu vois est juste une illusion générée par ton mental. Mais il existe un

monde réel, un monde objectif. Et c'est ce monde objectif qu'il faut expérimenter.
– Mais que sommes-nous réellement ?
– Tu es une conscience de quelque chose. Ce qui t'induit en erreur c'est que tu as tendance à te confondre avec l'objet que tu observes (en l'occurrence ici Christophe). Mais ta vraie nature est totalement différente. Ca ne sert à rien de te l'expliquer ; il faut l'expérimenter !
– Comment l'expérimenter ?
– Il existe tout un tas de techniques différentes, mais je vais t'en expliquer une : la technique de présence. En fait c'est très simple : tu as l'impression d'être présent dans la pièce, mais moi je te dis que ce n'est pas le cas. En fait, tu es très peu présent. Par exemple de quoi as tu conscience ? De ta jambe qui pend du tabouret ? De ma voix qui te parle ?
Il le dit et effectivement je m'aperçois qu'à part son image et sa voix qui parle, je ne suis conscient de rien dans la pièce. Je visualise ma jambe à ce moment là.
– Tu vois ! Tu as visualisé ta jambe. Mais ce n'est pas ça qu'il faut faire. Ressens les sensations qui en viennent sans juger, sans projeter ton intention. Les asiatiques savent cela : il ne faut pas visualiser ta jambe. C'est un exercice très difficile pour un occidental, mais tu dois juste ressentir les sensations qui en viennent (le contact avec le jean, avec ta chaise) mais sans juger, car sinon tu projettes ta jambe ; tu ne la ressens pas. Et c'est précisément ce que tu fais toute la journée : tu t'attends à voir quelque chose et tu le projettes. Maintenant je vais t'expliquer autre chose : si tu es capable de ressentir 7 points différents de présence dans ton corps sans juger et sans projeter, des points excentrés, alors ton mental ne pourra plus maintenir l'illusion et tu basculeras dans le monde objectif. Mais c'est très difficile à réaliser car tu vas t'apercevoir que dès que tu possèdes un point de présence et que tu essaies d'en percevoir

un deuxième, le premier disparaît. Et pourtant, tu dois pouvoir y arriver avec énormément d'entraînement. Le seul fait d'être présent sur quelques points te permettra d'expérimenter à quel point tu passes ta journée comme un somnambule, sans jamais être présent ici et maintenant. Tu dois percevoir sans te crisper. Car les crispations sont des pensées ! Tu peux également voir sans projeter, et entendre sans juger. Tu verras alors que ce que tu perçois avec tes yeux et tes oreilles est totalement différent. Et ce que tu vois et entends en temps normal n'est qu'une projection de ton mental. Cette méthode a été inventée par les Taoïstes, car ils se sont posés exactement les mêmes questions que toi il y a des milliers d'années, et eux ont fait plus que trouver la réponse : ils l'ont expérimentée. Alors à toi d'expérimenter.
– Mais quel est ce monde objectif ? Qu'y a t-il à voir ? En avez-vous fait l'expérience ?
– Cela, je ne peux pas te le dire car dans le cas contraire ton mental t'abuserait et te ferait voir ce que je t'aurais décrit. Tu dois donc le découvrir seul. Et, oui j'en ai fait l'expérience. Je vais te donner quelques indices : dans le monde objectif les questions de vie et de mort ne se posent plus car le temps et l'espace n'existent pas. Le monde objectif est constamment en mouvement contrairement au monde subjectif que te montre ton mental. Et tu verras les gens passer devant toi avec leur petit monde illusoire autour de la tête. Sache qu'il existe de vrais magiciens capables d'altérer la réalité telle que tu la perçois : ce sont simplement des gens qui voient le monde tel qu'il est et non tel qu'il paraît et pendant que leurs contemporains se contentent de dormir, ils peuvent altérer le monde illusoire que ceux-ci voient.

Cette personne va nous expliquer encore énormément de techniques différentes dont je ne retiendrai pas la

moitié (déjà, tout ce que je me rappelle tiendrait sur un chapitre complet de livre).
Plusieurs questions me viennent : pourquoi nous explique-t-il aussi ouvertement des techniques qui non seulement ont l'air bien plus sérieuses que tout ce que j'ai lu, mais aussi bien plus authentiques ?
Tout simplement parce que le monde obéit à certaines règles et je retiendrais ces 3 points de nos entretiens :

1) « Il faut donner pour recevoir. » (Et c'est précisément ce qu'il fait à ce moment).
2) « Le monde est parfait, mais tu dois expérimenter cela par toi-même ! »
3) « C'est quand on n'attend plus les choses qu'elles arrivent. »

Il conclut en disant ceci :
– Trouvez ce que vous recherchez réellement dans la vie et expérimentez-le. Moi, je voulais savoir où on va quand on dort ? Cette question m'obsède depuis que je suis petit. J'ai trouvé la réponse, je l'ai expérimentée ! Mais sachez que toutes les techniques sont dangereuses et peuvent conduire à la mort ou à la folie, mais ça n'est pas une raison pour ne pas expérimenter, au contraire, expérimentez tant et plus ; car pour évoluer vite il faut vivre cent vies en une, il faut faire toutes les expériences : à vous de faire ce que vous souhaitez. Si vous avez des questions, n'hésitez pas à me contacter, ma porte est toujours ouverte pour vous aider.

Je ne le reverrai plus après ça, pour une raison très simple. Il m'en a tellement dit que je ne suis pas sûr d'avoir assez d'une vie pour essayer tout ce qu'il ma expliqué.
Accessoirement, je comprends que je dois créer moi même ma propre voie avec Pascal, il me l'a assez ex-

pliqué, car chacune de nos constructions mentales est unique et possède sa propre porte de sortie : c'est à chacun de la trouver.
Alors, nous allons faire ce qu'il nous a conseillé et continuer à expérimenter.

Expérience 14
L'illusion du mental

Nous voila repartis avec Pascal dans toute une série d'expériences, non pas sur l'énergie cette fois ci, mais sur la manière dont nous percevons le monde qui nous entoure. Les expériences ont été aussi diverses que variées et je me rappelle entre autres d'un jeûne de plusieurs jours que nous décidons de faire juste pour voir ce que cela provoque. Après plusieurs jours, alors que nous sommes en voiture dans les Alpes, je m'aperçois que les champs sont pleins de bouts de nems ! En fait, j'ai tellement faim que je vois de la nourriture partout ! Mon cerveau confond réellement les bottes de pailles présentes dans les champs avec des nems, en fait, il me montre carrément des bouts de nems, je sens leur odeur, j'ai leur goût dans la bouche. Idem pour la montagne qui ressemble à un énorme gâteau et il va en être de même pendant tout le trajet. Nous nous apercevons alors que, quoi que nous disions, tout se réfère à la nourriture. Nous sommes incapables de parler d'autre chose. A chaque fois je pars sur un autre sujet de conversation en précisant bien que nous ne devons plus en parler, et bing au bout de deux phrases nous revoilà en train de parler des plats que nous avons mangés et de la meilleure manière de les cuisiner.
Au final, ces expériences anodines que tout le monde a plus ou moins fait une fois dans sa vie (du moins j'ose le croire !) permettent juste de toucher du doigt une évidence : le monde en 3D que nous percevons n'est

qu'une image générée par notre cerveau y compris les sensations diverses, et suivant son humeur du moment il ajoute, retire, interprète les choses différemment. Cela paraît évident, même aux scientifiques. En effet, pour la science nous percevons par des capteurs (yeux, oreilles, bouche, toucher, etc.), tout un tas d'informations et c'est notre cerveau qui trie le tout et le modélise pour nous sous forme d'un monde en 3D. Dire cela ou dire que le monde que nous percevons n'est qu'une illusion parce qu'il existe un monde réel filtré par notre mental (ou notre égo) est exactement la même chose. Tout le monde est d'accord la dessus, pourtant c'est une évidence que nous oublions tous, constamment. Sinon pourquoi aurais-je été surpris de me mettre à ressentir les énergies, à voir le monde beaucoup plus beau suite à l'éveil de kundalini ? N'est ce pas simplement ma structure mentale qui a décidé de ne plus filtrer certaines informations ?

Expérience 15
La présence et
la conscience

Je pratique également la technique de « présence » pendant quelque temps. C'est très dur et je ne parviens pas réellement à maintenir mon attention sur plus de quelques points. Je suis encore trop distrait par mon mental et les frustrations qu'il me génère au quotidien. En fait, une trop grande part de mon attention est absorbée par des bêtises et je manque de concentration. Il est horriblement difficile de ne pas visualiser lorsqu'on essaie de ressentir une extrémité. En plus, au bout de quelques points de présence, on a l'impression de se rigidifier (on se crispe). Je m'aperçois également que pour expérimenter la présence il faut cesser d'accorder l'attention aux pensées. C'est comme de la méditation faite au quotidien : on laisse passer les pensées pour utiliser toute son attention à percevoir et à conserver les impressions venant de plusieurs extrémités. C'est très difficile : la moindre distraction absorbe l'attention sur autre chose et on perd ses points de présence, sans même s'en apercevoir. Mais lorsqu'on est « présent », même sur quelques points, on perçoit les choses totalement différemment. Je me rappelle d'une tentative au cinéma par exemple. En étant « présent », je suis un type assis dans une salle entourée d'autres personnes qui mangent diverses friandises et je regarde une toile blanche tendue devant nous sur laquelle des images en 2D défilent avec un bruit pas possible qui nous casse les oreilles. Je m'ennuie à mourir au bout de 10 minutes,

car en étant réellement « présent » dans la salle, je ne peux pas me faire absorber par l'histoire du film.
Je réalise donc qu'en temps normal, lorsque je regarde un film, je me laisse vraiment absorber, en fait, je deviens l'histoire du film d'une certaine manière. Tellement que lorsque le film s'arrête et que les lumières s'allument je suis tout surpris de me retrouver moi, Christophe, assis dans un fauteuil de cinéma.
Cette expérience évidente tend à prouver la véracité de notre nature de conscience qui se laisse absorber par l'objet qu'elle observe. Quand le film s'arrête nous revenons sur l'objet que nous observions avant (ici pour moi Christophe). Et quand Christophe s'arrêtera (mourra) je reviendrai alors sûrement sur l'objet que j'observais avant ? A voir...
Je me rappelle aussi d'une fois où, ayant trop bu, je traverse la ville comme un fantôme. J'ai réellement l'impression d'être un fantôme et que je rêve ma vie en marchant. En fait le monde est devenu aussi distant qu'un rêve. L'alcool et les stupéfiants provoquent des décalages de conscience d'après le maître spirituel. Au final ces histoires de présence finissent par me poser différents problèmes : entre autres, par moment, la réalité devient tellement proche du rêve que je perds certaines notions de sécurité élémentaires. Accessoirement, je n'ai pas assez de concentration pour tenir plusieurs points de présence. Je suis trop distrait par mon mental. Nous décidons donc avec Pascal d'arrêter là ces expériences pour nous concentrer sur le moyen le plus sûr de retrouver notre énergie : nous débarrasser des éléments obsolètes de notre structure mentale. Un seul moyen : faire du « pète névrose » tant et plus.

Expérience 16
La néopsychanalyse

Nous nous mettons donc à la tâche et, armés du jeu de runes de Pascal, nous essayons de nous libérer d'un maximum de problèmes psychologiques. La méthode s'est énormément améliorée. Nous la nommons « néopsychanalyse ». Nous réalisons qu'en fait, le cerveau cherche constamment à se libérer de structures obsolètes. Il suffit pour cela d'observer le quotidien. Si quelque chose est particulièrement énervant dans la journée ou bien se présente plusieurs fois à nous en quelques jours, alors c'est qu'il y a un problème dont notre mental veut se débarrasser. Nous le traitons avec les runes et en quelques jours il disparaît. La méthode s'améliore encore lorsque nous réalisons que les runes sont capables de déterminer elles mêmes le problème que nous voulons traiter en priorité. Il n'est plus nécessaire que nous sachions sur quoi travailler, et elles ne se trompent jamais !

Cette période de travail va durer plusieurs années et être entrecoupée d'expériences diverses. Nous avons fini nos études et avons chacun un métier et un conjoint. Pourtant, nous débarrasser de tous nos problèmes avec les runes occupe pas mal de notre temps libre. En effet, notre crédo est très simple : nous faisons de manière prioritaire les expériences qui nous bloquent. Si quelqu'un n'aime pas communiquer, alors on le force à communiquer. S'il n'aime pas être contredit, alors on le contredit tout le temps. C'est une sorte de « cassage de l'ego ». Le but est de faire réaliser à l'autre à quel point il n'est pas objectif sur tel ou tel sujet. Nous allons pousser les choses assez loin, moi qui suis autodidacte et ne supporte pas la théorie. Je vais même jusqu'à repasser un master après plusieurs années dans le milieu du travail, pour réaliser que je peux le faire et que ça n'est pas un problème. En fait, nous regardons toutes nos peurs en face. C'est dur, mais quand c'est fait, elles disparaissent. A un moment donné nous avons tellement travaillé (je totalise pas loin de 150 schémas mentaux traités avec les runes et Pascal au moins autant) que nous avons une idée assez claire du fonctionnement du mental.

Expérience 17
Le fonctionnement
du mental

Après des années de travail sur nous et sur quelques autres personnes, cobayes « volontaires », nous avons fini par modéliser une idée générale du fonctionnement du mental en fonction de nos expériences. Il semblerait que toute frustration dans la vie soit provoquée par la peur de perdre de l'amour. Face à cette peur, la personne va chercher inconsciemment à se protéger en copiant la manière de faire de quelqu'un de son entourage. Cette manière de faire va être désormais sa structure de référence dans la situation donnée et chaque fois qu'elle rencontrera cette situation elle fera appel automatiquement au schéma mental pour y réagir. Ces schémas vont avoir tendance à se structurer en arbre. Il semble que chacun génère une branche sur laquelle poussent des sous-schémas et ainsi de suite. Lorsqu'on s'attaque au mental avec n'importe quel système (par exemple psychanalyse, hypnose ou autre) on attaque forcément par les feuilles de l'arbre : ce sont les schémas les plus faibles qui lâchent en premier. Les schémas les plus profonds qui touchent au comportement inconscient général sont bien plus longs à atteindre. C'est pourquoi par des méthodes de psychologie classique on a peu de chance d'arriver à quelque chose : on s'attaquera à des sous-problèmes périphériques sans jamais atteindre une vraie portion de la structure. Ou alors au bout de trente ans de travail quotidien… Plus on travaille sur soi, plus on descend profond et plus les bienfaits obtenus sont énormes : parce qu'ils touchent des points fondamentaux de notre comportement. L'intérêt des runes est d'attaquer directement une structure fondamentale de l'arbre pour faire tomber toute une branche d'un seul coup. Il semble également que ce que nous appelons la personnalité n'est rien d'autre que cet ensemble de frustrations qui s'expriment à tour de rôle.

Il s'agit d'une horde de petits « Moi » qui se disputent les commandes du corps, un peu comme un bataillon de fêtards qui se disputeraient le micro dans un concours de karaoké. C'est également la voix que nous entendons dans notre tête : les pensées qui nous traversent sont simplement générées par la frustration qui a le contrôle au « temps t ». Suivant la situation, c'est le schéma mental le plus fort qui prend le contrôle et qui se fait entendre, avant de se faire voler le micro par un autre dès que le contexte change. On ne peut pas le voir sur nous car nous avons tendance à nous croire « seul » dans notre tête. Pourtant quand on observe quelqu'un d'autre, on va s'apercevoir que ses comportements sont totalement différents suivant le contexte. On en joue d'ailleurs pour manipuler les gens : je sais que lorsque je veux quelque chose de mon père je vais dans son cabinet médical et que dans son bureau il m'accordera tout. Alors que si je lui demande la même chose dans une autre situation, je n'obtiendrai rien : ce n'est pas réellement au même « moi » que je m'adresserai dans ce cas. Les questions soulevées par cet état de fait sont les suivantes : est-il possible qu'il y ait quelque chose en dehors de ces petits « moi » ou bien est ce que nous ne sommes, au final, que la somme de nos frustrations ? A ce moment, avec Pascal nous rencontrons un problème de taille : il semblerait que nous eussions des structures profondes très semblables sur lesquelles il est donc impossible de travailler puisque le schéma est plus ou moins commun à nous deux. Or, on ne peut être objectif sur un problème qui touche notre propre structure mentale : nous voilà donc dans une impasse.

Expérience 18
Aider les autres

Nous voilà donc dans l'impossibilité d'avancer sur notre travail de nettoyage du mental. C'est très frustrant et pendant quelque temps nous nous absorbons donc dans les réalités quotidiennes comme tout le monde sans plus trop nous soucier des runes. C'est Pascal qui, finalement, va décider d'essayer la méthode chez les autres. Il a beaucoup d'amis qui ont des problèmes apparemment insolubles et il se propose de les aider avec la néo-psychanalyse. Certains sont intéressés, d'autres moins, mais tous sont étonnés de la justesse des tirages de Pascal sur leur vie courante. Pascal propose donc que le samedi après midi, nous commencions de recevoir des gens chez moi afin de voir si la méthode qui ne peut plus nous aider, peut aider d'autres personnes. Travailler sur les problèmes des autres est épuisant : Pascal et moi sommes habitués à nous parler mutuellement de manière très dure (et nos cobayes aussi !) mais les gens ne sont pas prêts à cela. Nous sommes donc obligés de choisir très soigneusement les mots pour éviter de trop les brusquer. Nous qui sommes habitués à couper nos problèmes à la hache, commençons à affiner la méthode et sortons le scalpel. Il s'avère qu'en fait la méthode de « cassage de l'égo » peut être évitée et qu'il n'est absolument pas nécessaire de provoquer de la souffrance chez les autres pour résoudre leurs problèmes. Il suffit de choisir les mots avec les runes : celles ci permettent de formuler les phrases de manière à toucher l'inconscient du sujet sans provoquer la réaction de défense démesurée. Nous allons recevoir pas mal de monde chez moi durant une assez longue période, y compris un ami étudiant très cartésien qui, après avoir vu l'efficacité de la méthode sur lui, se propose d'observer les séances afin de voir s'il peut comprendre comment tout cela marche de manière plus scientifique. C'est très long malgré tout et c'est épuisant de travailler sur les autres. A ce moment là, Pascal est suffisamment efficace pour effectuer des tirages sans moi et surtout je finis par constater que je gène plus qu'autre chose. En effet je vois le problème mais je ne peux pas choisir les mots qui ne feront pas de mal à la personne et il semble donc que je rallonge les séances et provoque des souffrances inutiles. Je finis donc par laisser la méthode entièrement aux mains de Pascal, car son don de voyance est tellement développé maintenant qu'il est imbattable sur la « néo-psychanalyse ».

Ces séances réalisées sur beaucoup de personnes différentes m'ont enfin permis de comprendre un des fondements de l'univers : « Le monde est parfait ». Car lorsqu'on regarde ce qu'il y a dans l'inconscient des gens, on s'aperçoit que leur vie et les événements (mêmes douloureux) qu'ils vivent correspondent exactement aux besoins de leurs schémas. Eux ne comprennent pas parce que, par définition, ils ne voient pas leur structure mentale, aussi, considèrent-ils la vie comme injuste et difficile. Pourtant, l'univers entier est à notre service et ne fait qu'exaucer nos souhaits inconscients tout en faisant cohabiter les désidératas de tout le monde de manière totalement magistrale. Les objectifs pour moi sont donc d'épurer au maximum les schémas mentaux qui ne correspondent plus à nos choix de vie et surtout de rendre conscient ce processus de création de notre réalité.

Après six mois de pratique de cette méthode sur les autres, j'entends par hasard parler par quelqu'un d'une nouvelle technique particulièrement efficace capable de générer des résultats saisissants. Il s'agit d'une variante de la kinésiologie appelée « neuro-training ». Je reprends espoir et décide de tester la méthode.

Expérience 19
Le neuro-training

À cette époque, notre qualité de vie s'est énormément améliorée. La néo-psychanalyse m'a libéré de la plupart de mes problèmes et je n'ai plus de blocage énergétique dans le corps (à part quelques récalcitrants dans la tête). Donc, globalement, c'est une réussite. Pourtant, je continue à vouloir travailler car je suis obsédé par la paix de l'esprit, et je dois bien reconnaitre que je n'y suis pas encore. Pascal de son côté, semble avoir le même avis que moi. Je prends donc rendez-vous pour une séance de neuro-training. Il y a plus de deux mois d'attente ce qui, pour moi, est un gage de qualité. Le « jour j » je suis donc reçu par la praticienne. Son bureau ressemble à un cabinet médical tout ce qu'il y a de plus classique. Sans les odeurs de médicaments. Elle commence par me faire dresser tout mon arbre généalogique ainsi que les maladies familiales et la séance commence.
J'ai du mal à me retenir de rire, car j'avoue que je ne comprends rien à ce qu'elle fait. Elle me soulève les mains, me tapote la tête, dit un tas de choses qui n'ont ni queue ni tête. Elle me fait penser à un chaman : il ne lui manque que des plumes sur la tête. Pourtant je n'ai pas envie de rire longtemps. Je m'aperçois très vite qu'après chacune de ses actions, l'énergie dans mon corps semble circuler différemment. Elle essaie de m'expliquer tout ce qu'elle fait mais en fait, je suis tellement perturbé par le traitement que je ne comprends rien. Au final elle va me débloquer rapidement plusieurs

problèmes importants. Je remarque qu'elle semble utiliser un mélange de toutes les techniques existantes : yi king, lecture des mains (!), élixir de fleurs, rotations oculaires etc... En fait, il semble que le neuro-training consiste à libérer des schémas mentaux obsolètes et le travail consiste aussi à rééduquer le cerveau en lui montrant que sa manière de gérer les situations n'est plus la bonne. Ainsi elle va, par exemple, montrer que lorsqu'on se trouve dans une situation donnée, l'estomac ou le foie ne vont plus fonctionner correctement. Elle va corriger le fonctionnement du corps dans cette situation pour que nous puissions la gérer. Très intéressant et très efficace.

Je prends un maximum de rendez-vous (un par mois) pour pouvoir avancer et donne l'adresse à Pascal pour qu'il essaye. Il est aussi emballé que moi et, finalement, nous voila tous abonnés à la kinésiologie (nous envoyons également nos anciens cobayes). Je suis très content d'avoir trouvé une technique qui marche aussi bien que les runes, et comme la praticienne n'a pas les mêmes schémas mentaux que nous, elle peut nous traiter moi et Pascal. Il est vrai que j'ai eu des retours plus mitigés d'autres personnes sur le neuro-training. Mais je pense que le souci de ces personnes est qu'elles ne savent pas sur quelle partie d'elles mêmes elles doivent travailler (ces personnes ne font pas de néo-psychanalyse). Utiliser une technique comme la néo-psychanalyse permet de savoir quels problèmes nous devons traiter, et la combinaison des deux est très efficace. Je réalise une chose : apparemment cette technique a été inventée en même temps que la nôtre. Or, tout le monde dit que nous avons changé d'ère (nous sommes en tain d'entrer dans l'ère du verseau je crois) et mon professeur de tai chi dit que la terre cherche à s'élever spirituellement et que, ce faisant, elle nous tire derrière elle. Il semblerait donc que toutes ces tech-

niques qui apparaissent et surtout fonctionnent ne pouvaient pas exister 20 ans en arrière puisque c'est l'élévation de la terre qui provoque leur apparition. C'est une théorie intéressante et j'avoue que je ne vois pas d'autre explication. Après tout, Internet est apparu pour le grand public pratiquement en 2000, et c'est l'outil de communication le plus efficace qui existe à l'heure actuelle : or, l'ère du verseau est aussi l'ère de la communication.
« Il y a un temps pour tout sur la terre et sous le ciel, le sage sait le respecter, le malin sait en profiter. »
Alors profitons en et nettoyons tous les problèmes tant que c'est possible !

Expérience 20
Naissance du mental

Nous utilisons également les runes pour connaitre le fonctionnement des choses dans l'absolu. Nous avons voulu savoir à un moment donné comment naissait le mental afin de savoir s'il est possible de s'en débarrasser (!) ou pour essayer de trouver d'autres méthodes de le traiter. Ce tirage a été particulièrement difficile à faire et a duré plusieurs heures pendant lesquelles nous avons sévèrement somatisé (tremblements, stress, oubli de ce que nous faisions etc.). C'est normal, nous nous sommes attaqués vraiment au fondement et il se défend !
Voilà ce qu'en disent les runes :
A l'origine nous sommes des dieux tout puissants (!)
– Le bébé relié par le cordon ombilical dans le ventre de sa mère peut donc effectivement se considérer tout puissant : après tout, le ventre de sa mère est son univers et il est totalement en sécurité et croit tout contrôler.
Un esprit non incarné vivant dans le plan astral, et dont la moindre volonté prend forme (comme dans les rêves conscients), correspond aussi à cette définition.
Mais rappelez-vous : le monde est parfait et tout correspond toujours : donc ces deux manières de dire les choses sont similaires.
– A la naissance, le bébé est brusquement privé de son pouvoir : il n'est plus alimenté par le cordon ombilical ; il a froid et lui qui était entouré d'amour se retrouve seul et a peur.

A ce moment, il se raccroche à la seule chose qu'il connaisse : sa mère.
C'est la première frustration qui crée le tronc de l'arbre : la peur de perdre l'amour de la mère. Et tout notre mental va être construit autour de cette première frustration.
– Il semble qu'il soit impossible de se débarrasser du mental (ou de l'ego).
Pourquoi ? Tout simplement parce que sans lui notre monde que nous connaissons n'existe pas : c'est lui qui le modélise.

C'est à cette période que je commence à comprendre certaines choses. Jusqu'a présent je pensais qu'il suffisait de démanteler la structure mentale pour atteindre ce qu'il y a derrière (l'intuition, le soi, l'âme, la conscience) mais je réalise que c'est une mauvaise méthode. Faire cela ne génèrerait qu'un légume. Ce qu'il faut, c'est débarrasser le mental de tout ce qui n'est pas dans notre but de vie pour éviter au maximum qu'il ne crée des choses parasites dans notre réalité ou bien qu'il contienne des demandes contradictoires. Au contraire, nous devons non pas chercher à détruire quelque chose chez nous, mais bien à nous rééquilibrer pour fonctionner correctement.

Expérience 21
La peur de la mort

Un jour, alors que je retrouve une fois de plus un poisson mort dans mon aquarium, je m'aperçois que j'ai une peur irrationnelle qui me prend : comme à chaque fois que je vois quoi que ce soit de mort. Nous décidons avec Pascal de faire un tirage sur la peur de la mort pour voir comment nous pouvons la dépasser.

Voila l'avis des runes sur la peur de la mort :

1) Notre plus grande peur devant la mort, c'est que nous nous rappelons que notre mère va mourir un jour.
Or, elle est le fondement de notre structure mentale. Donc c'est une très forte peur pour nous.
2) La peur de perdre les gens avec qui nous nous entendons bien.
3) La peur du changement.

Le conseil des runes :

1) A la mort de la mère, le mental ne s'écroule pas, il s'adapte (c'est le deuil).
2) Les gens se ressemblent tous car nous somme issus des même frustrations donc nous trouvons toujours des gens qui ressemblent beaucoup à ceux que nous aimons.
Accessoirement, nous attirons toujours à nous les gens dont nous avons besoin donc, de toute façon, nous remplaçons toujours les amis perdus.

En résumé : personne n'est irremplaçable, c'est bien connu.
3) Il ne faut pas avoir peur du changement parce que cet état incarné est le pire état où nous pouvons nous trouver.

C'est le plus dur à vivre et tout autre état est mieux pour l'âme ! Donc, en résumé, il faut se réjouir quand on voit un mort, parce qu'il est bien plus heureux maintenant. Il est vrai que dans notre société, ça ne passe pas trop : elle est entièrement basée sur le mental et lui sait qu'il va disparaître, alors il préfère occulter la mort et la cacher. Mais l'âme s'en moque : un corps n'est qu'un habit pour elle (un souffle de conscience solidifiée) et elle peut en créer un autre sans problème. La nuit, quand on rêve, on n'a pas forcément de corps et cela ne nous empêche pas de fonctionner. D'après le maître spirituel que j'ai rencontré (qui a bien exploré cette notion apparemment !) on vit autant le jour que la nuit : rappelez-vous, nous sommes uniquement une conscience au final.

Expérience 22
La bio énergéticienne

Alors que notre travail sur le mental avance à grand pas grâce à un mélange de « néo-psychanalyse » et de « neuro-training », j'entends parler d'une thérapie que je n'ai jamais essayée : le magnétisme.
Je n'ai jamais eu l'occasion de tester et, après tout, cette personne, magnétiseuse, m'est recommandée par celle qui m'a donné l'adresse du neuro-training alors on se sait jamais. Je prends donc rendez-vous avec elle qui travaille manifestement uniquement par téléphone et, qui plus est, n'accepte d'être rétribuée que sous forme de dons. Je trouve cela assez étonnant mais pourquoi pas. Là encore, la personne est pratiquement injoignable au téléphone et il y a une file d'attente de deux mois pour avoir un rendez-vous. Le jour venu, je décroche mon téléphone et appelle la bio énergéticienne.
Surprise, je n'ai jamais eu quelqu'un de si positif au téléphone : j'ai bien du mal en fait à voir ses problèmes alors que pour moi les problèmes des gens sont toujours évidents. Qui plus est, sa voix est totalement différente de celle qu'elle a lorsqu'elle prend rendez-vous ou bien de celle qui est sur le répondeur. Je me dis qu'il doit s'agir d'une autre personne. Pendant toute la séance, je ne vais pas ouvrir la bouche et c'est elle qui va parler. Elle procède d'une manière qui me sidère totalement : elle a, semble-t-il, des visions et elle me les décrit à haute voix. Il semblerait qu'elle soit capable de

parler avec chaque partie d'une personne ou d'une chose, y compris les morts et choses inanimées (comme une boite de pilules !). Elle me dit que mon foie lui parle et lui décrit exactement mon problème. Or, tout ce qu'elle dit est juste. Ensuite ça va être au tour de chacun de mes chakras puis elle va parler avec ma grand-mère morte et encore avec plein d'autres choses. Mais le plus bizarre est qu'à chaque fois qu'elle identifie un problème (qui est vraisemblablement juste pour celui que je connais déjà, parce que j'avoue que les problèmes de colères d'un aïeul à la 8ème génération dans les steppes mongoles, je ne suis pas trop au courant), elle dit simplement : bon ça, c'est plus bon, alors on vous en débarrasse : je coupe.
Et c'est tout.
Et tout ça décrit de manière extrêmement positive et gentille. A la fin de la séance, elle m'explique que tout ce qu'elle a fait est énergétique et qu'il va falloir plusieurs jours pour que mon équilibre énergétique s'adapte et presque un mois pour que mon corps réponde à la transformation.
Elle me demande soudain : ça va, ça ne vous a pas trop paru bizarre tout de même ? Et là, surprise ! Ce n'est plus la même voix, c'est la même que celle du répondeur ! Hallucinant. Je lui explique alors que pour moi toutes les techniques sont bonnes tant qu'il y a des résultats. Si son intuition lui parle sous forme de vision, c'est sans problème pour moi : chacun sa structure mentale. Je reprends rendez-vous pour la fois d'après et je raccroche. Je vais bien déguster pendant la semaine qui vient : je sens ma structure énergétique se modifier dès le premier jour et les effets physiques se font ressentir dans la semaine qui suit (douleurs dans le dos etc.). Quelques semaines après, moi qui ai toujours été fan d'arts martiaux et qui suis obnubilé par le cours d'arme du samedi matin (et surtout les sabres), j'arrête

tout précipitamment : je n'ai plus envie d'y aller et je n'ai plus de colère ! Totalement incroyable.

Cette notion de parler et d'écouter son corps ou ses organes internes ne me choque pas : en qi qong (médecine chinoise) on pratique de cette manière. Mais de là à imaginer que tout ait quelque chose à dire ! Cela paraît incroyable. La séance de Pascal va être plus étrange encore.

Apparemment, il n'arrive pas à réaliser ce qu'il veut dans la vie parce qu'il serait là uniquement pour remplacer un de ses oncles mort avant sa naissance. Son oncle est mort en se suicidant : il a mis la tête dans le four à gaz et est donc mort asphyxié. Après la séance de magnétisme, où son « lien toxique » avec l'oncle est manifestement tranché, le chat de Pascal va mourir dans la nuit de manière totalement incompréhensible : il semble qu'il ait développé un brusque œdème du poumon et soit mort asphyxié ! Comment est-ce possible ? Les animaux de compagnie sont-ils plus que ce qu'ils paraissent ?

Expérience 23
Les animaux de compagnie

J'ai toujours su qu'il y avait un lien spécial avec nos animaux de compagnie, plus qu'on imagine. Sur le plan purement physique, un chien ou un chat n'est qu'un animal dont le système de fonctionnement tolère l'humain dans son environnement. Le chien se croit intégré à la « meute » de la famille et obéit à un comportement qui lui est propre. Le chat laisse un animal plus gros que lui « squatter » sa maison et le tolère car il le nourrit et l'infantilise en le caressant. Mais comme nous, les animaux fonctionnent sur plusieurs niveaux. Et il existe un niveau beaucoup plus mystérieux. J'ai un aquarium et je me suis très vite aperçu que, lorsqu'il m'arrive un problème psychologique que j'ai du mal à gérer (en affrontant mes peurs par exemple), un de mes poissons meurt. J'ai lu tout un tas d'histoires sur les « vaudous » qui utilisent des chats ou autres animaux pour prendre le contrecoup d'un sort à leur place : encore une fois, pour moi, il y a là un élément de vérité. Je me suis aperçu rapidement avec Pascal que la santé du chat ou du chien de la famille est souvent très représentative des problèmes rencontrés par l'inconscient collectif familial : dans les familles où il y a beaucoup de problèmes non dits (évidents pour moi et Pascal), les animaux sont souvent en mauvaise santé. Le type de maladie est représentatif du problème rencontré, donc forcément le lien entre les deux ne peut pas être ignoré. Pascal et sa copine, qui adorent les chats, sont complètement effondrés à la suite de la mort de celui-ci. Pascal rappelle donc la magnétiseuse pour savoir ce qui s'est passé. Celle-ci lui explique que les chats sont des « anges gardiens » pour les humains en ce sens qu'ils peuvent choisir à un moment donné de prendre sur eux un de nos problèmes pour nous en décharger. Idem pour les poissons rouges. C'est donc un choix délibéré qu'ils font et non pas une espèce de sacrifice que nous leur imposons, car apparemment ils évoluent spirituellement énormément en prenant sur eux ainsi. Accessoirement, un chat ou un chien qui se sent bien dans une famille va avoir tendance à se réincarner pour y revenir toujours, d'après elle. En tout cas le chat de Pascal a choisi de se sacrifier pour lui : afin de lui éviter d'avoir à souffrir de la rupture du lien avec son oncle, un problème très profond que nous n'avons pas abordé énormément en néo-psychanalyse ni en neuro-training et qui aurait probablement rendu malade Pascal pendant plusieurs semaines.

Ne croyant plus au hasard depuis longtemps, j'ai tendance à donner foi à ce genre d'explication vu qu'elle recoupe mon expérience personnelle.

Expérience 24
La communication
et la création du monde

Après des années à ne pas pouvoir comprendre les autres, leur univers et l'intérêt de communiquer, il me semble que je peux enfin voir les choses « clairement ». Les différences d'opinions et l'impossibilité évidente de pouvoir réellement convaincre quelqu'un de quoi que ce soit s'il n'est pas déjà d'accord d'une manière ou d'une autre m'a toujours semblé un gros problème dans la communication. Mais je viens de comprendre que ce n'est pas le cas. En fait, la communication n'est SURTOUT pas faite pour ça ! Si une personne pouvait convaincre toutes les autres que son point de vue est le bon, et faire changer le « monde personnel » des autres, alors l'expérience extraordinaire qu'est l'univers en train de s'auto-créer à chaque instant serait probablement impossible. Sur l'échelle de l'infini, il est probable qu'à force de convertir, il n'y aurait plus qu'un seul « monde personnel » dans l'univers et au final il cesserait d'être, car la seule chose qui fait que le monde peut « s'expérimenter d'un coup », c'est la disparité des expériences dont il est composé. En restant en dehors du temps et de l'espace, l'observateur (appelons le Dieu) peut vivre toutes les expériences des uns et des autres et sur l'infinité, expérimenter sa globalité. S'il n'y a plus qu'une expérience, c'est impossible ! La communication ne sert pas à convaincre les autres : elle sert à aider chacun à faire évoluer son propre univers, car le monde est toujours en mouvement et il en sera toujours ainsi. En ce sens, la communication est un « cadeau » que nous nous faisons les uns aux autres pour permettre à nos propres mondes d'évoluer mais uniquement sur notre voie. C'est pour cela que le message que nous avons pour l'autre n'est jamais celui que nous croyons et lui seul peut l'entendre : en aucun cas il ne peut pervertir son « monde personnel » et sa vision unique des choses.

En conclusion, nous sommes tous uniques dans notre perfection (et notre perception) et chacun d'entre nous détient réellement la vérité. Nous sommes tous bénis et nous participons tous à la bénédiction du monde et à sa création à chaque seconde !

Expérience 25
Agapé thérapie

Sur internet, vous ne trouverez a priori que des sectes prétendant faire de l'agapé thérapie, un peu comme le kundalini yoga : il faut faire attention. C'est en fait ce que pratique « la bio énergéticienne » dont je parle. Il s'agit de « soins par l'amour de Dieu ». Là, on entre dans un domaine tabou dans la société. On peut dire qu'on fait des rituels de magie noire, qu'on fait des runes du vaudou ou autre, mais dès qu'il est question d'anges et de « parler » avec Dieu, c'est le domaine des mystiques : des allumés notoires pour la plupart des gens. Pourtant, ces gens existent, leur technique fonctionne très bien et ils sont très gentils. Et c'est peut être ça le problème, on n'est plus habitué à parler à des gens heureux et positifs dans la société, c'en est choquant. Ce n'est pas une critique, c'est un constat (je reviendrai là dessus en parlant des accords toltèques à l'occasion). En tout cas, voilà donc le principe de fonctionnement.

La thérapeute est une magnétiseuse à l'origine : elle fait de la chirurgie énergétique, elle coupe les liens, enlève l'énergie stagnante et rafistole le corps énergétique. Elle cherche l'origine de chaque problème : ça peut être lié à une relation présente, à un ancêtre de la famille ou à une vie antérieure.

Elle ne peut pas travailler sur le mental par contre, elle fait uniquement de l'énergétique. Accessoirement, il faut demander pour être guéri (principe du libre arbitre) donc c'est à la personne de savoir ce sur quoi elle veut travailler, sinon elle se contente de nettoyer les énergies stagnantes. Pendant ses thérapies, elle va faire manifestement une sorte de « channeling » par l'intermédiaire d'un esprit supérieur (ange, archange ou autre) qui va faire les soins par son intermédiaire. Elle même « parle avec Dieu » (lisez conversation avec Dieu, vous verrez que tout le monde parle avec Dieu à sa manière, ça n'est pas vraiment choquant) et, elle, c'est direct. Du coup, ses capacités de voyances dépassent tout ce que j'ai jamais vu : elle semble tout savoir sur tout et je ne l'ai jamais prise en défaut. Son monde est un peu particulier, c'est sûr. Mais une fois qu'on est habitué, ça n'est pas choquant. Les choses qui me font la croire sont les suivantes :

– Lorsque « l'autre » est là, les perceptions énergétiques des patients sont très nettement augmentées (moi qui suis dans un océan chaotique je me mets à discerner avec une étonnante facilité les composants de mon corps énergétique : cela n'arrive que lorsque je suis au téléphone avec elle).

– La voix de l'autre n'a pas d'accent (alors qu'elle a un accent) et je n'entends aucun schéma mental dedans ! C'est ça qui m'a fait le plus « peur » au début : c'était la première personne dénuée de schéma mental que j'entendais. Pour moi, un être humain ne peut pas être comme ça. Et quand ce n'est plus l'autre voix, j'entends très nettement les schémas mentaux (c'est rassurant).

– Quand elle intervient sur le corps énergétique de mon côté, je perçois la lumière qui travaille sur moi en faisant exactement ce qu'elle dit (or je sais que d'une manière ou d'une autre la lumière correspond à des esprits supérieurs).

Elle n'est pas la seule. Pascal a eu une patiente qui « parle avec les anges », et elle possède exactement la même voix et la même gentillesse. Il y a donc une piste à creuser très sérieusement.

Donc ne vous moquez pas des gens qui mettent plein de petits anges partout et adorent le rose (comme moi j'ai toujours fait, j'avoue) : leur thérapies sont très valables et leurs « pouvoirs » aussi réels que ceux des autres. Ils sont juste très gentils ! Un indice de la patiente que Pascal a eue : quand on entend les voix par les oreilles (clairaudience) on entend uniquement les entités (ou les pensées à mon avis). Quand un ange s'adresse à vous, la voix résonne dans « tout le corps ». Je reste persuadé que dépasser l'énergétique (6ème chakra) pour approcher du divin (7ème chakra) donne ce genre de capacité : possibilité de parler avec toute la création et de voir et entendre réellement les esprits supérieurs (et inférieurs ?). Il est vrai que je suis protégé par ma perception des choses : un esprit supérieur pour moi est juste de l'énergie de haute fréquence, et un esprit inferieur de la basse fréquence. Je ne peux pas avoir peur des esprits inferieurs du coup : ils sont comme les ondes électro magnétiques classiques, je leur balance de la haute fréquence dessus et ils se dissolvent. Mais je ne vois pas le divin et la beauté de la « haute fréquence », je ne ressens pas non plus l'émotion qui lui est associée. J'espère y remédier un jour, même si à mon avis j'ai intérêt à avoir bien évacué les peurs avant ! En attendant, il me reste la lumière reflétée par les arbres : c'est la seule que je perçoive avec un « parfum » de divin !

Expérience 26
Vies antérieures
et thérapies

Voilà un point sur tout ce que nous avons essayé sur les vies antérieures. Bien sûr, les retours ne sont pas vérifiables et c'est plus un ensemble de toutes les infos renvoyées par les runes, d'une part, et l'agapé thérapeute qui me semble intuitivement juste, d'autre part.

L'hypnose : nous ne l'avons jamais utilisée et donc nous n'avons pas pu tester la fameuse technique qui permet de revivre ses vies, mais il semble que beaucoup de personnes l'aient fait avec succès.

Les runes : il y a une dizaine d'années nous avons essayé de retrouver nos vies antérieures avec Pascal. C'était un peu le début des runes et c'était juste pour rire, parce que de par mon éducation j'ai toujours préféré l'approche psy, mais pour moi, ça revenait au même : l'idée était de dire que même si c'était un pur fantasme sans aucune réalité, cela pouvait toujours exprimer un problème inconscient refoulé. L'idée était de retrouver la vie antérieure où nous nous étions connus, Pascal estime que c'était il y a plus de 2500 ans (avec ses runes)!
– Moi : j'étais un sorcier africain très méchant (j'ai vu sa tête dans le miroir un jour, quand on se regarde et que les visages défilent. C'est un jeu facile à faire même avec peu d'entraînement : tu te regardes dans le miroir en gardant le regard dans le vague).

– Pascal : il était une sorte de Celte, un truc préhistorique quoi, (mais bon il n'est pas plus précis).
Là dessus vient la question : qu'est-ce qu'un Celte est allé faire en Afrique ? C'est impossible.
Je décide donc que c'est un pur fantasme ou qu'on ne peut rien tirer de ces informations.

L'agapé thérapie (la question ne s'est plus posée jusqu'à une fameuse séance sur des douleurs à la tempe) : elle trouve une vie de sorcier maléfique assez ancienne (ça se recoupe avec Pascal) où j'aurais passé un pacte pour avoir du pouvoir. Et après, plein d'autres vies d'ecclésiastiques et de victimes. Ce qui est marrant, c'est quand elle aborde les vies antérieures de Pascal. Apparemment, c'est sa première vie en tant qu'homme puisque avant il était dans le monde minéral : donc il a des vies antérieures de caillou ! Il est passé directement au monde des hommes en faisant un pacte avec le « patron d'en bas » ! Donc je me dis que finalement on s'est peut être rencontré en passant notre pacte (il doit y avoir du monde dans la salle d'attente pour aller signer). En fait, Pascal se définit comme un homme préhistorique (un Celte) parce que c'est la seule manière d'imaginer un homme proche d'un caillou. Ceci explique en tout cas son extrême efficacité avec les « runes » et le fait qu'il semble hyper sensible à la lithothérapie. Enfin, lui aussi a brisé son pacte, et vu comme il est vachement plus avancé que moi sur certains plans, je me dis que si je me fais griller par un caillou qui couche pour réussir, alors y'a pas de justice !
Voilà, tout ça c'est pour le fun vu qu'on n'a pas la possibilité de vérifier.
Mais ceci conforterait le fait que nous sommes des êtres spirituels tout puissants et que nous sommes libres de faire absolument ce que nous voulons (y compris se recréer un corps sans passer par la naissance d'après

elle, il paraît que c'est ce qu'aurait fait un certain J. de Nazareth, charpentier de profession en se « réincarnant » en 3 jours... mais, bon, ça n'engage qu'elle).

Quelques infos données par l'agapé thérapeute :

– D'après elle, une naissance se passe sur 12 mois. Il y a 4 mois de négociation entre l'âme et les futurs parents (au niveau spirituel bien sûr) et un certain nombre de contrats son passés.
Ce sont des contrats que tout le monde peut briser à cause du « libre arbitre », c'est plus une entente qu'autre chose : tu me permets de faire telle expérience et j'assume tel problème de ta famille en échange, etc... Donc il semble bien qu'on choisisse sa famille et qu'en plus, on soit au courant de tout ce qu'on va se prendre sur le dos.

– D'après elle, pendant ton enfance, tu « marques » les mémoires de mort de tes vies antérieures sous forme d'accidents, de malformations ou de schémas mentaux : le but étant de les revivre pour s'en débarrasser (puisqu'on veut s'y confronter étant donné qu'on ne veut pas les lâcher).

Ma « vision » de mort :

Je suis en train de lâcher des « mémoires de morts » en ce moment. Ma perception de ces choses passant par de l'énergétique, je suis assez protégé (bien que ce soit très douloureux), beaucoup plus que les « médiums » qui revivent les événements complètement. Pourtant je me rappelle d'une vision que j'ai eue il y a 5 ou 6 ans. C'était tellement réel que même moi j'avais compris que c'était une mémoire de vie antérieure, mais je n'en avais jamais vraiment parlé (sauf à Pascal je crois) vu que je n'en voyais pas l'utilité. En liquidant mes problèmes de respiration, l'agapé thérapeute me décrit plusieurs morts. Je dis « oui oui », comme d'hab, mais ça ne m'évoque rien de précis sauf une. Un enterrement vivant. Et là, je revois la scène. D'un coup, ça devient nettement moins « neutre ». Je me rappelle ma vision : un matin vers 5h alors que je somnole, je me retrouve brusquement dans un état bizarre, c'est comme si je vivais les événements mais avec un décalage protecteur, une sorte de félicité et de bien être que je n'ai jamais connus avant. J'ai la tête recouverte, je ne vois rien, mais je sens que je suis allongé dans le sable chaud (ça doit être le désert je pense). J'entends parler en français (je ne me rappelle plus des mots, mais j'entends clairement « capitaine »). Je me dis qu'il y a une armée à côté. Et je commence à recevoir des pelletées de sable. La sensation de félicité est tellement agréable que je ne vis pas mal cet enterrement vivant (en fait pour moi je dois déjà être mort et on m'enterre : je me dis que ça doit être moi le capitaine dont on parle, j'ai dû mourir lors d'un combat quelconque). La vision s'arrête quand je commence à prendre du sable sur la tête.

C'est la seule fois de ma vie où j'ai eu « une vision » : un événement que tu revis comme si tu y étais avec la protection de la félicité au lieu des émotions.

Toutes ces choses importent peu au final.

Voilà ce que je pense : attaquer le travail sur l'ego en passant par la mémoire des vies antérieures ou par un travail sur les problèmes actuels revient au même, les problèmes actuels sont également le reflet de vies antérieures non résolues.

Expérience 27
Voyage astral

Les dangers du voyage astral :
Tels que décrits par les autres, il y a deux dangers principaux :

1) Les peurs refoulées qui s'expriment manifestement librement lors d'un voyage astral.
J'ignore si c'est dangereux, pourtant le maître spirituel que nous avions rencontré nous a parlé de ça.
D'après lui, un de ses amis est mort lors d'un voyage astral : il aurait été récupéré le lendemain avec une rupture d'anévrisme.
Possible que la rencontre avec ses peurs matérialisées puissent provoquer cela. (Mais bon rien n'est sûr : une rupture d'anévrisme peut survenir pour plein de raisons.)
Quand on lui a demandé si ce n'était pas dangereux, il a répondu : « bien si ! Mais ce qui ne nous tue pas nous rend plus fort ! ».

2) Les problèmes de tachycardie lors d'un retour trop brutal dans le corps.
L'ex-copine de Pascal qui pratiquait le voyage astral disait qu'elle avait arrêté suite à un problème de ce genre : le téléphone aurait sonné, ce qui l'aurait obligée à réintégrer son corps brusquement. La sensation et la crise de tachycardie qui ont suivi ont été tellement dures à vivre qu'elle aurait abandonné suite à cela.
Le maître spirituel a expliqué qu'il fallait éviter d'en faire si on était cardiaque. Pour les autres, ça ne paraît pas

trop dangereux. (Il a aussi dit que développer un bon souffle pouvait être utile pour décoller, je ne sais pas pourquoi.)

Il semble que l'endroit par lequel on sort a de l'importance également ainsi que la manière dont on quitte le corps : cela permet de déterminer avec certitude si c'est une sortie du corps dans le monde réel ou une sortie dans le monde des rêves. (Mais je ne me rappelle plus du détail.)
La sortie directe et consciente est impossible pour moi malgré mes capacités à méditer longtemps : j'ai trop de peurs inconscientes qui s'expriment. La plus grande étant la peur de ne plus respirer, ce qui est handicapant pour quitter son corps. Je veux bien tout laisser sauf mon souffle, alors ça ne marche pas. (Peut-être que maintenant je devrais retenter dès que cette peur de la mort sera bien digérée ?)
J'ai donc très peu d'expérience dans ce domaine, pourtant j'ai fait quelques sorties du corps à la limite du rêve et de la réalité. Pendant plus de 6 mois, lorsque je méditais, j'allais jusqu'à la limite du sommeil, ce qui fait que souvent, je partais dans des rêves éveillés très réalistes. Du coup, je n'ai pas vraiment pris au sérieux ce que voyais.
Pourtant il y a un point commun systématique : le tunnel de lumière apparaissait tout le temps au bout d'une longue méditation.
Au début, le point sur lequel je méditais semblait émettre des vagues d'énergie qui venaient vers moi, puis cela formait un tunnel lumineux en 2D, puis au bout d'un moment (1h à 2h) le tunnel lumineux en 3D apparaissait complètement. Je suis sorti trois fois de mon corps par ce tunnel. Deux fois par le devant du corps et une fois par la nuque (alors que je me retournais en me disant qu'il était temps de dormir). A chaque fois, je me

suis endormi presque aussitôt sorti du corps. Pendant les quelques secondes de conscience et chaque fois, comme je n'arrivais pas à quitter complètement mon corps, je me retrouvais à deux endroits à la fois : j'étais bien là dans mon lit allongé et en même temps j'étais en train de voler à toute vitesse dans l'obscurité avec un vent glacial dans les cheveux. C'est bizarre, on ressent un mélange de deux perceptions totalement différentes. De suite après, le paysage apparaissait et « pof » dodo.
Pascal a toujours eu manifestement des capacités naturelles : petit, il faisait le tour de sa chambre et rentrait en tourbillonnant dans son corps avant de se réveiller. Une fois, il a réussi à ramener un objet de ses voyages, mais il était trop petit pour se rappeler comment il s'y est pris. C'est un mystère : personne n'a jamais pu nous confirmer si c'était possible ou non, mais Pascal est formel sur la question. (Un nounours en peluche, il faut dire qu'il avait 5 ou 6 ans et il le voulait absolument : impossible de faire dire à sa mère s'il lui a été offert à son insu ou non.)
Il fait très souvent des rêves interactifs où il a plein pouvoir sur ce qui se passe dans son rêve. (Alors que moi je suis totalement passif dans mes rêves.) Cependant, il n'a jamais pu faire quoi que ce soit consciemment : au bout de 5 minutes de méditation, il s'endort systématiquement !
Ce peu d'expérience suffit à m'apporter la certitude que le voyage astral existe bel et bien et qu'il est totalement possible de sortir de son corps et d'être à plusieurs endroits à la fois.
Quelque chose à expérimenter pleinement, plus tard, quand la peur de la mort sera dépassée.

Expérience 28
Initiation

C'est une expérience presque mystique puisque ça fait remonter plein de mémoires et d'émotions refoulées sur les vies antérieures, et il est difficile de décrire ce que peut être une émotion ou une mémoire de vie venant d'autres planètes ou d'autres états d'existence. D'où limite « pétage de câble » durant la séance, mais il y avait pas mal de trucs qui avaient besoin de sortir apparemment. Après coup, cela s'est calmé et j'ai pu le stabiliser.

J'ai essayé de retranscrire la séance telle que je l'ai vécue à ce moment. Celle qui va m'accompagner est l'agapé thérapeute, il semble que je sois prêt à entendre certaines choses. Cette femme est très gentille et va jusqu'au bout de ses idées : elle vit dans le dénuement et réalise cette opération bénévolement, elle est même venue me chercher à la gare et m'a emmené chez elle, et je mange à la table familiale avec ses trois enfants. C'est à moi de faire un don, si j'en ai envie... mais elle s'en moque !

Nous nous installons à son bureau et commençons à travailler. Elle met une pierre noire dans ma main (obsidienne mouchetée).

– On va augmenter votre niveau vibratoire pour pouvoir travailler. Voilà.

Mon corps énergétique se met à vibrer très fortement.

– Vous êtes sensible à l'obsidienne, vous ! Pensez-y, cela pourra vous aider pour travailler sur vous. Voyons

voir, qu'est ce qu'on va trouver chez vous ? Tiens, vous avez la main verte !
– Je suis informaticien et je n'ai jamais touché une plante de ma vie !
Elle semble ne pas avoir entendu.
– Humm, mais vous avez même la main très verte ! Vous êtes un druide. Ah mais…vous ne faites pas semblant. Vous êtes carrément un roi des druides. Vous êtes un fils de la nature !
– ??
Je me dis que finalement elle ne doit pas être infaillible parcequ'il est dur de trouver un truc plus éloigné de moi.
– Allons voyons, je vous dis que je n'ai aucune connexion avec la nature.
Je me dis finalement que tout ça ne sera qu'une grosse farce, je suis presque déçu, mais bon, Pascal ne m'a pas tout dit de sa propre initiation et semblait assez remué. Si c'était sans intérêt, il m'aurait dit de ne pas y aller.
– Ah vraiment ? Et elle pense quoi, la plante verte, là ?
Elle vient de désigner une plante sur la droite.
Je me tourne vers la plante, je deviens son champ énergétique, c'est une chose que je sais bien faire maintenant. Je suis en quelque sorte « elle » d'un point de vue énergétique, et je commence à sentir ses émotions dans mon cœur : c'est plutôt neutre, je me sens bien (facile, je le fais depuis 10 ans bien que je n'aie jamais envie de me connecter à quoi que ce soit, va savoir pourquoi). Mais je ne sais pas quoi faire de plus.
– Ben, j'en sais rien moi, vous savez.
Je ne sais pas ce qu'elle attend de moi, et mon cerveau se bloque comme d'habitude (connaître les pensées d'un plante, t'es con ou quoi ? (c'est mon mental qui parle)). Brusquement, une grosse masse d'énergie de haute fréquence sur ma gauche semble fusionner légerement avec mon oreille, comme si une chose était dans

la pièce et qu'elle essayait de me transmettre un message. Frustration énorme, je ne sais pas quoi... et je ne sais même pas ce que c'est. Ça m'arrive tellement de fois par jour, que je n'en tiens pas compte.
– Vous sentez sur votre gauche ? Quelqu'un est venu pour vous aider !
Tiens, elle l'a senti aussi ? Mais alors, c'est quoi ?
– Et bien, on ne vous envoie pas n'importe qui, soyez respectueux : c'est un ambassadeur elfe très haut placé. Devenez la plante, sentez ce qu'elle sent comme si vous étiez elle, les esprits de la nature s'expriment simplement : peur, faim, amour, ce qui ne veut pas dire que ce sont des êtres simples.
– ?? Je dirais que la plante va bien, et qu'elle n'a besoin de rien. C'est exactement le sentiment qui émane de moi à ce moment alors que je suis « elle ». Mais un elfe ? On est dans le seigneur des anneaux ou quoi ? C'est quoi cette blague ?
– Vous voyez ! Vous trouvez normal de pouvoir connaître ça sur une plante ?
– Euh non, mais si je le fais c'est que ça doit marcher.
Je ne trouve qu'une seule chose débile à ajouter pour ma défense :
– Mais je peux le faire sur les gens aussi ! Je n'aime pas ça, ils sont trop dégoûtants, je prends toutes leur peurs.
C'est vrai, mais ça ne fait que m'enfoncer...
– Et vous croyez que je fais quoi avec vous en ce moment ? Moi, je suis une guérisseuse des hommes, je ne fais rien d'autre que ce que vous venez de faire, là. Et c'est normal que les hommes vous dégoûtent et pas les plantes : vous êtes un esprit de la nature incarné.
À ce moment, je sens deux boules d'énergies hautes fréquences sur mes épaules, comme si des petits pieds marchaient sur moi, c'est hallucinant. Ils sont en train de me tripoter dans tous les sens, je sens comme des pi-

qûres avec un produit qui se répand dans mon corps énergétique, carrément désagréable.
– Ils sont en train de modifier votre corps énergétique !
Je n'ai pas besoin des commentaires, mais elle ne le sait pas.
– Je ne sais pas ce qu'ils font, il y a deux fées sur vos épaules, elles vous font des piqûres ! Tiens, ils mettent des plantes dans chaque chakra... et une pierre précieuse dans chacun aussi.
Je sens des choses entrer et sortir de chacun de mes chakras. Je me fais triturer dans tous les sens, des mains invisibles travaillent sur moi : je suis dans une espèce de chaos énergétique. J'ai l'impression d'être aveugle et sourd, et de percevoir uniquement par le toucher. Cela dure un bon moment : je sens une énorme dilatation de mon corps émotionnel. Puis j'ai l'impression que quelque chose enveloppe mon corps énergétique... c'est super agréable.
Tandis que la guérisseuse continue à faire ses commentaires, elle écarquille les yeux, on dirait qu'elle voit un truc extraordinaire et qu'elle se régale.
– Ça alors ! Ils vous ont mis un manteau en cristal de roche, je ne savais pas que ça existait, je n'en avais jamais vu. Votre aura se transforme, vous êtes multicolore ! Vous avez l'aura des guérisseurs. Ils disent quelque chose : bienvenue chez toi ! Il semble que vous vous êtes beaucoup perdu.
Je ne sais pas quoi dire, je tremble de l'intérieur, mon corps énergétique est en pleine expansion, je suis « sous le choc » de ce traitement. Des impressions et des émotions énormes remontent en moi. Je suis entouré d'un amour immense, celui des esprits de la nature tout autour de moi... et surtout je commence à comprendre. En fait, je me suis caché, je ne sais pas pourquoi je suis parti aussi loin d'eux. Pourtant, je sens que ma place est là, parmi eux... que je n'ai rien à faire par-

mi les ordinateurs et les bureaux froids des sociétés : ma place est dans la nature et l'a toujours été ! Pourquoi n'y suis-je jamais allé ?
– Voila c'est ça ! Vous etes un guérisseur de la nature… Mais attendez … Vous n'êtes pas d'ici vous : vous ne venez pas de cette planète, c'est pour ça qu'ils vous envoient un ambassadeur du monde minéral ! Vous venez d'une planète végétale : il n'y a pas de prédateurs sur votre planète, que des insectes et des plantes… Ça alors ! Ils vous ont mis un troll en garde du corps ! Avec ça vous ne risquez vraiment rien ! Vous êtes sûr que vous voulez vous trimballer avec un troll ?
– ???.... ben j'en sais rien moi, pourquoi pas ? (…là, je crois que je ne sais vraiment plus où je suis).
Elle continue tranquillement.
– C'est pour cela que votre huitième chakra est ouvert et que vous n'avez pas une énergie normale : vous avez l'énergie de certaines entités qu'on peut croiser dans l'astral : vous êtes un grand eveillé.
Je suis complètement chamboulé, le traitement des esprits de la nature m'a tellement mis sens dessus dessous que je ne sais plus trop ou j'en suis. Mais je suis obligé de reconnaître la vérité dans sa voix : elle sait exactement ce qu'elle dit et qui plus est, je sens bien au fond de moi que c'est la vérité : encore une fois des certitudes impossibles remontent en moi associées à des émotions immenses (mais arrête de suite ! tu fais quoi là ? retourne dans la logique, ne ressens pas d'émotions, ça rend débile).
Je sens une rancune sans fin et une tristesse inhumaine remonter en moi, une nostalgie sans borne me prend rien qu'à ce mot « sans prédateur »… C'est clair comme le cristal : comment ai-je pu oublier ? Comment n'ai je pas vu les signes autour de moi ? (je deviens fou ou quoi ? je ne peux pas penser ça !)

Moi qui sens le goût du divin dans la lumière des arbres, moi qui parle de forêt enchantée, et je n'ai même pas vu que le divin est dans la nature pour moi : c'est ma vraie place ! Pourtant il aurait été difficile de le dire plus explicitement ! Comment pouvons-nous être aussi aveugles ?
Je me suis toujours dit que j'atteindrais l'illumination puis que je reviendrais pour aider les autres, ça serait tellement ironique si c'etait déja le cas...
(Le poids de ces certitudes est tellement fort qu'il menace de m'étouffer, et là j'explose.)
– C'est impossible ! Si j'etais un eveillé je le saurais : je suis la personne la plus endormie qui soit, vous n'imaginez pas tout le chemin que j'ai dû parcourir pour arriver ici et je suis encore très loin ...
– Justement : c'est ça la contradiction. Les plus eveillés ne sont pas ceux qui courent partout en brassant de l'air, et si vous êtes là, c'est que vous avez voulu revenir pour aider les autres. Vous avez beaucoup de pouvoir et vous allez forcément loin dans les contradictions.
– Mais alors pourquoi j'ai tout oublié ? (J'ai les larmes aux yeux et le sentiment d'une injustice sans bornes me dévore.)
– Tout le monde oublie en s'incarnant, c'est impossible de faire autrement. Croyez vous que Jésus incarnation de Dieu sur terre n'ait pas dû tout réapprendre ?
Je sens la rancune et le poids du sacrifice immense qu'il faut accepter pour être là, mais justement je n'encaisse pas, je ne comprends pas... comment quitter un paradis sur terre pour ce monde froid, hostile, sous-développé où des êtres handicapés, infestés d'entités, se promènent fièrement en costard cravate, se sentant tellement intelligents tout en exibant leur tristesse, leur souffrance, leur mensonges et la négation de ce qu'ils sont.
Je comprends pourquoi je me moque que cette planète explose ou prospère : ces gens ne me sont rien, la ran-

cune et la colère qui montent en moi sont sans bornes, je me sens sur le point d'exploser… (D'où peuvent venir toutes ces émotions et ces pensées ? je suis en train de devenir cinglé.)
Je n'ose pas lui dire toutes ces choses, j'ai l'impression de devenir vraiment fou.
– Pourquoi sommes-nous ici ? Je ne comprends pas.
– Nous sommes ici pour aider la matière à s'élever, c'est comme ça et nous y reviendrons toujours. Bien, nous allons voir les obstacles qui vous empêchent de vous exprimer.
Elle mélange un tas de cartes et me fait tirer au hasard ; les cartes sont très explicites
Je suis chamboulé, mais je fais ce qu'elle me dit sans discuter.
– La perte de la foi : cela ne vous dit rien ?
J'ai toujours été athée, pourtant le barrage cède et je dis enfin le fond de ma pensée (encore une fois d'où peuvent venir de telles choses ? Je ne les ais jamais pensées et je n'ai jamais eu conscience d'avoir ça en moi).
– Depuis que je suis né (je ne parle pas uniquement de cette vie je crois), je sais que je suis perdu en enfer et que Dieu m'y a mis à cause d'une faute impardonnable que j'ai dû commettre envers Lui.
Je vois son œil qui me regarde et me juge : l'œil du jugement de Dieu ; (je viens enfin de comprendre pourquoi je vois toujours cet œil qui me regarde dans le brouillard, quand mon troisième œil est ouvert, d'où vient cette information ? aucune idée…)
A ce moment, je vois clairement l'œil me regarder derrière la thérapeute.
– C'est faux : ce que vous voyez est une forme pensée que vous avez créée ; il n'y a pas de faute, pas de jugement, vous êtes ici parce que vous avez accepté de venir… Allez, on coupe ça. (Elle coupe le lien avec la

forme pensée : elle la dissipe et c'est tout ; décidément elle est vraiment très forte...)
Elle me fait tirer une autre carte : « l'orgueil ».
– Vous êtes orgueilleux : vous voulez sauver tout le monde, c'est pour ça que vous êtes ici, mais on ne peut sauver les gens malgré eux...
J'acquiesce tristement, je suis profondément remué : ces émotions qui remontent semblent venir d'un autre monde, elles me dépassent complètement.
Ce simple mot me fait remonter un sentiment de honte sans bornes : je suis le secouriste qui s'est noyé, je me sens tellement supérieur et pourtant, comme ces gens sous développés, j'ai basculé dans la violence et la peur (encore une fois ces pensées et ces émotions affluent du plus profond de mon être, jamais je n'ai senti des choses aussi fortes en moi).
– Allons, remettez vous ! Ah tiens, on vient vous aider !
Brusquement, son chat jaillit de nulle part, il saute sur le bureau, se met bien en face de moi et me regarde droit dans les yeux, puis il lâche un « miaou » consolateur suivi d'un ronronnement ; je sens son amour et sa compassion (pourquoi les gens ne le sentent-ils pas et ne comprennent-ils pas la sagesse des chats ?) Je le caresse et je me sens un peu mieux. Le chat pousse un dernier miaulement de satisfaction puis il saute du bureau et retourne à sa place. Son chat est noir, quelle ironie ! Une telle scène aurait valu le bûcher à ma thérapeute si nous avions été au moyen âge ! Combien d'etres évolués, simplement venus pour aider les autres, ont été brûlés sur le bûcher sans autre forme de procès ? Planète de demeurés.
(Je sens que ma raison risque de vaciller : d'ou me viennent ces émotions et cette pensée ?)
– Bien continuons... Vous avez beaucoup de rancœur contre Jésus.

– Ce nom m'écorche les oreilles, le simple fait de l'entendre et je sens une grosse colère ainsi qu'une énorme culpabilité.
– Vous l'avez connu vous savez ? Il vous a enseigné : tous les guérisseurs venus aider ont étés formés par lui.
Là encore c'est la quatrième dimension pour moi : en temps normal je lui aurais ri au nez ; je n'ai que faire des religions et des chrétiens que je ne supporte généralement pas. Mais là encore, je sais que c'est la vérité, je sens même une souffrance extrême et une culpabilité sans bornes sur mes épaules : comment j'ai pu me perdre ainsi si je suis guérisseur ? Comment oserais-je me présenter devant lui alors que ma mission à échoué et que je suis tombé plus bas encore que ceux que j'étais censé aider ? (Mais tu es athée et tu te moques de la religion ! De quoi tu parles là ? Reviens sur terre pauvre taré : c'est mon mental qui entre dans la danse maintenant !)
La guérisseuse continue comme si de rien n'était.
– Vous devez vous pardonner et vous réconcilier avec lui.
Vous allez lire « de mémoire d'esséniens », c'est un livre tiré des annales akachiques qui explique la vraie vie de Jésus, lisez-le et vous serez réconcilié avec son enseignement. Vous avez été essénien ! Comme moi ! Bienvenue dans la tribu des guérisseurs !
(Et ben regarde-toi et regarde-la : deux pauvres tarés en train de délirer, c'est mon mental qui n'en peut plus de m'engueuler, mais mes émotions et ma mémoire ont envie de l'embrasser…)
Je comprends alors la nature de ma culpabilité : je n'ai trouvé que des vies de souffrance, je n'ai revécu que des mémoires de morts violentes. J'ai toujours été quelqu'un d'extrêmement négatif et mauvais ; j'ai eu beaucoup de pouvoirs et je m'en suis servi contre les autres sans arrière-pensée... même dans cette vie, avant de

commencer à accepter que ce n'était pas moi, ni ma nature. Je suis allé au fond de l'enfer : j'ai même passé un pacte avec le « patron d'en bas », je le sais... Comment le ciel peut-il me pardonner ?
(Encore une fois, ces émotions et ces pensées remontent avec une force et une intensité sans bornes...)
Quelque chose au fond de moi me dit que ces expériences étaient nécessaires : comment, en venant d'une planète sans prédateurs aurais-je pu connaître les hommes et communiquer avec eux, sans d'abord vivre dans la peur et la violence comme eux ? (Encore des pensées incroyables qui remontent...)
Je comprends que toutes ces émotions et ces pensées sont issues de mon corps spirituel : ce sont les mémoires de mes vies sur terre qui remontent ; elles sont peu nombreuses puisque je ne suis pas d'ici, la nostalgie qui remonte vient de vies d'une autre planète où j'ai connu la paix, où j'ai connu l'illumination sous une forme que je ne peux imaginer mais qui me semble tellement plus grande que celle que j'ai aujourd'hui.
Brusquement, je comprends pourquoi il faut dépasser son inconscient pour attaquer le subconscient ; sans les années d'expériences que j'ai acquises à affronter mes peurs et à me regarder en face, je me serais complètement effondré. Je sens que ma raison menace toujours de vaciller, mon corps énergétique est pris de soubresauts comme s'il allait se détacher et je sens les fées marcher sur mes épaules, essayer de me consoler... Je crois vraiment devenir cinglé...
– Tirez une autre carte !
Et je m'exécute encore sans discuter.
– La folie ! Vous avez peur de devenir fou ou d'être pris pour un fou...
C'est exactement ça, je sens bien que mon mental n'est là que pour faire semblant, comme toujours, il met une couche de rationalité bien pensante sur la vérité, je fais

semblant d'être normal pour être comme tous les gens en costard-cravate de la société, mais au fond de moi je sais bien que c'est faux.

Je ne suis pas cela, et qui est le fou ? L'être infesté d'entités, aveugle, sourd et muet, qui ne peut voir le subtil et l'energie autour de lui, qui détruit la planète sur laquelle il vit sans même y penser et qui ensuite, ne fait qu'en désespérer, ou celui qui perçoit l'energie, les pensées et les structures mentales de l'autre, qui accepte de vivre les expériences sans les juger au lieu de fermer les yeux chaque fois qu'il passe devant quelque chose qui pourrait le forcer à se remettre en question ? (Cette pensée me redonne un peu de courage, je décide de vivre les choses jusqu'au bout et je ferai le tri après.)

– Vous avez besoin d'une pause.

Effectivement, je tremble dans tous les sens et je sais qu'il faut que je laisse tout ça décanter, trop de choses sur moi à accepter.

Je voulais une expérience forte : j'ai été exaucé, et la réalité dépasse de loin la fiction, comme d'habitude.

Ça veut dire que tout est vrai, les extra-terrestres sont parmi nous, les esprits de la nature existent, des choses que nous appelons des fictions sont des vérités que l'homme ne peut accepter ou percevoir : son niveau énergétique est trop peu élevé, c'est un être sous-développé.

(Encore une fois, des pensées qui remontent malgré moi.. et qui se mèlent à une rancœur sans bornes que je ne peux contrôler).

Seuls les réceptifs reçoivent le message divin, les créatifs, les artistes, les scénaristes, c'est pour ça qu'il existe plus de vérité dans les séries les plus débiles que dans les livres des intellectuels coincés, ils ajoutent juste la peur, la folie et la colère, ce qui est propre à l'homme. C'est pour ça qu'ils croient que les extra-terrestres ne sont que des êtres mauvais qui cherchent à les extermi-

ner dans leur délire... S'ils savaient que certains sont juste des êtres qui, au prix de grandes souffrances, essayent de les aider à s'élever, pourraient-ils simplement le comprendre ?
(Encore une fois, je me force à réintégrer la réalité : ma raison menace de vaciller... la rancœur qui remonte du fond de mon être est trop forte pour être contrôlée.)
La guérisseuse va tranquillement préparer son plat pour midi. Je blague avec elle comme si de rien n'était, comme si ces révélations ne m'atteignaient pas et que c'était juste une farce que nous jouions ensemble.
Mon corps énergétique est toujours pris de soubresauts que je ne peux arrêter.
Elle mange un bout de pain et me regarde en rigolant.
– Bon ben, je crois que je vais prendre encore du poids, mais vous savez, mon esprit fait 3m80 de haut, alors il faut du volume pour le faire entrer... Je ne suis pas de cette planète moi non plus, comment vous trouvez mon déguisement, je suis bien cachée, non ?
(Pascal m'a dit que lorsqu'il la regardait avec son troisième œil, il voyait une espèce d'alien bizarre, elle ne le sait pas, mais je sais parfaitement de quoi elle parle.)
Je ne peux pas m'empêcher de rire de bon cœur avec elle, il est vrai qu'elle passe totalement inaperçue, et soudain, je pense à « men in black », alors c'est vrai ! Les martiens sont bien parmi nous, ils sont juste incarnés dans les corps humains depuis plusieurs milliers d'années, c'est pour ça que nous ne les voyons pas, mais attends, t'en es un toi aussi ! (arf ça va être dur d'assimiler tout ça, je sens...)
Nous sortons dans le jardin, la guérisseuse me suit avec un plant de basilic en pot.
– Eh bien ma jolie, faut pas avoir peur comme ça !
Elle est train de parler à la plante ; je me connecte au basilic par pure curiosité, je sens une peur viscérale me tordre le ventre !

La plante est vraiment térrifiée, je le sens, une immense compassion et une grande tristesse m'envahissent quand je pense à toutes ces plantes que je croise en prenant bien soin de ne pas les contacter ; vraiment, je me sens en dessous de tout (arrête de pleurnicher).
– Allons ma chérie, on va te planter à côté de quelqu'un pour te tenir companie ? Allons les enfants, qui veut la prendre avec elle ?
Elle continue de parler à la plante et elle s'adresse à une bande de plantes sur la droite dans un petit potager.
Je me déconnecte complètement et je suis consterné, je comprends qu'elle a raison, que les plantes sont des êtres à part entière et surtout qu'elles méritent d'etre traitées avec bonté, mais surtout, je réalise qu'extérieurement cette femme à l'air complètement cinglée. Si moi même je ne ressentais pas ces choses, je dirais qu'elle est complètement folle ; c'est donc ça le destin qui m'est reservé ? Les gens vont me regarder comme ça quand je parlerai aux plantes et aux arbres ? Un sourd désespoir commence à entrer en moi ; c'est ça ce qu'on attend réellement de moi ?
La guérisseuse continue de parler à ses plantes.
– Toi, tu veux bien ? C'est normal, t'es le dernier arrivé, mais c'est gentil.
Sur ce, elle entre préparer son plat.
Je profite de son absence pour m'asseoir.
Elle est dans la cuisine et ne regarde pas ce que je fais.
Machinalement je me connecte à son jardin : je deviens globalement le jardin sans viser une plante en particulier, c'est le plus facile pour moi.
– Ouaou, quand vous vous connectez, vous ne faites pas semblant vous ! Ça c'est du costaud !
J'entends son exclamation sortir de la cuisine ! Elle a encore deviné ce que je faisais : si nous étions cinglés tous les deux comment le saurait-elle ? Ça me fait une

belle jambe, je suis tout le jardin énergétiquement, je sens l'amour de la nature sans bornes pour moi mais également celui que j'éprouve pour la nature tout entière qui rayonne de mon cœur et dans tout mon corps énergétique. Pourtant, je ne peux toujours pas dépasser ce niveau de communication, frustration ultime.
(A quoi bon pouvoir te connecter à un pan de terre entier si tu ne sais pas ce qu'il veut et que ça ne sert à rien ?!... C'est mon mental qui s'excite encore.)
(Toi un druide ? elle est bonne : tu ne connais pas le nom de la plus petite plante, t'en as jamais touché ? Le premier druide qui ne connait rien aux plantes, t'es vraiment grave… ils vont dire quoi les autres s'ils existent ? Encore mon mental…)
– Les druides existent vraiment ? J'ai posé la question à voix haute.
La thérapeute sort de sa cuisine et me regarde un peu comme si j'étais un extra-terrestre qui lui demandait si les martiens existent.
– Ben ma foi, à votre avis, cela s'appelle comment ce que vous venez de faire ? Et ben ça … Et elle éclate de rire.
Je suis toujours aussi consterné mais je ris de bon cœur en essayant de laisser passer.
Nous mangeons ensemble, avec ses enfants : ce sont des ados normaux et totalement équilibrés, l'un d'entre eux est passionné de hard rock, il m'explique comment on fait pour chanter du « hard métal » ou je ne sais quoi. Quelque chose m'étonne chez eux, mais finalement je comprends. Ce sont les premiers adolescents normaux que je croise depuis longtemps. Tous les stagiaires que je vois débarquer dans mon entreprise sont éteints et désespérés (à un niveau non visible pour les autres), ils sont ici pour faire plaisir à leurs parents et non pas pour exprimer ce qu'ils sont ; leurs paroles sont doubles et emplies de peur comme celles des adultes de la société

(c'est cela que voulaient dire les chamans indiens quand ils ont vu débarquer les hommes blancs : le visage pâle à la langue de vipère ?)
Ceux que je vois ici assument entièrement l'activité de leur mère et ce qu'ils sont : ils ne semblent pas le moins du monde gênés de partager le repas avec un étranger, vraiment je n'ai rien vu de semblable depuis longtemps.
Nous mangeons sur une planche avec deux tréteaux, un repas simple fait en toute sincérité et nous passons un moment agréable sans nous soucier de rien.
J'ai l'impression de voir les vestiges d'une paix passée ou bien la promesse d'un futur pour l'humanité. Les gens vont-ils enfin lâcher les apparences et accepter d'exprimer ce qu'ils sont vraiment ? Ou bien seront-ils toujours fous à lier, jusqu'à faire exploser la planète ?
Ici, il n'y a pas d'argent, mais il y a la chose qui manque à toute l'humanité : de l'amour à l'état pur.
Après le repas, nous discutons encore avant de reprendre la séance.
– Comment en êtes-vous venue à faire ce métier ?
– J'ai été déplacée, la lumière est venue me chercher et m'a mise ici : c'est mon destin et je l'ai accepté pleinement sans discuter. C'était il y a cinq ans : j'ai commencé à entendre Dieu me parler. Vous savez, je suis chrétienne, mais ma pratique n'a rien à voir avec celle de l'église ; j'ai un abbé pour confesseur vous savez ? Certains sont bien plus ouverts que vous ne le croyez, il y a des gens bien partout. Imaginez sa tête quand je lui ai dit que je parlais avec Dieu, mais il a accepté d'être mon témoin et de m'entendre raconter ce que j'étais. Et il me suit toujours : il y a des gens biens partout, peu importe leur religion ou leur fonction ! Avant de faire ça, j'étais commerciale, je vendais des portes-fenêtres et je gagnais très bien ma vie.
– Commerciale ? Ben ça alors !

– Je n'ai jamais regretté ce choix : il n'est pas un jour que je vive sans félicité, je travaille beaucoup, j'aide beaucoup de gens et je vis de dons. Je sais que le ciel pourvoit toujours à mes besoins et j'ai tout ce qu'il me faut, vraiment je suis au paradis !
(Alors c'est ça qu'on attend de toi : que tu réapprennes un don dont tu ne connais rien et que tu ailles vivre pauvrement dans une cahutte misérable dans la forêt en te faisant traiter d'allumé ... encore mon mental qui se lâche.)
– Vous êtes un guérisseur de la nature, abandonnez tout ce qui touche à l'énergétique chinois, ce n'est pas votre domaine. Vous ne le savez pas mais vous avez en vous la mémoire de toutes les plantes de la planète, vous vous en servez par résonance pour vous soigner ainsi que les gens qui vous entourent. Cultivez ce don, redécouvrez-le, enseignez-le aux autres ... Un jour viendra où il sera très précieux. Vous devrez sûrement faire des conférences et parler de la nature aux hommes. Ce que nous faisons est de la physique quantique : la science est en train de le découvrir et bientôt les hommes pourront en profiter. C'est comme ça que je guéris les gens par téléphone, mais mon domaine c'est les cristaux et les pierres, je copie la structure énergétique dans leur corps.
– C'est pour ça que je ne suis jamais malade ? (Les seules rares fois où je suis malade ça n'est jamais très long et c'est toujours un rhume, au maximum, la dernière fois me paraît assez lointaine.)
– Bien oui ! Vous croyez quoi ? Vous utilisez les plantes sur votre corps énergétique pour vous guérir : c'est votre druide intérieur qui prend soin de vous.
– ..??
– Vous savez, vous n'êtes pas obligé d'accepter, vous avez le libre arbitre et vous pouvez retourner à votre vie sans rien changer, il n'y a aucune faute là-dedans.

(Continuer comme ça ? Avec un boulot morne et déprimant ? Ça ne va pas non ! Alors que j'ai une chance de retrouver ma vraie nature ! Quelle qu'elle soit !?)
– Et je pourrais aussi bien me tirer une balle dans le pied ; non, ne vous inquiétez pas, j'ai déja fait mon choix et je vais suivre cette voie, quoi qu'il arrive et où qu'elle me mène.
– Bon, on reprend la séance ?
Et c'est reparti pour un tour, décidément je ne suis pas au bout de mes surprises, mais je sens que je commence à aller mieux.
– Bien, nous allons voir ce qui vous gène encore pour progresser. Tirez encore une carte.
« L'inertie. »
– Vous remettez tout à demain et vous attendez que les gens agissent à votre place ! Ça vous parle ?
Je dois bien admettre qu'elle a raison ; je songe à changer de travail et à me mettre au vert depuis plus de deux ans et je n'ai toujours pas bougé le petit doigt.
– Allez, on fait sauter, il va falloir y aller maintenant ! Voyons quoi d'autre ? Tiens, y'a des problèmes avec les mères, allez, on va voir les vies antérieures. Oh la la, c'est la catastrophe, vraiment elles vous ont tout fait, assassiné, abandonné, battu, trahi, tyrannisé… Vous avez une sacrée collection. Comment avez-vous eu tout ça ?
(Les émotions continuent de remonter et je comprends : c'est parce que je me suis disputé avec la nature, notre mère à tous, je me suis coupé d'elle… alors, forcément dans toutes mes vies j'ai eu des mères pourries : mon enfant intérieur voulait exprimer son conflit avec la mère nature, je le sais maintenant, mais je n'arrive pas à le lui dire.)
A ce moment, je réalise que ses enfants font des allers-retours sans arrêt autour de nous, son bureau est dans

la salle à manger et ils n'ont pas école puisque ce sont les vacances, ça bouge dans tous les sens.
– Mes enfants ne sont pas comme ça d'habitude... allez, on va voir votre enfant intérieur, il y a quelque chose dans l'air.
(Je sens une crispation de peur au niveau de mon ventre, c'est là que se terrent mes instincts réprimés et mon enfant intérieur je le sais.)
Elle ferme les yeux et me décrit sa vision à haute voix.
– Alors voyons, tiens, il se cache dans une caverne... Il ne veut pas sortir... Hein ? Il m'insulte ! Il me dit de m'en aller !
(Je sens mon ventre crispé de colère et l'énergie qui pulse à l'intérieur de moi...)
– C'est parce que je suis mère aussi... Il ne veut pas voir les mères.
Et là, elle est prise d'une sorte de spasme !
(J'ai senti l'energie dans mon ventre se tendre au même moment, c'est parfaitement synchronisé ! Incroyable !)
– Hé, il m'envoie ballader... impossible de l'approcher, comment va-t-on faire ?
Il me vient une idée : je sens la lumière affluer légèrement dans ma tête...
– Il faut appeler un archange, je sais que j'ai une foi aveugle en la lumière et mon enfant intérieur aussi, c'est obligé.
– Alors, faites-le, je ne peux pas le faire à votre place, si vous voulez être aidé, demandez !
Je mets mon intention comme je sais plutôt bien le faire et la lumière descend de ma tête pour aller dans mon corps, je la sens venir jusque dans mon ventre ; le soulagement est immédiat.
– Bon, voilà l'archange Gabriel qui vient à la rescousse.
(Je l'envie d'avoir des visions de ce qui se passe, moi je ressensjuste les sensations énergétiques, c'est moins beau, mais je peux suivre sans problème quand même.

J'essaye d'avoir une vision : je vois clairement la caverne mais mon mental interfère encore et je ne vois rien de plus.)
— Alors il prend l'enfant sur ses genoux... Il lui parle... Voilà, il est en train de lui expliquer... Ça y est, l'enfant se calme...
(Elle n'a pas besoin de le préciser, j'ai l'impression que les crispations de mon ventre se calment enfin.)
— Il lui donne une fiole avec de l'eau de baptême... Voilà c'est fait, votre druide intérieur est là aussi... Il instruit l'enfant... Voilà, l'archange s'en va. L'enfant me laisse approcher : il me montre plein d'armes, arc, fléches, massue, épée... Et ben, il est équipé ! Voilà, il range tout ça dans un coffre au cas où, mais il comprend que ce n'est pas nécessaire en temps normal, voilà c'est mieux. Vous devez résoudre ça avec lui, l'informaticien est votre enfant intérieur, il est allé se cacher loin de la nature parce qu'il a peur...
— Peur de quoi ? Personne ne m'embête jamais dans la vie, la dernière fois que je me suis battu c'est au ce1, j'ai fracassé la tête d'un type deux fois plus grand que moi, c'est ce jour là que j'ai compris le sens des arts martiaux, peu importe la taille, ce qui importe c'est l'intention.
— C'est normal que personne ne vous approche : vous vous prenez pour un ordinateur et vous émettez un champ électromagnétique autour de vous, les gens vous fuient comme la peste. Depuis que vous portez la tourmaline noire autour du cou, votre champ est en train de se craqueler et vous pouvez à nouveau ressentir la nature... mais bon, peu importe, avec un troll comme garde du corps, vous ne risquez vraiment rien.
(Ce concept de se prendre pour un ordinateur, je le connais : nous l'avons travaillé sur l'inconscient donc, ça ne m'étonne pas ; mais de là à imaginer qu'il soit possible qu'un homme génère un champ électromagnétique

par son seul inconcient... vraiment étonnant et pourtant tout cela est tout à fait cohérent avec mes années de psychanalise.)
– Bien, je vois que votre enfant a compris, ça y est, il est habillé en druide, vous avez saisi ? C'est ça le baptême, la nouvelle naissance : l'informaticien doit laisser la place au druide... Il sort de la caverne... Très bien.
(Là, j'en peux plus, ça fait vraiment trop de choses pour moi.)
– Nous allons pouvoir procéder à la transmission maintenant.
Elle me prend les mains, y met une sorte de pierre bizarre et commence à m'envoyer de l'énergie de très haute fréquence. Je la sens qui se répand en moi et laisse faire sans penser à rien.
Cela dure une minute au maximum.
– Ça alors, c'est la première fois que je vois une transmission comme celle là : il n'a pas été nécessaire d'élever vos vibrations, vous êtes déjà à la bonne fréquence pour votre mission. Vraiment, vous avez fait du bon boulot avec votre copain.
(10 ans de travail sur soi qui ont finalement servi à quelque chose ?!)
– Bien, on va faire un essai : connectez-vous à moi, que voyez-vous ?
Je deviens elle : je suis bien habitué maintenant, ses chakras sont parfaits, elle n'a aucune peur (ça fait drôle de ne pas sentir de crispations dans mon ventre : j'aimerais bien avoir les mêmes chakras !)
– Ça alors, vous n'avez aucune peur ! Vous faites comment ?
– Je m'en remets entièrement à Dieu. A présent, dites-moi quel est le nom de mon guide ?
– Un nom me vient spontanément Az... (t'es con ou quoi ? Comment tu peux faire ça ? C'est impossible ... et

merde ! Encore le mental et la peur d'échouer, Azrael ? Comme le chat de gargamel ? Je ne peux pas dire ça !)
– Alors ? Ne réfléchissez pas, la première chose qui vient est toujours issue des guides ou d'en haut, le reste c'est le mental qui le rajoute.
– Ben, c'est un peu stupide, il me vient un truc comme Azrael !
Et là, je rigole...
– Mon guide est Aziel : vous devez apprendre à laisser venir et ne pas mettre votre mental au milieu, et apprendre à écouter.Tous vos canaux sont ouverts, vous avez toutes les capacités et vous êtes guérisseur, que croyez-vous que vous veniez chercher chez moi ?
–... Je crois que je manque de confiance... Ces choses sont trop bizarres pour moi.
– Vous venez chercher l'INTENTION, parce que vous ne voulez pas mettre la vôtre : vous devez accepter et laisser faire sans que votre mental interfère, tout est là. Les 4 accords toltèques : tout l'occultisme est dedans, méditez dessus et trouvez les choses cachées.
La transmission est terminée, je suis très chamboulé. Avant de partir, elle me fait choisir une pierre avec une méthode de tri un peu particulière.
– Pour vous permettre d'intégrer cette expérience dans le matériel. Si vous ne le faites pas, vous ne pourrez pas créer autour de vous, et ces choses doivent se concrétiser... A vous de voir, vous avez le libre arbitre. Les esprits de la nature vous aideront toujours : vous pouvez les appeler n'importe où, ils interviendront toujours pour vous, pensez-y ! Ils me disent que vous devez étudier la guérison par les pierres, l'eau et ensuite la forêt. Commencez par remettre les mains dans la terre : cela réveillera les mémoires enfermées dans votre corps spirituel et vous pourrez retrouver facilement vos capacités.

Elle me ramène à la gare et avant de partir nous prenons un café ensemble, elle me livre différentes choses sur l'élévation de l'énergie sur la planète, ces derniers temps.
Je lui dis :
– Lorsque je vous ai eue au téléphone, j'ai compris que vous déteniez quelque chose de très fort : c'était la première fois que j'entendais quelqu'un d'aussi positif et n'ayant aucune peur.
(Je ne lui dis pas, mais j'ai compris immédiatement que je voulais être comme elle à ce moment... sans peur et irradiant la joie et l'amour, un sacré challenge.)
– C'est parce que je m'en remets entièrement à Dieu... Et que je vis l'instant présent.
Dans « conversation avec Dieu », il est dit « ta volonté en ce qui te concerne est ma volonté en ce qui te concerne » : c'est le libre arbitre.
– La première fois que je vous ai entendue, je me suis dit que vous aviez simplement posé la reciproque : « la volonté de Dieu en ce qui me concerne est ma volonté en ce qui me concerne », n'est-ce pas ?
– Vous avez compris.

Dans le train qui me ramène chez moi, je laisse remonter les impressions, les émotions, ces choses étranges et complètement folles qui me viennent, tout me paraît clair et pourtant encore très embrouillé. Je sens que je dois faire des choix et intégrer cette expérience à ma vie.
Pendant 10 ans j'ai refusé d'accepter l'existence de la voyance, des pouvoirs, en rationalisant : j'ai parlé uniquement d'énergie et je n'ai accepté de voir que cela ; puis j'ai travaillé uniquement sur la psychologie.
C'était une excellente approche, maintenant je le vois, mais aujourd'hui il est temps de tomber le masque et d'accepter ce que je suis. Ces capacités vont-elles sim-

plement me permettre de coder des programmes informatiques (mon troisième œil ne me sert qu'à ça aujourd'hui) ou vais-je accepter de réapprendre le métier de guérisseur et la voie de la nature pour la transmettre, quitte à être la risée des autres ?
Quelle importance ? Les informaticiens ne sont pas très bien vus de toute façon ; ça ne me changera pas.
Et là, je réalise que la mort ne me fait plus peur, au lieu du grand vide que je ressentais jusqu'à présent, je sens maintenant une immense joie, un immense amour remonter des profondeurs de mon être : je sais que le jour de ma mort sera le jour de mon retour sous ma vraie forme et chez moi.
Je réalise également que la honte ne m'atteint plus vraiment : quelle importance ? Les gens sont fous et ne le voient pas ; mais dois-je les laisser dans l'ignorance et faire comme eux ou bien les aider à enlever le voile qui masque la réalité ? Quelle importance si on me traite de cinglé ?
Ce n'est qu'une vie et j'ai déjà eu droit à bien pire ! Alors, où est le problème ?
Le matériel ? Je n'aime pas les objets, je n'aime pas les habits, il y a peu de choses auxquelles je suis attaché et je sais que je peux les remplacer par l'amour de la nature. J'ai troujours cru que je cherchais uniquement l'éveil et l'illumination pour pouvoir aider les autres à s'élever, mais si ce but est déjà atteint, alors il ne me reste plus qu'à vivre ma vie sans me soucier de rien : je n'ai plus besoin de rien au final.
Me voilà plus proche de la paix de l'esprit que je ne l'ai jamais été, cette rencontre dépasse toutes mes espérances, en fait.
Pourtant il faut encore me débarrasser de la colère que j'éprouve contre les hommes et cette planète.
Et me voilà donc en train de faire mes plans pour relever le plus grand challenge qu'on n'ait jamais donné :

Transformer un informaticien aigri en druide aimant !

Expérience 29
A la recherche du feu

Vous remarquerez que depuis quelque temps j'ai laissé le mental à son rôle et je laisse exprimer librement tout ce qui vient... et ça va vraiment mieux ; à première vue, les choses semblent manquer de logique d'un coup, mais c'est faux, je pense. (Néanmoins, je ne pense pas que ce soit un problème pour travailler là où j'en suis).

Il y a quelques jours, je me suis retrouvé avec un nouveau blocage dans le chakra coronal (les pointes qui se bouchent).

C'est douloureux et dur à vivre parce que c'est une douleur très forte à 10 cm de ma tête... (à qui tu veux expliquer ça ?)

J'appelle Pascal pour qu'il m'aide à voir ce qui se passe...

Il me dit qu'il voit l'archange lui dire que je n'avance pas assez vite et que je dois travailler le feu parce que ça me bloque et que j'utilise très peu de mes capacités réelles à cause de ça. Impossible d'expliquer d'avantage mais il dit qu'il est clairement question de feu...

Sur ce, je décide d'accélérer mon boulot sur moi bien que j'aie eu l'impression d'avancer vite... et immédiatement, les pointes se débouchent.

Pendant la journée du lendemain je sens une grosse douleur au ventre (énergétique) et brusquement il me vient une compréhension brutale : j'ai maudi toutes mes mères au cours de mes vies et ça me bloque profondément (encore des choses incompréhensibles qui débarquent).

Je décide donc de lever toutes les malédictions, je leur pardonne à toutes, je leur donne tout mon amour et leur souhaite à toutes le meilleur, quelle que soit leur incarnation actuelle... et la douleur au ventre disparaît immédiatement avec un truc plus subtil encore mais que je n'identifie pas, en tout cas c'est un soulagement immédiat. Ok, on va éviter les malédictions à l'avenir, parce que si on se trimbale des contrecoups dans toutes les vies d'après, ça fait réfléchir.

L'énergie de l'élément mère monte en moi par le bas comme celle de l'élément père avant, et elle semble aider à enlever les tensions accumulées... On va voir.

En faisant différentes recherches, bien aidé sur mon blog, j'ai trouvé un résumé très simple sur une partie importante de nos corps subtils.

Le corps énergétique contient trois « gouttes » qui sont des points importants. Dit de manière résumée, ce sont les parties les plus subtiles des corps énergétiques.

Un point énergétique au niveau du cœur : il s'agirait de l'âme elle-même.

Un point énergétique au sommet de la tête : « la goutte blanche » héritée du père.

Un point énergétique au centre du nombril : « la goutte rouge » héritée de la mère.

Le travail d'évolution consisterait à dénouer les problèmes de la goutte blanche (donc liés au père) et ceux liés à la goutte rouge (liés à la mère), pour que les gouttes puissent rejoindre le point du cœur et fusionner : cela provoquerait l'apparition de l'esprit divin et permettrait, en s'identifiant à lui, de quitter l'illusion.

Je ressens celle du cœur de manière particulièrement forte depuis que je travaille à vider les mémoires de morts et que j'ai ouvert l'accès au subconscient.

Je ressens celle du sommet de la tête depuis peu de temps.

Celle du nombril, je ne la ressens pas. Et il semble que la méditation sur le feu consiste à activer ce point précis.

J'ai toujours su que les religions cachaient des voies ésotériques valables mais qu'on n'en voyait, au premier abord, que l'aspect le plus institutionnel. Je ne l'avais jamais « trouvé » avant et cela confirme bien que toutes les religions sont vraiment valables, je crois que je commence à me réconcilier avec.

En tout cas, ça confirme une chose : je vais travailler à nettoyer l'émotionnel avec une méditation ou une technique en rapport avec le feu… à voir.

Finalement, l'archange de Pascal dit des trucs valables, non ?

Expérience 30
Intégrer l'ange et le démon

Un aspect important m'empêche de me connecter à la nature jusqu'à présent. J'arrive à concevoir son aspect lumineux et beau, sa générosité son amour, mais pas son courroux, sa colère et la destruction qui peut s'ensuivre. Je veux bien me connecter à un arbre ou à une fée par exemple, mais la connexion à un troll me paraît plus difficile. Certains arbres me gênent car leur énergie ne me plaît pas : il y a clairement un problème à résoudre chez moi.

J'ai vécu mon initiation par le toucher, Pascal l'a fait par la vision (la sienne était totalement différente). Dans sa vision il rencontre sa plus grande peur sous la forme d'un démon qu'il décrit lui même comme terrifiant : une espèce d'ombre qui change de forme sans cesse, le pire de ses cauchemars. En fait, il s'agit de son côté obscur.

L'archange apparaît à côté de lui et lui dit qu'il doit intégrer le démon. (Pour Pascal, les archanges sont des guerriers de lumière armés, alors que ce n'est pas mon cas.) Après différentes difficultés, Pascal fait changer plusieurs fois le démon de forme, jusqu'à ce qu'il devienne une femme qui fusionne avec lui.

Nous avons travaillé l'aspect mental de ces choses, mais n'avons jamais pu aborder l'aspect énergétique avant. J'échange pas mal sur mon blog, particulièrement avec la personne qui m'a donné le lien vers les voies ésotériques religieuses. C'est une voie qu'elle a beaucoup étudiée. Elle me dit que par mégarde, lors de sa méditation, elle s'est retrouvée reliée à moi (sûrement

suite à un échange houleux que nous avons eu la veille) et qu'elle a eu la surprise de se retrouver face à une énergie maternelle tyranique ! Comme si cette structure énergétique m'englobait. Après différents échanges sur la question, j'en comprends le point suivant :
En fait, j'ai toujours eu un côté pervers narcissique destructeur. Cet aspect de moi même m'a toujours énormément culpabilisé, j'ai donc essayé de le rejeter. Mon travail avec Pascal a inclu ce fait. J'ai toujours été aigri car je me suis considéré comme quelqu'un de mauvais. J'ai disséqué et étudié mon côté obscur de manière vraiment approfondie en espérant m'en débarrasser. Puis un jour, en séance de neuro-training, la thérapeute m'a dit « mais vous savez que vous avez également un côté lumineux qu'il faudrait explorer, qui est aussi fort que votre côté obscur puisqu'il s'agit de la même chose ! » Je me suis décidé à explorer mon coté lumineux : moi qui essayais toujours de dire leurs 4 vérités aux gens, je me suis mis à faire des versions édulcorées, de plus en plus soft, pour essayer de les aider plutôt que les détruire. J'ai essayé de communiquer pour aider les autres. J'ai partagé des techniques que je gardais jusque là pour moi de manière bien paranoïaque etc.
Le résultat est que j'ai toujours tenté de séparer deux aspects de moi : le bien et le mal. Or, comment être complet si on rejette un coté de soi même ? Or, comment faire l'expérience du grand tout si on n'accepte d'être qu'une seule moitié ? Comment se relier réellement à la nature si je ne peux accepter son courroux et les esprits de la nature plus « noirs » qui l'incarnent ?
Cette personne me donne la solution : je dois intégrer mon côté obscur en moi et ainsi il ne pourra plus me contrôler. Je pourrai récupérer cette énergie que je laisse à l'extérieur et qui, du coup, s'exprime par moment hors de tout contrôle.

La personne m'envoie deux tangkas : ils représentent l'émanation de l'énergie d'un maître générée pour subjuguer un démon qui terrorisait un pays. Je choisis immédiatement celui qui me plaît en imaginant ce qu'il m'évoque.
Voici quelques infos sur les tangkas :
Ces deux divinités n'étaient pas des démons à la base, mais il y en a d'autres qui l'étaient, comme Mahakala. Si on regarde le démon en face, à l'intérieur de soi, on voit qu'il est vide, qu'il n'a pas de raison de persister, et donc il disparaît et l'énergie est réintégrée.
Il faut arriver à percevoir que l'essence des tangkas est la compassion, sinon il peut y avoir des déviations. Si l'énergie est perçue comme neutre, on fait du mal avec, car c'est la compassion qui fait que son effet est correct. Par exemple si on crie sur quelqu'un avec une opinion neutre, ça peut lui faire du tort. Si on crie avec une vraie compassion, elle se transmet, du fait qu'on est tous liés à un certain niveau, et le nœud chez la personne peut se défaire.
Seul l'amour guérit, il ne faut surtout pas penser autre chose, et comprendre que cet amour peut extérieurement prendre des formes variées.
Il est très important de ne pas se tromper à ce sujet car c'est l'erreur de beaucoup de pratiquants qui s'autorisent à faire des pratiques courroucées sur leur petits camarades sous prétexte que c'est pour leur bien, mais qui en fait sont dans l'indifférence et qui ne ressentent pas la souffrance de l'autre.

Expérience 31
Intégrer la goutte de feu

ATTENTION, NE FAITES CE GENRE D'OPÉRATIONS QUE SI VOUS ÊTES SÛR DE VOUS ! PARCE QUE CE N'EST PAS ANODIN : manipuler les énergies peut être excessivement dangereux, surtout sans contrôle.

J'ai mis l'image du démon de feu (ange de feu) en fond d'écran et mon écran ayant une super taille, je peux garder un œil sur lui toute la journée. Je fais tourner en boucle une chanson en mantra que j'adore : AP SAHAI HOA SACHE DA SACHA DOA HAR HAR HAR.
Ce mantra, nous dit très sérieusement le prof de kundalini yoga qui nous l'a donné lors d'un stage, « transforme le négatif en positif et est tellement puissant qu'il pourrait faire d'un démon un ami ». Sur le coup, j'ai un peu rigolé vu que je ne savais pas qu'un ange ou un démon pouvait exister, fût-ce sous forme d'énergie. Mais maintenant, je comprends pourquoi j'ai fait ce stage, et surtout pourquoi il le disait aussi sérieusement. J'ignore comment les autres ressentent leur corps énergétique, mais moi, quand il s'y met, mes sensations sont plus fortes que des sensations physiques, et c'est le cas pour cet exercice.
Je me lance, mon intuition me dit que je peux y aller sans danger (ce qui ne m'empêche pas de flipper un peu) et l'archange est en retrait, prêt à débarquer en cas de problème (avec l'extincteur sûrement). Pour l'exercice, je fais le truc que je déteste : essayer de visualiser

seul les actions dans mon corps. C'est délicat parce que le corps énergétique obéit à toute commande... il ne faut donc pas se louper.

Je commence par ressentir la sensation extrêmement désagréable de mon démon intérieur, une énergie très forte de dépressif qui me pique dans mon corps énergétique. J'essaye de transformer le démon pour voir ce qu'il contient. Au bout d'un moment, mon corps se met à brûler : c'est une sensation plus saine (ça ressemble à l'éveil de kundalini en moins fort), on dirait que j'ai retrouvé la nature réelle de l'énergie : le feu.

Après différents essais infructueux pendant lesquels la sensation de brûler va augmenter et diminuer, je finis par noter les raisons qui font que j'ai peur, et donc celles d'avoir ce démon (pour trouver sa nature réelle). Quand c'est fait, le démon rapetisse et se concentre dans mon ventre : ça prend tout le ventre, j'ai l'image du démon en miniature et ça brûle (putain j'ai chaud, faudrait faire ça en hiver). Sur ce, j'essaye encore une fois de visualiser plusieurs trucs, mais ça ne donne rien, je ne comprends pas ce qu'il faut faire. Finalement, je fais comme Pascal : j'imagine la caverne avec mon démon en feu devant moi (dans mon ventre). L'archange se tient à côté, au cas où ça devienne hors contrôle (je ne suis pas fou quand même). Le démon se transforme en un point lumineux, un point de soleil minuscule, et il disparaît. Le point lumineux se tient au centre de mon ventre : ça y est, c'est sous contrôle, j'ai juste un point très chaud à cet endroit. L'énergie qui monte du premier chakra est chaude et monte jusqu'au dernier chakra, et au delà. On dirait que j'ai retrouvé l'usage normal de la goutte de feu. J'essaye de m'habituer à la nouvelle sensation, elle a l'air correcte bien que bizarre. Apparemment, en faisant monter l'énergie du bas, je peux à nouveau enflammer à volonté la totalité de mon corps énergétique ou faire disparaître la chaleur. Il suffit de faire brûler plus

ou moins fort le point de soleil. Au moins, ça économisera le chauffage cet hiver ! Pour moi c'est ok, l'archange m'interdit d'enlever le fond d'écran en disant que tant que je n'ai pas atteint la compassion, je dois méditer sur le tangka.
Difficile de savoir si j'ai fait ce qu'il fallait, mais, pour moi, c'est bon.

Expérience 32
Le guérisseur,
feu amour et compassion

C'est un aspect chez moi totalement refoulé et qui m'a causé d'énormes problèmes dans mon enfance. J'ai toujours fui les autres, et ce n'est pas un hasard. Je ne comprenais pas pourquoi en présence des autres je me trouvais souvent mal et incapable de respirer, ou bien avec des douleurs étranges, alors que toute ces choses disparaissaient quand j'étais seul et isolé. Pendant longtemps, je n'ai abordé que l'aspect psychologique des choses, mais vient un moment où on ne peut plus négliger l'aspect le moins « rationnel ».
Souvent lorsque les gens se mettent à côté de moi, je commence à me trimballer leurs problèmes : je suis une espèce d'antenne qui capte ce qui passe à portée. Au début, quand je ressentais l'énergie, je ne comprenais pas pourquoi je fusionnais tout le temps avec tout le monde (je pensais que tout le monde fonctionnait comme ça… c'est pour cela que je ne comprenais pas ces histoires de magnétiseurs qui doivent demander pour se connecter aux autres : moi personne ne me demande rien et me balance directement ses poubelles dessus, hé, hé, faut croire qu'ils me prennent vraiment pour la nature incarnée). Seuls les hommes me font ça, aucun esprit de la nature n'agit ainsi. Peut être parce que les esprits sont plus « polis » et moins « refoulés » sur leur vraie nature. Au final, tout est logique, un arbre fonctionne comme un guérisseur naturel : il nettoie ceux

qui passent à portée en les débarrassant de leurs entités et envoie le tout à la terre ou le laisse dissoudre par la lumière. Il est normal que je ressente plus les choses par le toucher que par tout autre sens. Ce nettoyage est douloureux pour moi, pour une raison simple d'après les autres guérisseurs que j'ai pu côtoyer : je résiste et je refuse de le faire.

Quand quelqu'un commence à me parler, ou passe à portée, d'un coup, je ressens une grande douleur au niveau du plexus solaire et commence à ne plus pouvoir respirer (dans ce cas bizarrement la personne trouve toujours une bonne raison pour rester à côté). Ca dure un moment, puis ça s'arrête brusquement et, d'un coup, mon plexus redevient normal, comme s'il ne s'était rien passé. Et là, étonnamment, la personne se trouve une occupation ailleurs. Si je m'éloigne de la personne, tout redevient normal immédiatement.

La guérisseuse m'a dit de laisser opérer la lumière, je sers de canal pour les guérisseurs : ils dissolvent les entités, puis ils renvoient le tout à la terre pour recyclage. Moi, je dois juste respirer en me décontractant : facile à dire, moins à faire.

Après avoir fixé mon bouddha de feu dans tous les sens (le tangka), je distingue enfin la compassion en lui. C'est plutôt bon signe. Ma patronne entre dans le bureau, s'installe à mes côtés pour prendre le café et me raconte qu'elle a essayé de se connecter en haut sans arriver à dépasser le bas astral : elle a même croisé un chinois qui lui a pris la tête toute la soirée (en chinois, donc rien compris). Son problème est qu'elle se prend inconsciemment pour la fille du diable, elle essaye de s'en débarrasser. Elle ne peut donc pas se connecter en haut : ça bride sa clairvoyance et clairaudience pourtant apparemment très puissants. Elle avait de graves malformations de naissance, et sa grand-mère, quand elle avait 5 ans, l'a trimballé dans tout le village en disant à qui voulait l'entendre : « regardez, ma petite fille est le démon, nous avons fait de grands péchés et on nous a envoyé le diable » (très bon pour l'équilibre psychologique ça).

Alors qu'elle me parle, je commence à ressentir une méga crispation au plexus (d'habitude elle est « clean » vu qu'elle fait du reiki et autres. Mais là, elle essaye de se débarrasser d'un problème, et elle l'affronte en force). Je fais presque un malaise et songe à prétexter aller prendre l'air. Puis finalement je pense à mon ange de feu de compassion, et me dit : « allez vas-y un grand coup, respire ». Je la laisse parler en respirant et en faisant semblant d'aller bien, (elle me demande si je suis malade) et en laissant faire jusqu'au bout (je précise que la peur de ne plus respirer est très forte chez moi, ce n'est pas anodin pour moi de rester dans ce genre de situation). Son chinois était un costaud parce que ça ne passait pas. Heureusement, la lumière est descendue et ils se sont démerdés entre eux : peut être un type qui devait monter. Ma foi, ils font leur vie. Au bout de 15 minutes, c'est enfin passé. Bien sûr, c'était la fin de la pause et elle est partie toute guillerette, en super forme, alors qu'elle était entrée dans mon bureau prostrée et fatiguée.

Nettoyer les autres dans ces conditions est vraiment un don de soi, je crois que c'est la chose la pire, la plus détestable, et qui ne m'apporte rien en retour : les gens ne s'aperçoivent pas de ce que tu leur as donné, et toi tu morfles. Mais passée la douleur au plexus, ça descend à la terre et ne m'affecte pas, je ne suis pas un saint non plus.

L'épisode terminé, je reçois un mail avec la photo d'une sainte (je me décide à la regarder même si jusqu'a présent ça ne me fait rien de rien). Elle me transperce du regard : mon cœur est pris d'une fluctuation énergétique et d'une espèce de truc bizarre que je ne comprends pas sur le coup. Je laisse passer au vu de ma journée. Plus tard, je regarde à nouveau la photo : plus rien. Je regarde à nouveau les saints qu'on m'a envoyés : rien de rien. Je regarde la photo de l'arbre : et j'ai l'impression que ma poitrine s'ouvre en deux. Pas d'erreur, c'est bien la nature, mon truc. Intrigué, je sens une grosse douleur au centre du cœur et dans le chakra arrière du cœur. Je connais cette sensation : je l'ai à chaque fois que je vide une mémoire de mort ou un bout de karma. Brusquement, je comprends pourquoi j'ai adoré le site sur l'unité des religions : il m'a réconcilié avec les religions puisque elles possèdent une voie ésotérique réelle, passés tous les discours. Je suis donc réconcilié avec les religions. C'était une partie du karma que je devais lâcher : en acceptant d'aider la patronne, j'ai accepté la guérison et j'ai été libéré en échange de cette part de karma.

Le soir, je marche dans la rue en laissant ma douleur au cœur s'en aller (quand le karma part il faut le lâcher sinon il s'incruste dans le corps énergétique et c'est douloureux). Sur ce, je demande à la sainte ce qui c'est passé.

— Tu as aidé quelqu'un et tu n'en vois pas la valeur, alors je t'ai aidé à laisser partir un de tes problèmes pour que tu comprennes la valeur du don que tu fais.

— Merci, c'est cool. En fait, je n'avais pas vraiment compris qu'il fallait vraiment que je libère cette histoire de religion hors de moi. Alors, tu es ma voie ?

— Non, désolée, je ne suis pas ta voie : j'ai simplement voulu te faire un cadeau.

— C'était cool ! Merci à toi. Je crois pouvoir accepter de guérir maintenant.

C'est peut être mon imagination, mais quelle importance : on ne parle qu'à soi même ou à Dieu.

Dans la foulée, ma femme se blesse à la cheville. Je fais sortir l'énergie stagnante, lui transmets la raison de sa blessure et rééquilibre les énergies comme m'a dit de procéder la guérisseuse. Puis, je solutionne directement un problème de Pascal, ce qui le fait avancer, c'est rare pour moi (généralement il fait les tirages et j'interprète). Tout dans la même journée.

Expérience 33
Débuts dans les mondes invisibles

Suite à mon « initiation », j'ai pu expérimenter directement l'existence d'énergies appelées « esprit de la nature ». On m'a également dit que j'avais une forte connexion avec eux et avec la nature en général, ce que semble confirmer mon expérience directe. Pourtant, j'ai besoin d'expérimenter cet aspect de moi avant de pleinement l'accepter. J'ai besoin à présent d'un moyen fiable d'utiliser mes perceptions énergétiques (qui sont trop chaotiques) afin de pouvoir dialoguer avec elles, et que nous puissions enfin faire sérieusement connaissance.
Dans mon bureau en train de coder gaiement, je vois soudain débarquer une boule bleue, avec des petites ailes ! Hallucinant, c'est bien ça : on dirait la fée clochette (c'est trop mignon au passage). Bon, y'a un message là : faut que je bouge. Je recherche sur Internet et tombe sur un site apparemment sérieux. Je poste volontairement un message « sans tabou » et un peu provoquant, histoire de vérifier si le gars sait de quoi il parle ou s'il manie simplement la théorie. Réponse : ce qui importe est le cœur et l'amour pour percevoir les esprits. Je crois qu'on est bien sur la même longueur d'onde. Je réserve ma place, le billet de train, et me voilà parti pour le lieu du stage.

Descente du train, le géobiologue est venu me chercher et on entame la discussion. Il a une expérience personnelle qui semble se recouper avec la mienne. Il a des perceptions très poussées qu'il a du éduquer, et a énormément progressé en peu de temps. Il a fait un peu de « pète névrose » mais a laissé tomber parce qu'il trouve ça trop dur pour la personne qui le subit. Il travaille sur une méthode intéressante utilisant le double du passé et du futur pour dépasser les schémas mentaux. On est d'accord que le but est de faire l'expérience du dépassement de la dualité et de faire l'expérience du tout, mais pour l'instant, on a besoin de disséquer encore les choses dans nos perceptions afin de pouvoir expérimenter et avancer. Au final, le but du monde est d'expérimenter et de s'amuser. Je n'ai pas perdu mon temps, ça va être intéressant.

Premier jour, les gens arrivent. Il y a une énergie pas possible et je suis secoué dans tous les sens. On est carrément sur la même longueur d'onde (à part un pauvre monsieur un peu perdu qui a, semble-t-il, accompagné sa femme, et qui a bien du mal à ne pas se braquer. Au vu des « zosiaux » qu'on est tous, je le comprends un peu. Dur de suivre si on ne perçoit rien et surtout si on ne veut pas entendre parler d'esprits).
Tout le monde se lâche d'entrée. On a tous des perceptions à différents degrés et sous différentes formes, et on en a marre de nager dans le bouillard, on est là pour les éduquer et les amplifier. Au passage, même ceux qui ne ressentent rien peuvent commencer à ouvrir ces perceptions après un nettoyage et un peu de pratique. Tout le monde y accède aujourd'hui avec la vibration de la planète.
Comment sait-on si c'est un nain, un esprit ou autre ? On passe une convention (on met l'intention : je cherche uniquement les nains) et eux seuls apparaissent quand on « tâte l'énergie ». Ensuite, le géobiologue nous aide (il corrige juste) et, globalement, on est tous d'accord.

Mais cela reste approximatif, et ça le sera tant qu'on n'aura pas tout rangé dans des boites. Avec l'entraînement, on repère facilement certaines entités (on connaît bien l'énergie d'un nain etc..). Une fois l'habitude prise, certains les voient et les entendent directement : ils sont acceptés par la structure mentale (une interprétation personnelle).

Au lieu d'être prisonnier d'une version profonde de l'illusion, on remonte un peu et on peut expérimenter le monde de manière plus vaste.

La première journée se passe à se nettoyer les uns les autres : on enlève d'abord les entités négatives, on se met par groupe de 4 et on essaye de trouver la nature des problèmes sur le corps de la personne située au milieu. Etonnament, on perçoit tous la même chose (plus ou moins au début parce que c'est chaotique mais c'est globalement synchro). Le but est d'amplifier nos perceptions en enlevant les entités qui les bloquent (elles ne sont pas folles, elles ne veulent pas être détectées... alors elles diminuent nos perceptions). Au passage, j'explique mon problème qui fait que je ramasse tout : le géobiologue me répond avec un petit sourire que c'est normal, et qu'on ne va pas tarder à le résoudre. Que lorsqu'on a réalisé certaines expériences « peu lumineuses » (comprendre qu'on est allé jouer avec l'autre polarité de la dualité) on peut se retrouver avec ce genre de problème (tiens donc ? je ne vois pas ce que j'ai bien pu faire). Il m'explique que ce n'est pas judicieux de rester ouvert tout le temps : c'est comme vouloir résoudre les problèmes de tout le monde, un jour ou l'autre on finit par tomber sur quelque « chose » de plus fort que nous et on se fait emplumer (moi je préfère dire dézinguer, mais chacun ses termes techniques).

Pour enlever une entité non humaine d'une personne, rien de plus simple. On lui envoie une boule d'amour et ça la renvoie chez elle (elle est perdue, la pauvre, et elle ne peut pas se nourrir ici... alors elle nous squatte). C'est l'attaque du bisounours (je l'ai baptisée ainsi, hé, hé). Etonnant, mais ça marche parfaitement, on a pu le tester sur ceux qui avaient des entités non humaines accrochées. Il existe des variantes selon les modèles d'entités : ceux là étaient des lézards de 2 mètres de haut, on a même tâté leur queue, c'était fun. Ensuite, on a eu droit à des entités humaines négatives (comprendre : qui pompent l'énergie de la personne, pas qui lui veulent du mal, elles ne peuvent pas se nourrir énergétiquement seules). C'était une tante qui voulait transmettre quelque chose avant de partir, et une enfant. Pour elles, on a visualisé un tube de lumière qui montait et elles ont pris l'ascenseur. Mais le bébé ne voulait pas remonter, suite à une mauvaise expérience (fausse couche). Le géobiologue a appelé un ange qui a réussit à faire grimper le bébé (on était trois à visualiser le tunnel de lumière et on ne comprenait pas pourquoi on retrouvait toujours le bébé. Après l'appel à l'ange, plus rien, il était bien parti). On a trouvé également deux entités humaines positives : des sorciers sachant se nourrir dans l'éthérique et qui n'ont pas besoin de nous pomper mais qui veulent rester au lieu de monter, des trucs à terminer. Deux participants ont un sorcier positif qui les accompagne. Certains sorciers peuvent rester ici des milliers d'années pour protéger un lieu ou accomplir une mission. Certains saints peuvent également rester pour protéger des lieux sacrés.

On a trouvé plein d'esprits de la nature mais on a laissé courir, parce qu'ils n'étaient pas négatifs et ne nécessitaient pas de nettoyage, et puis ce n'était pas le thème du jour. A l'exception d'un nain sur un des participants voulant indiquer à celui-ci qu'il avait eu affaire à de la magie noire. Dès qu'il en a eu conscience (apparemment il avait acheté une pierre qui avait servi à un rituel de magie noire, et qui s'est bizarrement cassée en deux

et qu'il a perdue : merci le nain), le nain est redevenu positif (le type avait l'air content d'avoir son nain et il le tâtait pour être sur qu'il reste bien sur ses épaules : c'était trop marrant).
C'est mon tour, et je suis l'alien de service. Apparemment, tout le monde me trouve de traviole dans tous les sens sans comprendre pourquoi. Au final, il apparaît qu'au lieu d'avoir un axe horizontal centré, j'ai un axe fendu en deux qui laisse tout passer. Apparemment, on ne peut pas résoudre mon problème, mais quelqu'un va s'en charger dans un certain lieu. Pas d'entité négative sur moi par contre, sauf un petit blocage au plexus (tu m'étonnes que j'ai mal). D'après le géobiologue, avoir un axe décentré provoque une perception chaotique des énergies… étonnant. Plutôt cohérent, non ? Je précise qu'il ne connaît rien de mon histoire, c'est voulu, j'aime faire des vérifications croisées.

L'après midi, il nous amène dans la nature, devant une croix plantée. Il explique qu'une manifestation va débarquer, qu'on va pouvoir lui demander la guérison. Elle préfère venir ici parce que sa manifestation à ce niveau laisse une trace forte pendant longtemps. Il précise qu'il s'agit d'un archange, « un throne » (je ne sais pas ce que c'est.) Les archanges étant bien au dessus de nous énergétiquement, ils nous visitent toujours sur une manifestation énergétique en rapport avec ce qu'on peut supporter.
Le géobiologue pose une bouteille d'eau sur le lieu sans en dire plus. On s'approche. Brusquement, je perçois clairement la plus grande manifestation d'énergie de haute fréquence que j'aie jamais vue : c'est immense et ça vibre très haut. Plusieurs mètres de diamètre (apparemment quand la lumière descend dans mon corps, elle vibre moins haut : je ne dois pas pouvoir encaisser autant d'énergie que le lieu sacré, ce qui est logique). Je

m'avance et demande à être guéri de mon problème d'axe. Aussitôt, je sens l'énergie agir sur la zone de mon plexus, jusqu'en haut. Cela dure un moment. Une fois terminé, je me sens bizarre. Le géobiologue vérifie et me précise que mon axe est remis en place.

Sur le chemin du retour, je me sens enfermé dans une bulle : je ressens seulement mon énergie propre, et la lumière qui descend d'en haut sous forme de flot continu (normal, étant habitué à tout ramasser et nettoyer alors je fais couler le flot en permanence). C'est étrange, je suis parmi les autres et c'est comme si j'étais seul. C'est un grand soulagement. En fait, je comprends pourquoi j'ai vécu cette expérience : pour apprendre la compassion. Parce que, en ne sentant pas les autres, je comprends pourquoi les gens sont comme ça : étant isolés dans une bulle étanche, ils ne peuvent ressentir la souffrance qu'ils infligent ou que les autres s'infligent eux mêmes. Alors que moi, après 35 ans d'apprentissage, je les « ressens » parfaitement. Une fois la compassion intégrée et acceptée, je comprends mieux la souffrance que j'ai infligée aux autres à un moment donné. Je dois pouvoir faire le nettoyage des autres par amour et en conscience, et non plus parce que je sens les problèmes des autres comme si c'était les miens, sans avoir le choix. Une leçon intégrée de plus.

Le monsieur qui ne perçoit rien préfère arrêter le stage : l'archange, c'est trop pour lui. Et encore une fois, je le comprends : c'est comme de se trimballer avec une bande de fous sous acide quand on ne perçoit rien et qu'on ne veut pas voir (même en percevant très peu, le fait de voir que des gens sont tous d'accord spontanément sur la présence d'une énergie au même moment peut débloquer le mental, mais il faut être ouvert).

En fin d'après midi, on part sur un lieu sacré, une petite église consacrée par un archange (ce n'est pas le cas de tous les lieux « sacrés » suite à de nombreuses dérives d'après le géobiologue). En approchant sur le chemin, on tombe sur une sorte de porte énergétique. En testant avec sa méthode, on vérifie qu'elle est fermée (négative). Il faut donc appeler le gardien du lieu. En le recherchant, on trouve une fée et un nain installés sur un rocher bizarre. Après vérification, il s'agit d'une grande fée et d'un maître nain : ils sont les gardiens de la colline (responsables de la gestion énergétique naturelle du coin). On demande à la fée d'ouvrir la porte et elle obtempère.

Quand on visite un lieu sacré, il faut commencer par passer au travers des portes : elles augmentent nos vibrations et nous permettent d'arriver dans le plan qui correspond au niveau recherché. Sinon, on est juste des touristes ne visitant que le plan matériel. Ce qui est très bien si on ne sait pas exactement ce qu'on fait, car sur certains champs de bataille, des chevaliers se battent encore et sont capables de nous planter des armes éthériques dans le corps : ce n'est pas mortel mais un peu embêtant.

Une fois sur place, il faut éveiller le gardien afin qu'il active le lieu. On entre dans l'église (elle est toute petite, entretenue par une association, il n'y a pas de messes). L'archange gardien du lieu semble avoir un problème avec un objet posé sur l'autel qui perturbe cet endroit. Certains malins laissent des objets dans les lieux sacrés pour essayer de détourner l'énergie des vortex qui s'y trouvent d'après lui. Le géobiologue enlève simplement l'objet de l'autel.

Il y a un vortex à l'endroit précis où le prêtre officie. Je n'ai pas le détail mais ce sont des endroits d'où jaillit de la terre une énergie naturelle, je crois qu'ils vont par deux. Celui là est positif. Entre le vortex et l'archange se crée un point de guérison : on peut y aller et demander à être guéri. Ce qui sera fait si on est prêt à encaisser la réponse (toute maladie a sa raison d'être et les archanges n'agissent pas contre le libre arbitre).

Nous nous livrons à une expérience étonnante : on se met en cercle autour du point de guérison, à une distance de 2 mètres du centre. Une personne se tient au centre pendant que les autres chantent IGMAE (ce qui correspond à un mantra de vie que le géobiologue veut tester). Quand je me tiens au milieu, l'énergie du chant m'enserre de partout et en devient presque solide. Je demande la guérison en ce qui concerne mon problème de respiration (pour le plexus, je verrai plus tard en neurotraining, je ne pense pas pouvoir l'encaisser sur un plan purement énergétique et j'ai l'impression que je vais déguster là… un problème à la fois). Ça marche très bien : le lendemain, mon nez coule à flot toute la journée. Faut évacuer, et je peux enfin respirer librement du haut du corps.

Une des participantes ayant des dons poussés sur la clairaudiance m'explique qu'elle a étudié les sons longtemps (elle est à la retraite) et qu'on peut faire léviter des objets en combinant certaines harmoniques. Au passage, je demande ce que sont les points du sol que je sens à intervalles réguliers : apparemment ce sont des cheminées, des sources d'énergies naturelles qui obéissent à d'autres règles. Certaines sont positives et d'autres négatives pour nous (ma perception du négatif et positif telle que je l'avais jusqu'à présent est erronée : ce n'est pas la vibration qui le détermine, mais la dilatation naturelle du biochamp, ou sa rétractation face à une énergie négative pour nous). On rentre vers minuit.

Deuxième jour :
On se lève tard, et on fait un topo sur les différents esprits de la nature. Je ne reviendrais pas dessus parce que c'est inutile pour moi : il faut l'expérimenter soi

même et le but n'est pas de réaliser un bestiaire mais bien d'habituer le corps à rencontrer telle ou telle énergie.
Le géobiologue nous parle également du double du futur et du passé. On travaille sur le problème d'une des participantes qui a un objet planté dans le corps énergétique. On cherche à savoir ce que c'est. C'est assez sport. Elle appelle donc son double du passé, et là, surprise : son double n'a pas une forme humaine. On a beau tâter partout, il y a un gros souci. Le géobiologiste explique, avec de grosses pincettes, que certaines âmes ne sont pas d'ici, mais que ce n'est pas grave et que ça présente peu d'intérêt de le savoir à moins d'avoir un truc précis à faire. On trouve même sur elle une structure énergétique bizarre : comme une construction ajoutée, apparemment positive et qu'il ne faut pas toucher car ça lui sert à fonctionner. Cela confirme la version de l'agapé thérapeute et mes ressentis sur la présence d'âmes qui ne sont pas d'ici. On pose la question au moi du futur pour savoir si c'est utile pour elle de savoir d'où elle vient. La réponse de tout le monde est « non » alors que la mienne est « oui » (ma question est : est-ce utile de savoir d'où on vient (en pensant à mon cas) ?). En fait, l'être du futur, multi émanations, répond à ma question. Les gnomes ou lutins ne peuvent le faire : ils n'ont qu'une seule émanation. Nos doubles sont multi émanations et peuvent se déplacer indifféremment dans l'espace temps, idem pour les anges, archanges, fées, devas etc... Le grand deva élémentaire de l'air (Zeus pour certains intimes à une époque, mais on lui a donné beaucoup de noms) peut être à la fois en carte postale sur ton bureau à parler avec toi, et en train de faire tomber la foudre à l'autre bout de la planète : la maîtrise de l'espace temps est quelque chose d'acquis pour eux. Ce qui complique les questions et nécessite de savoir exactement ce qu'on de-

mande.

Certains participants (entre autres ceux qui parlent aux anges) acceptent mal la familiarité du géobiologue avec les archanges. Sur ce, il répond : « un lutin est aussi important qu'un archange puisque chacun joue son rôle dans le système, et je leur parle à tous simplement, avec le même respect ». Et je suis bien d'accord là dessus puisqu'au final on ne parle qu'à soi même et à Dieu (mais c'est un niveau d'abstraction plus élevé dont nous ne pouvons pas totalement faire l'expérience pour l'instant, on peut juste le savoir, et ça change le rapport aux choses). Si j'explique à mon patron que je suis Dieu, et que lui aussi, et donc que ça ne sert à rien de se disputer, à mon avis, il va me regarder bizarrement : il faut quand même cloisonner, c'est préférable pour la santé mentale.

Et ici, c'est pareil, quand on est dans l'invisible, on est dedans. Dire à un type matériel qu'il a une fée sur le dos risque de le choquer. Et dire qu'un gnome est Dieu puisque l'énergie est la même partout, et que c'est nous qui la séparons, ça pose problème pour expérimenter ce degré de réalité.

On discute du wifi max qui va générer d'énormes problèmes : il perturbe les perceptions des gens et les sépare et de la réalité de l'éthérique pour les ramener uniquement dans le matériel. Ils risquent de se perdre définitivement dans l'illusion, sans compter les dommages innombrables sur le champ magnétique que les fameux « orbs » essaient de réparer constamment sur la terre.

– On ne peut pas demander à un deva de l'air de foudroyer toutes ces installations ?

(oups, ça m'a échappé)

Regard noir du géobiologiste :

– Mais ça ne serait pas un acte d'amour.

(Je me fais tout petit)

Et me dit intérieurement qu'il faut espérer qu'un jour ce

ne soit pas nécessaire de faire cela par compassion.

On finit tranquillement la journée en parlant de choses et d'autres. Le géobiologue convient qu'il n'est pas utile de savoir d'où nous venons tant qu'on est dans notre mission (mon moi du passé confirme que je sais déjà tout ce dont j'ai besoin, que je peux classer cette affaire et m'attaquer à expérimenter directement avec la nature). Le géobiologue laisse échapper qu'il a fait beaucoup de choses « pas très lumineuses » et que la plupart des zones qu'il nettoie aujourd'hui ont été détournées par lui ! Tu passes une vie à mettre le bordel et les autres à nettoyer, hé, hé, comme il dit, mais bon, c'est le jeu.
Le géobiologue confirme qu'il y a 5 ans, ces choses ne pouvaient pas être dites et qu'il y a un changement très important au niveau de la planète. Je lui dis à quel point ce serait bien que ce genre de formation soit disponible à l'école. Au lieu de refouler leur nature, les enfants pourraient apprendre directement à communiquer avec l'invisible. Ça éviterait de devoir tout réapprendre plus tard. Les gens ne sont pas encore prêts à en faire quelque chose de grand public, mais ça viendra, j'en suis sûr.

Voila un week-end super où j'ai pu expérimenter et où je repars avec plein d'outils pour réaliser mes propres expériences ! Je le recommande vraiment à tous les apprentis « médiums » un peu paumés comme moi, quel que soit leur niveau de perception, ils ont tout à y gagner !
Après des années, cela fait du bien de pouvoir parler ouvertement de ces choses et de les expérimenter en groupe pendant un week-end entier.

Expérience 37
Tâtages en chaîne

Ayant compris comment filtrer le sens du toucher, je suis prêt à réaliser mes propres expériences. C'est un ensemble de choses un peu chaotiques que je ne peux vérifier puisque personne n'est là pour confirmer. Aussi, j'expérimente en vrac sur le ressenti. Je m'entrainerai avec Pascal ce week-end. A deux, on pourra confirmer. Le toucher est mon sens le plus développé : je peux difficilement me tromper vu que je perçois un objet énergétique autant (voire plus) qu'un objet normal. Mes autres sens sont plus refoulés (ils me montrent un tas d'énergies chaotiques et je n'imagine pas percevoir mieux pour l'instant). De plus, il est possible de toucher à distance avec les mains, c'est très pratique, je suis un peu fainéant.
Je réfléchis donc aux usages possibles de ces techniques.

1) Utilisation du moi du futur

Je rentre à une heure du matin, il y a un monde fou dans le TGV. Devant la station de taxis se tient une queue de vingt personnes, et pas un taxi en vue. Je vais à pied jusqu'à une autre station ou je reste là ? Autant utiliser les outils qu'on a à sa disposition. Je demande directement au moi du futur : « alors je fais quoi, je bouge ou je reste là ? C'est quoi le plus rapide, tu peux tester s'il te plaît ? ».
Réponse : « reste ici ».

C'est hautement improbable que ça soit la meilleure solution car il y a forcément moins de monde à la station de taxis située à un quart d'heure d'ici. Néanmoins, je tente le coup.

Cinq minutes après, un taxi ayant déjà pris en charge deux personnes cherche une troisième personne seule allant dans la même direction. Personne n'y va parmi les dix-huit qui sont devant. Moi, c'est ma direction. Quinze minutes après, je suis chez moi : merci double du futur qui s'est farci toutes les possibilités pour moi (si j'étais parti à pied à la station, je marcherais encore).

2) Tâtage à la maison

Le lendemain soir, il s'agit de tester ce que je peux trouver chez moi. J'inspecte : pas d'entités humaines ou non humaines négatives apparemment. Je trouve une ondine sur ma femme (je m'en doutais, ça m'est venu immédiatement quand on en a parlé au stage). C'est une masse d'énergie, je peux donc difficilement identifier sa forme exacte. Il est délicat de tâter un être immatériel et de visualiser la forme qu'il peut avoir, apparemment le géobiologue y arrive mais il a dû sacrément s'entraîner.

Je discute en la faisant bouger d'un point à un autre pour dire « oui ou non ». Elle accepte la discussion, elle est là pour aider ma femme... mais bon, le reste on verra plus tard. En tout cas elle est positive pour ma femme (dilatation du biochamp), donc pas de soucis.

Je discute avec l'esprit de l'air de ma fleur en la faisant bouger pour dire « oui ou non », elle me confirme que c'est bien une fée et que son nom ne peut pas être prononcé dans notre langue (ma femme est contente, c'est ce qu'elle avait deviné rien qu'en voyant bouger la plante : chacun sa méthode).

Ça se corse quand je trouve des entités humaines positives chez moi : elles sont au moins 3 ! (apparement, elles sont positives pour moi, donc pas de stress.)
C'est la fête. Bon, j'essaye de discuter avec mais c'est un peu difficile, en plus il y en a une qui ne coopère pas : à peine ai-je commencé à la tâter qu'une pensée me traverse « ça doit pas être agréable de se faire tâter comme ça ». Ce n'est pas une pensée qui vient de moi. Du coup, l'entité arrive sur moi et se met à me tâter. J'avoue que ça m'amuse très moyennement.
Premier problème : peut-on tâter n'importe quelle entité sans vexer personne ? Pas évident ! (D'ailleurs, je suis moi même très vexé de m'être fait tâter !). J'en déduis ce que je craignais : mon problème avec les humains est transposable aux vivants, aux morts, et aussi à ceux qui sont hors du corps d'une manière ou d'une autre. Il va falloir trouver une solution parce que ça ne va pas être gérable à terme. Pour l'instant, je vais me contenter de tâter de l'esprit de la nature ... ils ont l'air moins « vexables » (j'en sais quelque chose... hé hé).
Bon, de toute façon, il y a des esprits partout, alors il ne faut pas se prendre la tête avec ça. Et dire qu'il y en a qui vont voir des châteaux en Ecosse alors qu'il y a peut être 10 esprits humains chez eux !

3) Dragon de naissance

Avant de me coucher, je repense à cette histoire de dragon de naissance. Le géobiologue s'est intéréssé à la question : les dragons sont les gardiens de la porte, ils permettent l'incarnation et la désincarnation. Ce ne sont pas vraiment des esprits de la nature en tant que tels. Chaque enfant qui vient au monde est accompagné par un dragon pendant les 18 premiers mois de sa vie : le dragon s'en va avant que l'enfant puisse se rappeler de lui (à cause du libre arbitre selon le géobiologue). Je

me demande donc « pourquoi ne pas appeler mon dragon pour causer avec lui ? ».
Je pose l'intention, je filtre et je tâte.
Aussitôt je perçois une énergie très « feu » et agréable, et un lien affectif très fort avec. Je fais un gros câlin avec, c'est super agréable, pas besoin de causer, je crois qu'il se souvient de moi et moi de lui.

4) Tâtages au boulot

Pas loin de mon boulot, un arbre me titille depuis pas mal de temps. Là, il m'envoie clairement une grosse énergie d'amour dans le cœur (ou c'est un truc à côté qui m'envoie cette énergie). La question est : qu'y a t-il à cet endroit ? Après tâtage (maintenant je suis équipé, hé hé), je trouve un vortex positif, et à mon avis, gardiens du vortex, une grande fée et un elfe ! Une autre énergie que je n'identifie pas est également présente à côté (sûrement un faune). Le tout a l'air positif puisqu'il dilate mon biochamp et l'elfe et la fée ont un pourcentage d'émanation élevé correspondant à leur nature.

Plus loin :
Juste sous ma fenêtre, se trouve également un faune dans l'arbre. Il est positif et a l'air bien ; et un faune négatif juste à côté ! En fait, le faune me donne l'impression d'être à côté d'un arbre mort. J'essaie de lui envoyer une boule d'amour, aucun résultat, il reste négatif. Du coup, je me relie à la terre et lui demande d'intervenir, d'une part pour tester la connexion (faut bien essayer de vérifier pour confirmer…) et aussi parce que je ne sais vraiment pas comment aider le faune. Et là… le faune devient positif. Je ne sais pas ce qui c'est passé mais il a l'air super content, il rentre même dans mon bureau et me fait un câlin (il se colle à moi en balaçant

plein d'amour…), bon, ben vas savoir... Vivement le son parce que je ne comprends pas tout.

Quelques remarques sur les arbres :
Les faunes sont les esprits mâles des arbres. Ils habitent les arbres suffisament grands. Chaque arbre contient également un esprit femelle qui est toujours présent. Quand un arbre est abattu, le faune change d'arbre. Si on est poli et que l'on pense aux enfants : avant d'abattre un arbre, on en plante un autre, histoire de préserver l'oxygène de la planète. Et on propose au faune d'entrer dans le nouvel arbre avant d'abattre l'ancien. L'esprit femelle suit le corps de l'arbre et se duplique dans chaque morceau : c'est quelque chose d'ominipotent (un peu comme une fée qui peut accompagner quelqu'un et être ailleurs simultanément). Chaque bout de l'arbre intègre cet esprit et chaque objet créé avec l'arbre l'intègre aussi : il est donc bien vivant. On peut également brûler l'arbre : le tout est d'être reconnaissant, et de ne rien gaspiller.

J'en profite pour essayer de rééquilibrer les champs électomagnétiques de mon bureau en envoyant une boule d'amour sur chaque élément de l'ordinateur, et je visualise la transformation de l'électro-magnétisme en amour. Cela fonctionne : les émanations ne font plus rétracter mon biochamp, elles sont devenues positives ; ce qui me permet même d'enlever la tourmaline noire. Le soir, je n'ai pas mal aux yeux : l'expérience est concluante.
Dans le bureau de mon patron traînent toutes sortes de choses bizarres, dont une photo d'époque issue du bric à brac qu'il a rapporté de chez sa grand-mère. Pas de doute, vu l'énergie qu'une des photos envoie, elle contient une entité humaine négative, y'a même la tronche du gars sur la photo. J'en parle à mon patron (il n'est

pas stressé, il discute régulièrement avec différents esprits de sa famille... je ne côtoie vraiment que des gens comme ça, c'est dingue). Il me demande de tester toutes ses photos.

C'est étonnant : deux photos religieuses sont positives et contiennent une énergie que je n'identifie pas, mais elles sont bonnes pour lui (il est chrétien). D'autres sont vides et ne contiennent rien. Deux portraits contiennent des restes légers d'énergie d'entités humaines : juste un résidu, c'est trop léger. Le dernier ne fait pas semblant. Je lui demande s'il veut discuter avec nous (en lui proposant de se déplacer), il ne bouge pas. Cela doit vouloir dire non.

Je fais une recherche sur mon patron, à sa demande : deux entités humaines négatives sont sous ses pieds. Il me confirme qu'il est au courant et qu'il discute avec elles : ce sont des membres de sa famille (des aïeux) venus l'aider à vivre son karma famillial. Ok, ça a l'air de se recouper.

Expérience 38
Un pt'it cercle de fées

En ce moment, je suis à fond sur la nature : j'essaye de remettre les mains dans la terre et d'accepter de communiquer avec les plantes. Je reconnais que cela débloque bien mes perceptions et je redécouvre le contact émotionnel avec la nature.
Voici un petit topo à la lecture de différents livres écrits par de futurs confrères (!)… ou bien de gens aussi allumés que moi, au choix :
Il semble que les fées soient des anges plus proches du monde matériel et dotées d'un ego (puisqu'elles sont dans la dualité). Etant plus proches, elles sont capables d'actions concrètes sur le monde matériel. Ce faisant, elles aident tous les amoureux de la nature au quotidien, elles peuvent les aider à trouver du boulot, de l'argent, etc…, tout ce dont ils ont besoin matériellement, et elles s'occupent également des jardins et des plantes. Seulement, il ne faut pas les vexer (puisqu'elles ont un ego) et ne pas s'attaquer à la nature au risque qu'elles nous jouent des mauvais tours (ça ne va pas chercher loin, mais on risque de chercher ses clefs de bagnole un bon moment si on les vexe). Il suffit d'être un amoureux de la nature et de leur demander d'intervenir sur le jardin. On sait que les esprits de la nature prennent possession du jardin quand il apparaît des cercles de champignons : ceux ci leur servent de passage entre le plan éthérique et matériel… ma foi, pourquoi pas. Me voila donc prêt à me jeter dans l'expérience (j'ai juste un balcon, mais ma femme aimant les plantes, ça ne lui

pose aucun problème). Qui plus est, ma femme n'a pas la main verte, ses plantes sont souvent en mauvaise forme : alors elle n'arrête pas de me charrier : « t'es un druide ! Et ben alors occupe-toi de mes plantes. Et elle veut quoi, elle ? » etc. Comme j'en ai marre de me justifier en lui expliquant que je n'en sais rien et que je suis juste censé réapprendre à devenir un druide, je décide de me lâcher. Je pars acheter des plantes en pot dans une jardinerie, en procèdant comme pour les pierres : je communique énergétiquement avec elles pour trouver celle qu'il me faut. Le simple fait de me trouver dans une jardinerie (ce que j'ai toujours évité jusqu'à présent) aiguise énormément ma perception énergétique. Je tombe amoureux d'un bégonia : son énergie est extrêmement élevée, bien plus que les plantes que j'ai croisées jusqu'à présent ! J'ai l'impression qu'il me reconnaît aussi : il m'envoie plein d'amour. Je trouve également plusieurs autres fleurs qui me plaisent et je les emporte. Dans le chariot, j'ai l'impression de transporter des enfants avec moi : nous ne communiquons pas encore verbalement mais la communication énergétique et émotionnelle est énorme, je comprends que l'une des fleurs va héberger des fées (une avec des cloches), le bégonia est plus que ce qu'il paraît et il va m'apprendre à parler avec les plantes (j'en suis persuadé, il m'envoie énormément d'amour, son énergie est plus proche de celle d'une fée que d'une plante) et les autres me plaisent ; bien que j'ignore si elles auront une fonction ou non.

Me voilà tout content à rempoter mes plantes chez moi. Ma femme est morte de rire (vous imaginez un informaticien normalement allergique à la nature en train de rempoter une plante) et j'ai de la terre jusque sur la tête.

1er jour : je suis satisfait, mon balcon est prêt et les plantes ont l'air en bonne santé.

2ème jour : catastrophe, un tas de fourmis est en train

de se jeter goulument sur le pot qui contient la plante destinée à héberger les fées. Ça ne va pas du tout. Les fourmis ont le droit de vivre, non? Je ne peux quand même pas faire comme tous les soi-disant amoureux de la nature qui flinguent tout ce qui bouge dans le jardin et en font un endroit bétonné avec 2 plantes moribondes qu'il faut changer chaque été ?

Je décide de faire une quête de vision : je monte sur mon nuage et discute direct avec ce cher Gabriel (je l'aime bien, y'a rien à faire, il m'a rendu trop de services) et lui pose carrément la question : je fais quoi là ?

Réponse : « mon cher tu dois laisser vivre tout le monde, qui es tu pour décider que la plante mérite plus de vivre que les fourmis ? C'est ton challenge. Maintenant tu peux négocier ! Et demande aux fées de s'occuper des plantes, elles connaissent leur affaire ».

Bon, ok, je redescends.

Je vais voir les fourmis : comment leur parler. Je décide de contacter directement le boss des fourmis. Je lui explique le problème et sens clairement une énergie étrangère dans mon cœur : je lui dis que j'accepte que les fourmis s'installent dans un coin mais qu'il va falloir faire des compromis pour que tout le monde vive ici. Donc pas de mal à ma plante, et interdiction d'aller ailleurs et d'entrer dans la maison !

A peine me suis-je connecté au boss des fourmis que les fourmis se mettent à courir dans tous les sens comme si j'avais mis un coup de pied dans le tas : elles ont l'air affolées (étonnant non ?).

Quelques minutes après, avec ma femme sur le balcon, je vois des fourmis en procession en train de trimballer une reine, énorme, pour l'amener jusqu'au pied de la plante à fée où ils sont en train de creuser un nid ! Jamais je n'avais vu des fourmis trimballer une reine auparavant !

Bon, je dis aux fées de s'en occuper et je laisse tomber.

3ème jour : tout à l'air en ordre, les fourmis ne semblent pas sortir de leur trou, à part une ou deux isolées, et ne se mettent dans aucun autre endroit du balcon, on dirait que l'accord est respecté.

Sur ce, avec Pascal, nous mettons au point un exercice de communication avec l'invisible. Je commence donc à communiquer avec mes plantes : on raconte n'importe quoi, on blague, je leur envoie plein d'amour et j'entends des réponses venant d'elles (je ne les crée pas, je crée uniquement les dialogues et laisse venir les répliques spontanément). Je parle beaucoup avec le bégonia puisque je suis persuadé qu'il est là pour m'enseigner… ce qu'il confirme.

Ma femme et moi partons en week-end 3 jours… là je me dis que je vais forcément avoir de la perte (le week-end dernier a été caniculaire). J'arrose tout le monde, je demande aux fées de s'en occuper et on s'en va.

Pendant le séjour je parle régulièrement à ma plante (l'énergie et la pensée ne tiennent pas compte des distances, je m'en suis aperçu depuis longtemps). A chaque fois, je l'imagine me dire que tout va bien et je sens son énergie emplie d'amour dans mon cœur… ma foi, on verra.

Retour de week-end, j'ai un peu peur en passant la porte et là, surprise ! Toutes mes plantes sont en pleine forme. Elles ont toutes 10 nouvelles pousses (alors qu'il a fait une chaleur à crever). Je vais prendre une douche pendant que ma femme fait avidement le tour de ses plantes (et là brusquement, j'entends faiblement dans ma tête une voix qui fait YES !). C'est très faible mais c'est la première fois que j'entends dans ma tête une voix qui ne ressemble pas une de mes pensées. Brusquement, ma femme ouvre la porte de la salle de bain aux anges et me dit : « ça y est on a des fées ! Viens voir ». (J'en déduis que c'est elle qui a pensé YES : c'est son expression préférée et j'ai un lien très fort avec

ma femme). Je m'habille d'un peignoir, la suis et, surprise, au pied du ficus qui avait à peine été arrosé, il y a un cercle parfait de champignons qui a poussé, ils font bien 8 cms de haut ! Hallucinant, je n'en avais jamais vu formant un cercle, et en plus dans un pot ! Ma femme est aux anges, même ses vieilles plantes qui dépérissaient sont en train de faire des nouvelles pousses. Honnêtement, quelle est la probabilité pour que, en ayant parlé du cercle de champignons, en ayant demandé aux fées de venir s'occuper de nos plantes en pot et en ayant laissé les plantes durant un week-end caniculaire, on revienne en trouvant un cercle parfait de champignons au pied du ficus, avec toutes les plantes en pleine forme en train de bourgeonner ?!
Décidément, la réalité dépasse toujours allègrement la fiction. Je sens que je n'ai pas fini de m'amuser moi.

Expérience 39
4ème dimension,
magiciens et guérisseurs

Suite à différents tests avec Pascal, nous en arrivons aux conclusions suivantes :
La dilatation du biochamp permet de tester si une nourriture est bonne, c'est très efficace apparemment. C'est étonnant de voir à quel point la même nourriture va être bonne pour une personne et mauvaise pour une autre, nous sommes tous vraiment très différents à ce niveau également. On peut tester pour un tiers si une nourriture lui sera bonne ou pas, il suffit d'imaginer être la personne. Si le biochamp se rétracte : la nourriture n'est pas bonne, sinon elle l'est et on peut même savoir à quel point selon le niveau de dilatation du biochamp.
Se connecter à une autre personne est très efficace pour la thérapeutique. Personnellement, je ne sens que le corps énergétique, alors que Pascal sent le corps physique. Après s'être connecté à moi, il en déduit que je respire extrêmement mal et me file des exercices physiques pour apprendre à respirer (je suis bloqué de naissance au niveau de la respiration à cause de tous mes problèmes de karma, et si on attaque le physique c'est bon signe : le corps lâche les problèmes en dernier). Pourtant quelque chose me gêne encore dans ces histoires, et je reste persuadé que ces énergies qui sont sûrement réelles dans le plan astral, la 4ème dimension ou bien le plan des esprits, j'ignore comment l'appeler, ne sont que des manifestations que nous créons nous mêmes à un niveau plus élevé. En gros,

lorsque je désire faire venir un dragon, non seulement il apparaît, mais à un niveau plus élevé je le crée et lui donne vie. Nous sommes tous des esprits créatifs et nous donnons vie à ce à quoi nous croyons (rappelons-nous le démon que j'ai du réintégrer !). Pascal en est persuadé, et j'avoue que moi aussi. Donc s'arrêter à ce niveau est très restrictif. En somme, nous avons nous mêmes été créés par quelqu'un qui a voulu croire en nous. On trouve cette remarque dans la voie du magicien : « tout ce que tu regardes avec un œil innocent tu lui donnes vie ».

C'est d'ailleurs à mon sens la réponse au koan zen : « quel bruit fait un arbre qui tombe dans la forêt si personne ne peut l'entendre ? ». La réponse est « aucun », et l'arbre n'existe même pas à ce moment là, parce que c'est la personne (l'esprit créatif) qui le contemple et lui donne son existence. Si personne ne le contemple, il ne peut exister.

Par convention appelons-le « plan », la 4ème dimension (ou bien le plan astral). Il est étonnant de voir à quel point ce plan est malléable et obéit aux sollicitations, et en même temps influe sur la 3ème dimension. Enormément de gens sont influencés par des entités ou des esprits qui traînent sur eux, certains sont même totalement contrôlés d'après le géobiologue (ce qui ne m'étonne guère au passage). Ne soyons pas parano : seuls les fous ou les grands drogués peuvent arriver à ce résultat. Disons que si on ouvre les chakras sans contrôle, cela peut arriver.

Les gens qui ont découvert l'existence de ce plan par hasard, alors qu'il était nié par les autres, sont sûrement ceux qui sont devenus les magiciens, sorciers ou guérisseurs du passé. Ayant compris l'énorme influence de ce plan sur la 3ème dimension, ils s'en sont servis soit pour aider les gens, soit pour les contrôler ou les manipuler. Certains se sont d'ailleurs lancés dans la manipulation de masse (utilisation d'égrégores). C'est assez simple puisqu'un homme est une projection dans la 3ème dimension, contrôlé par l'esprit (au sens divin ici) au moyen d'un moi supérieur, un mental et un instinct. Si le mental et l'instinct se battent et que la connexion au moi supérieur est niée, on assiste à une influence prédominante de ce qui est issu de la 4ème dimension : égrégores, (ou croyances de l'inconscient collectif), entités diverses, esprits humains divers (morts de la famille). L'influence n'est pas forcément négative, néanmoins, la personne devient un pantin dont les fils sont secoués dans tous les sens par différentes sources. Celui qui s'arrête à la 4ème dimension voit ces choses opérer sur les autres et peut en tirer profit, mais il oublie juste qu'il est lui même sous influence, et on a beau avoir liquidé un maximum de problèmes du mental et s'être assuré de n'être influencé par aucun égrégore ou entité, au final, on reste manipulé. Disons qu'il vaut mieux avoir réglé les problèmes de compétition et de narcissisme avant d'en arriver là.

Pour moi la seule chose intéressante reste donc d'accepter comme unique influence la connexion à Dieu : c'est la seule possibilité certaine d'évolution vers un plan supérieur.

Ce qui n'empêche pas de s'amuser avec la 4ème dimension, comme on le fait avec la 3ème : communiquer avec différents esprits ouvre des horizons. Mais cela doit rester un passage intermédiaire à mon sens.

Les êtres de la 4ème dimension ont autant d'existence que nous, nos bagnoles, nos villes et nos entreprises, même si à un degré d'abstraction plus élevé, les 3èmes et 4èmes dimensions ne sont que des illusions.

Allons, il est l'heure d'aller regarder mon patron avec un œil innocent, histoire qu'il ne cesse pas d'exister. Surtout quand c'est jour de paye, faut pas abuser.

Expérience 40
Moi du futur,
moi du passé

Il est temps pour moi de lâcher encore un peu d'ego : certaines choses ne m'amusent plus et cette illusion de contrôle, il va bien falloir la lâcher.
Essayons la méthode du géobiologue.
Je fais venir le moi du futur et lui demande de vérifier que je puisse bien lâcher ce blocage mental sans crainte.
Il vérifie et dit oui (en se déplaçant c'est plus simple).
Je lui demande de poster sa réponse dans mon corps pour le moi du passé.
Les moi du passé et du futur ne peuvent se croiser apparemment, ils doivent communiquer par « nous » interposé. Une histoire d'espace temps à laquelle je ne comprends rien.
Sur ce, j'appelle le moi du passé et lui demande de lire l'info du moi du futur concernant la possibilité de lâcher le problème.
Il se déplace pour me dire qu'il peut le lâcher.
Je lui dis de le faire et de se mettre à un certain endroit quand c'est fini.
Il effectue l'opération : mon corps énergétique se modifie sans problème, c'est très bizarre.
Et voilà, je le remercie et il disparaît.
Comme c'est super simple, j'en fais plein comme ça. Le lendemain j'ai mal au bide, somatisation dans tous les sens : je suis trop con j'ai oublié le contrecoup physique, ça avait l'air trop simple. Bon, on va laisser passer.

J'appelle Pascal et lui pose la question rituelle :
Question : « j'ai fait un truc, ça a marché ? » (il n'aime pas s'encombrer de détails et au moins il répond direct avec son intuition.)
Réponse : « pas trop mal ».
Bien, va falloir améliorer mais on dirait que des trucs sont en train de lâcher. Doit y avoir d'autres règles à appliquer.

J'ai appris un truc marrant en mangeant avec mes parents hier soir. On parlait de karma et je disais un truc du genre (sans insister parce qu'ils ne sont pas prêts à entendre certaines choses) qu'on a plusieurs types de karma : le nôtre et une partie de celui de la famille qu'on accepte de prendre sur nous (ça ferait partie de la négociation des âmes avant la naissance). Et là j'apprends ceci d'étrange :
Tout le monde n'arrête pas de me dire que je ressemble beaucoup à mon grand père maternel dans mes comportements. Apparemment, mon grand père maternel, qui pour moi était pharmacien à Toulouse pendant la guerre, avait en fait été pharmacien près des Pyrénées dans un village paumé dans la montagne. Pendant la guerre, il n'avait plus rien pour approvisionner la pharmacie, alors il s'est improvisé herboriste en allant cueillir des plantes en montagne pour réaliser des décoctions (alors que, paraît-il, il ne connaissait pas le nom de la plus petite plante). Mes parents sont pétés de rire (ils sont médecins), pour ma mère, il a eu un bol monstre. On ne comprend pas pourquoi mais ses décoctions soignaient effectivement les gens et il a aidé beaucoup de monde pendant la guerre. Après, il a revendu sa pharmacie pour aller faire fortune ailleurs en montant une affaire... et s'est planté. Mon grand père était un type très sympa, amoureux de la montagne, et je me rappelle

quand j'étais petit il ne retrouvait jamais ses clefs. Il n'arrêtait pas de me dire que « les gnomes » les lui cachaient pour jouer. Moi qui pensais qu'il blaguait. En tout cas les gnomes se souviennent de lui, et ils me disent d'aller m'installer à la montagne. Forcément, quand les esprits de la nature t'indiquent les bonnes plantes, pas besoin de connaître leurs noms, mais bon, inutile d'essayer d'expliquer ça à des médecins.
Dans ma famille il y a un karma étrange entre la médecine et l'argent, un truc par clair et il semblerait que j'ai accepté d'en prendre une partie.

Expérience 41
Esprits et fantômes

Après plusieurs séances de neurotraining, agapé thérapie, etc, bien corsées pour commencer à accepter de voir et d'entendre dans la 4ème dimension (je vais appeler ainsi le monde des esprits par souci de simplicité), les résultats ne se font pas attendre. J'ai travaillé sur la peur de la perte de contrôle, et la fuite de la réalité.

Pour info, travailler à l'excès, jouer à des des jeux vidéo toute la journée, faire du sport à outrance, ou ne voir que dans le plan supérieur : c'est une fuite de la réalité. C'est la spécialité des hommes de manière générale et je ne fais pas exception : je suis passé par toutes les phases explicitées ci-dessus (oui, même le travail à outrance dans une autre vie il y a 8 ans, où je ne pensais qu'à faire carrière et où je bossais 100 heures par semaine). Ensuite, j'ai eu ma phase kung fu - tai chi pendant 3 ans : 15 heures de sport par semaine, etc.

Donc on me fait sauter « la fuite de la réalité » : résultat je réintègre la 3ème dimension… avec la 4ème (fuir la réalité c'est fuir ses perceptions). L'effet est immédiat : le monde réel étant beaucoup plus bizarre que les fuites en tous genres, me voilà en train de nager en plein brouillard éthérique. Maintenant, c'est comme lorsque je code : un brouillard transparent, avec quelques formes énergétiques qui vont et viennent de manière assez discrète, m'environne, mais c'est parfaitement intégré avec la vision normale (je peux heureusement l'ignorer si je le souhaite).

A présent, je suis équipé : dès qu'une forme, même légère, passe, paf, je la tâte avec mon toucher éthérique pour faire le lien avec le sens du toucher. Ce n'est pas significatif à outrance mais ça commence à avancer (ma fée à tendance à voleter autour de moi sans interruption, alors je la tâte souvent. L'ambassadeur elfe se pointe de temps en temps dans mon bureau, il me dit un truc (merci le pic énergétique dans les oreilles) et se barre. Je suppose qu'une des idées saugrenues qui me vient après est issue de lui). Je commence à connaître les énergies des elfes et des fées : elles ont une texture particulière.

J'ai envoyé aux autres du groupe ma photo d'arbre tordu pour avoir la correction de mon tâtage : apparemment, il y a effectivement un vortex (qui tourne à droite), une intersection de deux lignes positives du réseau Hartmann ou un truc de ce genre (ça je ne connais pas, donc pas vu). Un faune dans l'arbre (mais bon y'en a partout dès que l'arbre atteint une certaine taille). Le gardien du vortex est la fée, par contre l'elfe n'est que de passage apparemment, et il n'aime pas les paparazzis. Il y a également une entité humaine négative (un fantôme). Effectivement, je n'avais pas checké les entités humaines négatives. Alors je décide de venir en aide au fantôme (ça a été le chant du cygne de mon syndrome « sauvons le monde » je crois). J'essaye de communiquer en le faisant déplacer (c'est lourdingue mais au moins c'est fiable pour moi).
Résumé :
Il accepte de discuter. Il ne veut pas monter, et il semble en colère ou triste : il émet la même énergie que les vivants dépressifs. Il pense que je peux l'aider (comment aucune idée). Je demande à ma fée : apparemment, je pourrais faire quelque chose, mais impossible d'en savoir plus (avec « oui » et « non » la discussion est limi-

tée). Alors, je demande à un de mes guides d'examiner le problème (un des humain positifs que j'ai trouvé dans mon appart. Celui qui est plein d'humour et me souffle toutes les conneries que je rajoute dans mes textes est apparemment celui qui m'a tâté de partout... franchement, c'est malin au passage).
J'essaye d'envoyer un ange : aucun résultat, il ne veut toujours pas monter (les anges et archanges ne se mêlent pas des affaires entre humains apparemment, c'est pour cela qu'un guide est préférable pour négocier ce genre d'affaire). Je lui envoie une grosse boule d'amour, bien que je ne pense pas que cela puisse l'aider. Bon, je ne sais pas quoi faire de plus, c'est l'heure de la pause.
Sur ce je vais m'acheter à manger. En sortant je vois un gros monsieur du coin de l'œil sur ma droite, dans la rue, je tourne la tête pour lui dire bonjour...et je ne le vois plus. Je tâte par curiosité : c'est bien lui ! Mon fantôme. Je ne vois rien mais je le touche. Du coup, ça fait tilt. Très souvent, j'ai l'impression de voir quelqu'un du coin de l'œil : je tourne la tête et puis rien. Je me suis toujours dit que c'était parce que j'avais trop d'imagination. Mais maintenant je peux utiliser le toucher éthérique pour voir s'il y a quelque chose et ça change tout. En fait je comprends pourquoi je refoule la clairvoyance : parce que du coin de l'œil ce type aurait aussi bien pu être quelqu'un d'ordinaire. Si je me mets à voir les fantômes comme les gens normaux, ça risque de poser un petit souci de fonctionnement.
En revenant, je ne vois plus personne. Je cherche mon fantôme sans le trouver. Je demande à ma fée : apparemment, il est monté. Le type ne savait pas qu'il était mort et mon guide lui a expliqué pour qu'il accepte de monter (je traduis mais j'ai dû tâter ma fée dans tous les sens pendant dix minutes pour déduire ça et je n'en suis pas totalement certain). Disons que le type n'est plus là, c'est l'essentiel. A présent, ma fée me fait la tête. Soit je

comprends rien, soit y'a un truc (le soir, à tête reposée, je réalise que ma fée en a marre de faire le pendule oui/non, elle est là pour m'apprendre à communiquer avec les esprits et j'ai tendance à m'en remettre à mon sens du toucher au lieu d'écouter : il faut que je prenne la peine d'écouter maintenant sinon je vais avoir droit à la grève).

Depuis que je touche les esprits, je m'aperçois qu'il y en a une quantité astronomique partout (et encore je me contente des esprits de la nature, des esprits humains, des anges et archanges. si je rajoute les non-humains, je peux laisser tomber). La quatrième dimension est sacrément habitée. Le problème majeur semble provenir des humains morts. Notre société est devenue tellement matérielle, elle refoule tellement son aspect spirituel et nie tellement la mort que les âmes ont beaucoup de difficulté à monter. Une quantité astronomique finit par s'agglutiner dans la 4ème dimension, soit parce qu'elles ne savent pas qu'elle sont mortes, étant donné qu'elles nient l'existence d'une vie après la mort, soit parce qu'elles désirent se venger ou emporter leur compte en banque, ou je ne sais quoi. N'importe quel homme incarné est en mesure de faire monter un mort : il suffit de mettre l'intention (tu imagines un tunnel de lumière : ça le crée même si tu ne le vois pas et le mort monte s'il le souhaite ; ou bien tu appelles un ange : ils interviennent toujours du moment que le type veut monter). Il est toujours possible d'essayer de raisonner un mort pour lui expliquer qu'il doit monter, parce que s'il traîne près d'une source d'énergie ou s'il s'attache à quelqu'un, ça peut durer vraiment longtemps. Comme la 3ème dimension approche de plus en plus de la 4ème, beaucoup de gens commencent à voir ou ressentir, même fugitivement, les esprits ou les morts. Dans ce cas, penser à ce réflexe simple (que nous serons tous contents d'avoir avec nous si un jour on se paume dans la 4ème dimension) : un petit tunnel de lumière, et hop. Si le mort refuse de monter, c'est son affaire.

D'après le géobiologue, le fait que nous ne respections plus les traditions de veillée des morts, le fait que certains prêtres manquent sérieusement de foi (il lui est arrivé d'entrer dans des églises ou la quantité d'âmes qui n'arrivaient pas à monter était phénoménale : un paradoxe, franchement le gars qui officiait aurait dû changer de métier). Dans ce cas, mieux vaut appeler un ange ou un archange pour faire un envoi groupé.

Apparemment, les esprits de la nature sont perdus avec nos morts : ils ne peuvent pas les obliger à monter, et les anges et archanges ne vont jamais contre le libre arbitre. Donc aider les morts qui traînent chez eux est un service qu'ils apprécient.

On peut toujours prendre son bâton de pèlerin pour aller expliquer à deux chevaliers qui se battent encore en plein milieu d'un vortex qu'ils sont morts et qu'il va peut être falloir songer à y aller... mais bon, faut être motivé là (surtout gare aux mauvais coups... après faut mettre des rustines sur le corps éthérique et appeler une licorne pour le réparer). Vous croyez que j'ai fumé la moquette ? (J'avoue que moi aussi je me pose la question ces derniers temps). Mais non, il paraît que c'est avant que je fuyais la réalité : quand je refusais de voir ça et que je bossais cent heures par semaine.

Ne vous inquiétez pas, un jour nous y serons forcément dans la 4ème dimension, et ce jour là, si je suis paumé, j'avoue que je serai content qu'un allumé m'envoie un tunnel de lumière, surtout si le prêtre est de mauvaise humeur à l'église.

Au passage, pour ceux qui font tourner les tables : vous appelez simplement des entités non humaines qui ont envie de jouer. Et généralement, lorsqu'elles ont fini de jouer, les humains ne sont plus en très bon état. En résumé, ce n'est vraiment pas une bonne idée.

Expérience 42
Esprits et vacances

Voilà des vacances quelque peu loupées au sens conventionnel du terme (voire complètement ratées) mais plutôt réussies sur d'autres points.

Bains de foule.
Ce problème est vraiment résolu : je ne vois plus seulement la peur chez les gens, je vois également l'amour en eux, ça fait vraiment un bien fou (en fait, la peur est une couche qu'ils créent sur leur amour).
Enfin, je peux prendre un bain de foule sans ramasser toutes les peurs des autres. Je distingue même l'amour dans les gens : tout ce qu'ils font l'est par amour.
C'est un tirage que nous avions fait avec Pascal mais on n'avait pas poussé plus loin car on était incapable de l'expérimenter directement. Nous avions tiré ceci avec les runes : un voleur vole par amour. Un assassin tue par amour. Comment est ce possible ?
En fait l'énergie est par nature de l'amour, et nous la transformons en peur pour pouvoir créer la dualité. Ensuite elle est transformée en choses plus grossières pour les besoins du jeu dans la dualité. Mais sa vraie nature est là, inchangée : c'est simplement de l'amour.
Je suis donc d'accord avec Deepak Chopra : « Si ton ennemi te croise et t'insulte c'est un acte d'amour, disait Merlin. L'impulsion aimante venue du cœur de ton ennemi s'est transformée en haine en traversant le filtre de la mémoire. Des expériences passées peuvent dénaturer plus ou moins la manifestation de cet élan mais, ne

t'y trompe pas, quelle que soit son expression, sa source demeure toujours l'amour ».
La voie du magicien, Deepak Chopra.

Tout est lié : amour dans tous les sens. C'est la seule chose qui intéresse chacun d'entre nous au fond, même le pire des assassins ou des dictateurs (ceux là ont encore plus besoin d'amour !).

Nous voilà débarquant chez un éleveur de chevaux. En théorie, un gars proche de la nature. Premier coup d'œil, trois faunes sont en colère dans son jardin : c'est assez rare, il doit abuser ; et deux chiens apathiques qui n'aboient même pas lors de notre arrivée. Ça commence fort.
Malgré tout, le type est très sympa, du genre hyper dominant, et comme il considère qu'un chien qui aboie ça l'emmerde, alors il interdit à ses chiens d'aboyer. Il mène ses chevaux à la trique et il est clair qu'il sait ce qu'il fait : un bon professionnel. Mais question collaboration avec la nature : ça ne vaut pas mieux que le citadin moyen. En somme, il exploite le cheval comme il exploiterait un champ de maïs : c'est un dû, il l'a acheté, la chose est à lui donc il lui marche dessus. Il l'aime bien comme d'autres aiment leur voiture. Il explique que son ancien métier était éducateur dans les quartiers… donc mener les autres à la trique, il connait. Il lui arrive d'emmener des jeunes en réinsertion en ballade à cheval (8 types comme ça plus 8 chevaux à gérer, il faut en être capable). Avant, j'aurais dit que ce gars est un hyper dominant frustré incapable de vivre en ville parce qu'il ne supporte pas la moindre loi autre que la sienne, et qui ne vit pas à la campagne par amour de la nature. Aujourd'hui, je dirais qu'il est persuadé de bosser pour le bien des autres et par amour pour eux. Les chevaux, il faut les mener ainsi, c'est pour leur bien, idem pour les

chiens et les types en réinsertion (là il se leurre).
L'homme nous explique avec des trémolos dans la voix que, lorsqu'il voit un caïd de quartier faire un câlin à son cheval en pleurant à la fin de la randonnée, c'est ce qui lui donne la force de supporter des délinquants hyper agressifs qui ont l'insulte facile et ne respectent rien, parce que pour lui, il s'est passé quelque chose. C'est là qu'est le véritable amour en lui. Il n'a pas tort quand il explique que ces gens n'ont aucun repère et qu'il leur en donne et les aide. Dans l'absolu, quoi qu'il arrive, il fait tout par amour. Comme tout le monde. C'est comme ça qu'est construit son ego et c'est certainement l'expérience qu'il a à vivre ici. Pourtant, le résultat est flagrant : des animaux exploités, la nature bafouée, étant considérée même par ces gens soi-disant plus proche d'elle comme un truc sur lequel on doit marcher pour l'exploiter parce que c'est trop con pour se démerder. L'homme est fou : c'est ça l'ego, on n'y peut rien, c'est notre nature. Pourtant, au fond, nous ne nous intéressons qu'à l'amour : c'est la seule chose qu'on veut et qu'on recherche, quel que soit la forme qu'il prend.
Pour moi, c'est devenu assez transparent chez autrui. Je vois leurs travers et je vois leur amour caché derrière. C'est mieux parce qu'à force de ne voir que les problèmes des autres, que le noir en eux, on finit par devenir carrément parano et faire du monde un cauchemar.
A présent, je m'essaye librement à me relier à tout le monde, ça ne me gêne plus (forcément, je perçois leurs peurs mais aussi leur amour alors c'est acceptable voire agréable). J'ai fait un petit sondage sur la quantité de troisième œil et de chakra coronal ouverts dans la foule (c'est le plus facile pour moi puisque je perçois le mieux la tête et peux le faire au vol, sans y faire trop attention dirons nous). Dans la foule, je deviens toutes les personnes que je croise successivement : c'est assez mar-

rant (mais je me cantonne au corps énergétique et à la tête, bien que j'ai constaté qu'en forçant un peu il est effectivement possible de sentir le corps physique). Peut être qu'on peut, avec beaucoup d'entrainement, voir par les yeux de l'autre aussi (ça serait cool à faire sur un aigle ou un dauphin, faudra tenter plus tard). Pour ce qui est des humains, ce n'est pas terrible. Presque tout le monde est « fermé ». J'ai trouvé quelques « troisième œil » ouverts, (deux en tout) et quelques chakras coronaux ouverts. Une personne avait une lumière pas possible dans le troisième œil (certains sont ouverts et regorgent de lumière. Savoir s'ils tournent dans le bon sens, c'est autre chose. J'imagine que certains ont les canaux bien ouverts ce qui ne signifie pas automatiquement que ça soit bon pour eux).
C'est pareil en ce qui concerne les enfants, ils sont tous fermés (mais c'est peut être normal… j'en ai aucune idée). A l'exception d'une petite fille, au milieu d'un manège, avec une lumière éclatante au niveau du chakra coronal.

Sur la clairaudiance, j'essaye de me lâcher complètement. C'est difficile parce qu'on reçoit beaucoup d'influx extérieurs à nous, or le but est de se relier consciemment à quelque chose et de fusionner « mentalement » avec. En fait, on devient l'autre en quelque sorte et on partage une partie de ses connaissances inconscientes. Deux gros problèmes me restent à résoudre :

1) Quelle est la source ? (pas évident)
Cela peut être résolu en vérifiant le type d'énergie que je reçois : certaines sont fort repérables (la lumière venant d'en haut entre autres, ou ma fée préférée (je distingue facilement son énergie dans les oreilles, je sais quand elle parle)). Ou des esprits ayant des textures d'énergies facilement reconnaissables.

2) Quel est le contenu ?
Quand il vient directement des réflexions, on peut opérer un tri, on peut plus ou moins établir un lien avec le connu, à d'autres reprises, j'entends directement dans la tête.
Quand le transfert de connaissance est silencieux, c'est autre chose : on s'aperçoit après coup qu'on sait une chose qu'on ne savait pas avant. Mais ce n'est pas instantané. C'est mon problème, le plus souvent. Je me prends une tonne de lumière dans la tête... et puis c'est tout. Ma communication avec la lumière est toujours silencieuse. La lumière arrive soit par le tube qui est posé au dessus du chakra coronal, soit par le troisième œil. Les autres sources d'énergies que je reçois dans la tête ne sont pas de la lumière. Quelques minutes, ou heures après avoir reçu de la lumière, alors que je me pose une question sur une chose précise, plein d'idées s'imposent à moi comme des évidences, alors qu'un instant avant, je n'y aurais pas pensé ou j'aurais trouvé ça débile.

Plongée sous marine.
Je n'avais pas plongé depuis mes 18 ans, donc avant ma montée de kundalini. L'effet n'a pas du tout été celui escompté. Le simple fait d'être immergé dans l'eau et de sentir l'eau froide a totalement perturbé mes perceptions. Je suis redevenu un simple corps. Ça fait tellement longtemps que ça ne m'était plus arrivé (14 ans je crois) que je suis réellement étonné. Ma conscience s'est entièrement transférée dans mon corps physique, je ne fusionne pas avec l'eau, c'est très frustrant. Alors qu'en montagne, mon corps énergétique se dilate bien et je fusionne vraiment loin avec la nature (jusqu'à plusieurs mètres).
Après quelques plongées, je m'y suis habitué et mes

perceptions sont revenues un petit peu, mais très légèrement : l'eau n'est pas mon élément (comme l'air d'ailleurs, y'a rien à faire, je suis un gars de la terre ferme). Parce que cette expérience m'a permis de tester la différence entre mes perceptions habituelles et mon corps normal que je n'avais plus senti depuis longtemps, j'en retire que nous sommes une conscience (une vague sur un océan d'énergie, je me perçois et perçois les autres ainsi, je ne comprends pas les gens qui me parlent de voler l'énergie de quelqu'un d'autre, il n'y a pas d'autre, il y a juste un océan infini d'énergie avec des consciences au milieu et des formes qui vont et viennent et dont nous sommes apparemment créateurs). C'est comme dire à une méduse illusoire qu'elle vole l'eau de mer de la méduse illusoire d'à côté (les méduses sont creuses et c'est l'eau qui leur donne leur forme : nous c'est pareil, on est une forme illusoire creuse et c'est l'énergie infinie (Dieu pour moi) qui nous donne forme en nous traversant, la forme dépend de la manière de circuler de l'énergie). Notre conscience épouse de manière parfaite les limites du corps auquel nous sommes attachés (le corps que nous observons). Ce qui crée l'illusion que nous sommes ce corps. A partir du moment où la conscience s'étend au delà, nous percevons clairement les échanges constants avec notre environnement et surtout le fait que nous n'avons pas d'existence en dehors de cette énergie (qui, à mon sens, est du pur amour appelé Dieu, mais que nous transformons en utilisant notre pouvoir de la modeler à volonté : nous sommes bel et bien des esprits créateurs, des consciences immatérielles créatrices du monde à partir du corps de Dieu, ni plus ni moins).

Lorsqu'on réalise qu'on peut déplacer sa conscience pour devenir n'importe quelle autre méduse croisée dans l'océan, l'illusion de séparation en prend encore un sacré coup dans l'aile.

Je suis habitué à la communication énergétique avec les gens, et à partager leur pensées ou leur inconscient d'une manière ou d'une autre. Le fait qu'un esprit n'ait pas de corps n'y change rien et il est étonnant de trouver sur les morts le même comportement énergétique que sur les vivants, suivant leurs humeurs ou leurs désirs. De plus, les morts étant libérés (plus ou moins) du mental (mais pas de l'ego ! Etonnant, non ?), ils captent nos pensées et peuvent s'exprimer facilement si on est réceptif. Encore une fois, percevoir cela met à la réalité un sacré coup dans l'aile. Le fait de constater ponctuellement qu'on peut se trouver dépouillé de pensée (c'est très ponctuel pour moi mais ça arrive) et à la place, de fusionner avec la lumière ou un autre esprit, est vraiment étonnant. Dans ce cas, on crée nos phrases à partir des influences extérieures au lieu d'aller les chercher dans le truc préprogrammé appelé mental. On mélange toute la journée les pensées issues de notre mental et celles soufflées par les esprits qu'on croise ou bien celles issues de Dieu, c'est étonnant de constater ça sur soi. Mais il faudrait que j'aie le courage de lâcher encore plus d'ego (la seule chose qui me retient est la peur de l'inconnu).

Sirènes et fantômes.
Une fois revenu sur la terre ferme, me voilà reparti pour travailler ma clairaudiance et mon toucher éthérique. Faut bien s'amuser un peu. Il y a une quantité d'esprits partout : tout a une conscience, le moindre brin d'herbe semble abriter un lutin, le moindre caillou un gnome. Les arbres contiennent tous des faunes et il y a une quantité inimaginable d'esprits autres par dessus : c'est pire que de la surpopulation ! Ils adorent l'amour : quand tu envoies de l'amour à un jardin, il devient chaleureux, positif et plein de joie. Le moindre brin d'herbe voit son énergie modifiée pour intégrer la joie et l'amour, c'est

impressionnant à expérimenter. En me concentrant, j'imagine que plein d'amour sort de moi (je sens l'amour : un peu comme quand tu es amoureux mais en plus diffus et qui s'étend tout autour de moi. Je me connecte au jardin et visualise cette boule l'englober, je la sens m'englober en fait) et quand je sonde à nouveau le jardin avec le toucher éthérique il a complètement changé de nature émotionnelle, la nature est vraiment en joie, elle émet une chaleur rayonnante. C'est quelque chose qu'il faut penser à faire.
Cela vaut pour beaucoup d'esprits (sauf ceux qui sont perdus dans la peur : c'est comme les humains, ni plus ni moins, je reviendrais là dessus plus tard). En fait, il suffit de trouver un peu d'amour en soi et tout semble possible : l'amour est la vraie nature du pouvoir. Dans la 4ème dimension, c'est flagrant, c'est la base de l'énergie à mon sens, la vraie nature de Dieu.

Nous partons visiter un phare. Sur la route on croise un arbre bizarre, mais je n'arrive pas à déterminer ce qui est dedans, je laisse courir car il y a trop d'esprits et j'avoue que sortir mes mains pour tâter en public ça fait un peu con : faut que j'apprenne à tâter avec mon corps énergétique, je vais songer à m'entraîner. Il y a une chapelle sur le port face à la mer. Des fantômes en veux tu en voilà : y'en a une palanquée. Je cherche les sirènes et en trouve trois en train de bronzer sur les rochers (j'ai dû vérifier en triangulant et en faisant le tour puisque je ne pouvais pas accéder à cet endroit). Je regrette de ne pas avoir encore assez de clairvoyance. Je me relie malgré tout à elles : leur énergie est extrêmement bizarre (je suppose qu'elles sont très « eau ». je m'en servirai de référentiel, tout comme mon dragon m'a permis de sentir une énergie très « feu », et les dévas de la terre permettent de sentir ce qu'est le corps énergétique d'un roc).

Les corps énergétiques ne sont qu'une combinaison de ces éléments (certaines personnes sont très « feu », d'autres très « air », etc…) et c'est assez bien expliqué en médecine chinoise et en ayurvéda.

Ma femme prend des photos dans tous les sens pour essayer d'avoir les sirènes (certains esprits peuvent accepter de se manifester sur des photos apparemment si on le leur demande avant : ça reste toujours très discret et il faut utiliser ses perceptions énergétiques pour vérifier). De retour à l'hôtel, je vérifie les photos. Une seule avec une sirène et sans aucune manifestation. Apparemment, elles ne veulent pas être vues d'après ma fée. Va savoir. Par contre il y a un caillou très bizarre que ma femme a pris plusieurs fois en photo sans le faire exprès (c'est pour moi signe d'une intervention extérieure pour lui indiquer un truc : c'est comme ça que fonctionnent les esprits en nous influençant inconsciemment). Je regarde plus précisément : il y a un gnome à côté d'un fantôme. Je me relie au fantôme : il est déprimé mais cherche immédiatement à communiquer avec moi (je sens son énergie dans mes oreilles, je n'aime pas beaucoup ça mais les vivants déprimés sont pareils, voire pire...). Je comprends qu'il souhaite juste envoyer un message à quelqu'un avant de partir mais il lui manque l'énergie pour le faire (les fantômes n'ont plus de corps éthérique pour puiser de l'énergie dans l'environnement : seuls ceux qui ont atteint un certain niveau spirituel peuvent fonctionner dans la 4ème dimension en puisant directement l'énergie sur d'autres sources pour leurs opérations d'après ce que j'ai compris). C'est un message d'amour qu'il désire envoyer à quelqu'un, alors je lui envoie plein d'amour afin qu'il ait suffisamment d'énergie pour réaliser son voeu. Immédiatement, il devient positif et heureux, puis il s'en va. Je vérifie la photo (une photo fige un espace-temps : il est bien là au moment de la photo). Puis je visualise le moment présent en cherchant sur la photo : plus rien. Ma fée me confirme son ascension.

S'occuper des fantômes n'est pas simple parce qu'il faut gérer au cas par cas. Il ne suffit pas de leur envoyer une boule d'amour et un tunnel de lumière la plupart du temps. Mais si quelqu'un (un fantôme) demande explicitement de l'aide, comme dans ce cas présent, c'est autre chose.

Une forêt négative.
C'est assez étonnant de se rendre compte que des tas de coins hyper négatifs sont ouverts au tourisme librement, mais bon, au point où en est la population, ce n'est pas pas pire que de traverser un centre ville. Me voilà visitant une forêt de chênes lièges à proximité d'un château. A peine entré dans la forêt, je me relie au lieu (en fait, au gardien du lieu). C'est un deva de la terre : pas de doute j'ai l'impression d'être un roc avec deux bras comme des marteaux pilons (question puissance du corps énergétique, même le vieux maître de kung fu de mon école peut se rhabiller). Je me relie à lui : ça vient facilement, je sens son énergie dans mes oreilles (pas de doute, c'est lui qui envoie les infos). Il me prévient qu'il ne faut pas déranger le gardien du menhir parce qu'il est dangereux. Bon, ok. On va quand même voir le menhir. J'en profite pour sonder un peu la route : apparemment il existe un portail fermé dans la forêt mais je ne m'en occupe pas, n'ayant pas envie de me frotter au gardien du lieu.

Après différents tours et détours, nous sommes perdus. Je demande à ma fée de m'indiquer le chemin. Elle me répond qu'on est sur la bonne route alors que je suis persuadé que ce n'est pas le cas, ça ne me paraît pas logique de continuer dans cette direction.

Du coup, je doute encore de mes perceptions (parler avec une fée, même quand on peut la toucher, j'avoue

que j'ai encore du mal, alors des fois je suis tenté d'ignorer mes perceptions, juste pour faire comme tout le monde). Elle m'a entendu : « si c'est comme ça débrouille-toi » fait-elle, c'est venu clairement. Je la cherche, elle s'est évaporée. Bon, j'ai réussi à la vexer !
Ma femme prend sa défense : « c'est pareil avec moi, tu me fais toujours le coup, tu veux toujours avoir raison, etc… Tu devrais t'excuser ». Bon, ok, je m'excuse platement auprès de ma fée. Et après moult excuses, elle accepte de réapparaître.
Après quelques minutes de marche, nous arrivons au menhir. Ma fée avait clairement raison et moi tort (ça fait à peu près la cinquième fois qu'elle a raison et moi tort jusqu'à ce que j'arrive face à la preuve évidente de mon erreur, d'où son énervement).
Au passage, je confirme que tous les faunes de la forêt sont négatifs, l'explication en devient assez claire rapidement : la plupart des arbres ont l'écorce arrachée (chênes lièges : apparemment les types du château se servent directement sur eux) et ça ne leur plaît pas. J'ignore si ça leur fait mal ou pas, je suppose qu'ils sont vexés que les choses se fassent sans leur accord et de manière aussi cavalière. Le gardien, un deva de terre, mais son émanation est moins puissante que celle de la forêt, est assez en colère : c'est une espèce de guerrier, il se présente comme un dieu de la guerre auquel les anciens habitants vouaient un culte (après vérification ma fée me signale qu'il est un peu mythomane : c'est disons au mieux un dieu mineur qui a dû être vénéré par des celtes, et encore). Il n'aime pas les gens qui gèrent le domaine et prend fait et cause pour les faunes. Ceux-ci détestent les humains (le château est peu reluisant, je n'ai pas eu la patience de faire un test complet dessus, mais il y a clairement une entité non humaine négative très puissante qui y sévit : une secte quelconque a peut être voué un culte à un soi disant dieu qu'il aurait mieux

valu laisser où il était, ce n'est pas très brillant tout ça). Je lui explique que le châtelain ne m'écoutera probablement pas et que je ne peux pas grand-chose pour lui (soit le type est clairvoyant et il sait ce qui se passe car la haine des humains transpire de la forêt et ça pue à 100 km, soit le type ne l'est pas et il va me regarder comme un allumé). Le deva m'insulte en me traitant de lopette, etc... Assez sympa comme situation. Mais je ne suis pas dérangé vu qu'il ne semble pas s'attaquer à moi, et par ailleurs je n'éprouve aucune peur des esprits de la nature, même courroucés (c'est peut être un tort qui se situe à mi chemin entre le fait que j'ai du mal à réaliser que je parle à de vraies forces de la nature qu'il vaut mieux éviter d'énerver, et le fait que je sois très sûr de moi, j'ai tellement bouffé du négatif dans ma vie que ça ne me stresse pas autrement). Je lui explique qu'à part donner de l'amour à la forêt, je ne peux pas grand chose pour lui (apparemment les esprits de la nature font vraiment quelque chose avec l'amour qu'on leur envoie : c'est de l'énergie qui leur est très utile dans le plan du dessus, ce qui est logique puisque, à mon sens, c'est la véritable nature du pouvoir et de l'énergie). Mais il me répond que je peux me le mettre où je pense (faut dire qu'il garde un vortex, alors forcément, de l'énergie, il en a sous la main). Je suis tout aussi démuni pour les fantômes, apparemment, il s'agit d'humains piégés ici qui servent de défouloir aux esprits. Pour ce que j'en ai compris (parce qu'il se vante beaucoup et j'ai du demander à ma fée de corriger ses mensonges), ils récupèrent les humains morts qui n'arrivent pas à monter et leur donnent un avant goût de l'enfer (je suis content de ne pas voir la tête des gars, ils doivent en baver). J'envoie néanmoins des tunnels de lumière à la cantonnade, apparemment ça déplaît au gardien et reste sans effet : les types doivent être perdus dans un cauchemar auquel ils donnent foi (comme quoi être vivant dans la

3ème ou mort dans la 4ème ne doit pas changer grand chose au final : si tu crois à un cauchemar, tu vis un cauchemar ; si tu crois à un paradis tu vis un paradis). J'envoie ensuite plein d'amour aux faunes : un échec, ils sont toujours aussi hostiles. De toute façon je crois que mon syndrome « sauver le monde » s'est vraiment envolé. Qui a tort ? Les faunes qui se font exploiter et écorcher ? Ou bien les fantômes qui se font martyriser après avoir passé leur vie à exploiter les faunes ? Au final, les gens, esprits ou autres, créent leur propres conflits et cauchemars dans la dualité (3ème ou 4ème dimension sont dans la dualité indifféremment), choisir la voie du guerrier, de la vengeance ou de la colère ne donne rien de positif pour personne. Mais l'amour est un choix qui doit être fait librement par les êtres, quels qu'ils soient. Et si Dieu leur donne le libre arbitre et respecte leur choix, qui suis-je pour ne pas le respecter, moi ? Et ces bouddhas qui ont forgé leur corps de gloire depuis belle lurette et qui sont innombrables, où sont ils ? Et pourquoi n'interviennent ils pas si redresser les torts est la voie à emprunter ? Il doit être facile de résoudre les problèmes du monde avec un corps de gloire, non ? La réponse à mon avis est simple et sera une fois de plus tirée du bouquin de Deepack Chopra : « renoncer à la dualité, refuser paradis et enfer. Merlin disait qu'au-delà du jeu des contraires se trouve un royaume de pure lumière, de pur être, de pur amour. Toute cette affaire de bien et de mal ! Cesse de courir après ton ombre et oublie cela ».

Expérience 43
Parler avec les esprits

Voilà un pas très difficile à franchir pour moi malgré tout : mon ego résiste comme un malade alors que j'ai toutes les capacités pour le faire depuis plus de 10 ans. Toutefois, il s'agit simplement de peur et surtout d'une illusion de contrôle sur les événements. Le politiquement correct entre en jeu : il est déjà difficile de parler d'évolution spirituelle, mais là, au mieux tu passes pour un philosophe, au pire pour un type un peu allumé. Si tu parles d'esprit c'est comme pour les anges et le reste, tu passes pour un bon taré à l'ancienne. C'est un peu comme un acteur de film X : tu n'oses pas raconter ce que tu fais, tu ne peux donc réellement partager qu'avec les gens qui font pareil que toi. Sauf si tu es riche et célèbre, auquel cas, ça peut passer : quand on est riche on n'est pas fou, on est excentrique (regarde Rocco Siffredi et Paco Rabanne). Aucun membre de ma famille ne sait réellement ce que je fais depuis toutes ces années, et la seule chose que je leur ai dite quand j'ai parlé de mon éveil de kundalini est que je « sentais » les énergies : ce qui est très loin de la réalité et veut tout dire et rien dire. Mais bon, tout ça, c'est juste pour faire comme tout le monde, et une chose est sûre, faire comme tout le monde ne semblant pas conduire directement à l'illumination, alors autant y aller gaiement.

Cette étape de l'âme et du druide est impossible à franchir sans que je la vive pleinement, Pascal est formel. L'étape de l'esprit devra attendre de toute façon sinon tout travail réalisé par dessus serait voué à l'échec. Commencer à accepter de parler avec les esprits, c'est accepter de reconnaître l'existence non seulement des énergies multiples que nous côtoyons dans le grand océan, mais également leur reconnaître l'existence d'une conscience (tout a une conscience, du plus petit atome au plus grand soleil, j'en ai déjà parlé il me semble). Il s'agit également de leur reconnaître une existence et une valeur égale à la nôtre en tant que personnes. Est ce qu'un fantôme n'est plus un homme ? Alors que tonton Harry, qui était sympa vivant, l'est tout autant mort et a toujours le même ego ? Doit-on lui dire : ça y est mon gars, t'es mort, alors tu n'as plus de corps, tu es une chose ? Dois-je dire pareil à un faune, un lutin, un gnome ? Leur parler c'est leur reconnaître une existence en tant qu'individu. C'est quelque chose que je sais depuis longtemps intuitivement, mais là il s'agit ni plus ni moins d'accepter de parler directement avec toute la création en donnant un nom à chaque esprit.

On découpe et on met dans des boites pour structurer les perceptions énergétiques et apprendre à utiliser nos cinq sens dans l'invisible. Cela nécessite de mettre le plus possible l'ego de côté et de se mettre volontairement sous l'influence de tel ou tel esprit ; aucune pensée ne vient de nous, on choisit la source de la pensée. L'idéal étant de faire disparaître le plus d'ego pour regarder directement la lumière de l'esprit (au sens divin du terme : connexion avec Dieu, lumière dans la tête pour moi) et se placer complètement sous son influence à terme. Mais tout d'abord, les 5 sens doivent pouvoir, à mon sens, être dirigés volontairement vers n'importe quel esprit (au sens non divin) et on doit pouvoir fusionner et communiquer avec lui sans que le mental n'entre en jeu : tout le challenge se situe là pour moi aujourd'hui.

Lorsqu'une connexion avec un esprit survient spontanément (et chez moi ça vient vraiment tout le temps) la communication est limpide : je deviens énergétiquement l'esprit, ou bien je le sens physiquement, je l'entends de manière silencieuse ou verbale avec son énergie dans les oreilles, je peux ressentir son goût si j'y prends garde parfois, et surtout, je peux voir les images qu'il envoie si je laisse venir la vision spontanément (ma fée de l'air me tire souvent la langue par exemple). Par contre mon odorat qui fonctionne mal dans le matériel ne fonctionne pas plus sur les énergies : c'est mon seul sens bloqué (il faudra que je travaille dessus).

Dans le cas d'une communication spontanée, je ne choisis pas ma cible. Si je décide de la choisir, immédiatement le mental entre en jeu et les choses se compliquent. La méthode de base actuelle est la suivante : je me relie à un esprit. Je laisse venir spontanément tout ce qui entre par les 5 sens et j'engage la communication en me lâchant totalement. Une fois terminé, je demande à ma fée de confirmer ou d'infirmer pour faire le tri. Pour l'instant, je ne peux pas faire mieux, mais en m'entraînant, je devrais vite progresser.

Sur une aire d'autoroute, alors que je ma femme est allée prendre un café, j'en profite pour discuter avec les esprits de la nature qui m'accompagnent. En vrac : une fée de l'air, une fée de l'eau, un gnome, un elfe qui se pointe de temps en temps, un troll et plusieurs guides humains (fantômes positifs) qui font partie des esprits qui m'accompagnent en permanence. En pleine discussion avec mes fées (une sur chaque genou, c'est plus simple), je sens une forme marcher sur ma jambe, une énergie très forte. Je la tâte : il s'agit d'un petit bonhomme de quelques centimètres qui s'est placé sur ma cuisse, il s'est placé exactement là où je suis en train de tâter mes fées, il cherche à être vu. Je lui demande « tu es quoi toi ? » et la réponse vient immédiatement dans ma tête : « farfadet ». Honnêtement, je sais ce qu'est un lutin, un leprechaun à la rigueur (à cause des films d'horreur à 2 balles), mais un farfadet ? Apparemment, il a profité de notre arrêt pour monter et se joindre à nous. Au début, je songeais que c'était juste un auto stoppeur (ça arrive souvent avec les esprits de la nature) mais il ne me lâche plus depuis. Depuis son arrivée, mon premier chakra s'est mis à avoir une activité énorme : en fait il est le pendant exact de mon chakra coronal, alors qu'il avait toujours eu une activité plus faible jusqu'à présent.

Au retour de vacances, je regarde sur Internet à quoi correspond un farfadet. Je lis une histoire d'or et d'arc en ciel. Et je percute de suite : « argent » ! Après vérification auprès de lui, le farfadet est bien là pour me réconcilier avec l'argent, entre autres (mon problème avec l'argent est que je le considère comme un peu diabolique, mais c'est hérité du karma familial : j'ai fixé l'inverse des autres, dans ma famille tout le monde a beaucoup d'argent. Ce qui fait que je m'y intéresse le moins possible, j'ai toujours ce qu'il me faut sans plus).

Voilà la réponse du farfadet :

« L'argent est du pouvoir AVEC les autres au départ, car il ne peut avoir de valeur que si les autres lui en donnent aussi : il s'agit donc de quelque chose de positif qu'on peut partager pour créer. Mais comme toutes choses dans la dualité, il a son pendant et les hommes en ont fait du pouvoir SUR les autres, en ôtant la vérité (on rend les transactions opaques dans la société, ceci est expliqué dans « Conversations avec Dieu »). Or, tout ce qui n'est pas joie, amour et vérité, finit par dévier du divin ».

Les esprits sont tout de même bien sages de m'avoir envoyé un farfadet : car plus on veut monter haut et plus il faut s'enraciner bas. Si je décide de lâcher encore de

l'ego pour monter vers l'esprit alors il faut que mes racines entrent plus profondément en terre sinon le risque de folie est grand. Voici la définition d'un farfadet trouvée sur Internet (apparemment le farfadet est d'accord avec, et ma fée de l'air également) :
« Les farfadets sont des esprits follets, proches des lutins et que l'on assimile souvent, à tort, aux fées. Ils se font voir ou entendre la nuit. La plupart du temps invisibles, ils se montrent parfois, notamment sous une apparence animale ; d'autres encore prennent la forme d'un tourbillon qui bouleverse les récoltes. Forts malicieux (ils frisent et emmêlent la crinière des chevaux et seraient à l'origine de la crise de 1929), ils passent souvent pour bienveillants et serviables. Les farfadets sont les plus grands producteurs de pièces de monnaie. Leur magie permet d'assurer leur immortalité ».
Concernant les arbres, les salades et autres animaux, le fait de reconnaître qu'ils disposent d'un esprit et ont une existence en tant que personne ne signifie pas qu'il ne faut plus couper de bois, d'herbe, manger de salade ou de viande : ça veut dire qu'il faut le faire en remerciant la nature et l'esprit du cadeau qui nous est donné. En gardant en tête que nous aussi, un jour, nous ferons cadeau de notre corps à la terre, au feu, à la mer ou à des animaux quelconques. Et nous ne ferons que rendre ce qui nous est donné chaque jour.
Les tribus soi disant « primitives » ont bien intégré ce fait. On se demande vraiment qui est le primitif des fois. En réalité, la nature est généreuse et l'arbre, l'animal ou la salade s'offrent en cadeau au niveau de l'esprit : il suffit simplement d'être reconnaissant, rien de plus, pensons à remercier l'esprit qui s'est offert en cadeau à chaque fois que nous mangeons, au final ce n'est pas grand chose et les esprits entendent tout.
Pour conclure, je dirais que communiquer avec les esprits est un exercice essentiel à mon sens et un prélimi-

naire à la fusion complète avec l'esprit au sens divin du terme (en tout cas pour moi).

Accepter le monde de l'invisible ouvre vraiment des horizons et permet de voir la magie en chaque chose, car comme le dit Saint Exupéry : « on ne voit bien qu'avec le cœur. L'essentiel est invisible pour les yeux ».

C'est peut être ce cœur qui manque à la société d'aujourd'hui et que chacun de nous doit retrouver.

Expérience 44
Tai chi et ayurvéda

Je pratique une forme de taï chi, style yang. En fait, je recherchais une pratique qui me permette de faire à la fois des arts martiaux (besoin d'évacuer de la violence à ce moment là), et de l'énergétique. Quoi de mieux que le kung fu vu, on peut travailler du physique pur et dur, apprendre les armes, mais aussi pratiquer du tai chi, et du qi qong. Après avoir essayé différents cours qui ne me conviennent pas pour une raison ou une autre, je débarque dans une salle ou une prof enseigne totalement différemment. C'est traditionnel : chacun réalise l'enchaînement complet qui dure une heure, quel que soit son niveau. Les débutants au milieu, et les plus avancés, à l'extérieur, pour servir de repère visuel. Chacun fait ce qu'il peut et apprend par mimétisme. Ce qui me frappe immédiatement est la sérénité et la perfection des gestes de la prof, elle dégage vraiment quelque chose.
Je m'inscris au cours, j'y suis toujours d'ailleurs.
Après une année de pratique pendant laquelle j'ai appris l'enchaînement complet, j'ai pu le réaliser de manière machinale. Quand je pratique le tai chi, mon mental s'apaise immédiatement (et quand j'ai commencé j'en avais réellement besoin), ne cherchant plus à diriger l'énergie dans mon corps (c'est le défaut du mental : quand on focalise sur un point, l'énergie obéit, du coup elle ne circule plus comme il faudrait), celle-ci circule librement dans l'harmonie de l'enchaînement. Je ne m'en soucie plus du tout. Je suis conscient, mais ni

dans le corps ni dans l'énergie. Il m'arrive même d'être une bulle de conscience et de ne plus reconnaître mes mains quand elles passent : elles se confondent avec l'image que j'ai et me sont aussi étrangères que le sol ou les murs. C'est très étrange, on devient juste une bulle de conscience en train d'observer une chose. Cela ne m'arrive qu'en tai chi et de manière ponctuelle.

Lorsque j'ai commencé à travailler sur la présence, je me suis vite aperçu que les crispations étaient des pensées, et il m'est venu alors une idée saugrenue : « mais mon corps aussi est une pensée et je peux laisser passer les sensations de mon corps comme je laisse passer les autres pensées en méditation ». Lorsqu'on fait cela, le corps perd sa réalité, parce que la sensation du toucher du corps fait beaucoup pour nous identifier à lui, mais ce n'est qu'une sensation, et contrairement à ce qu'on croit, la laisser passer nous emmène dans un état de conscience étendue et non pas dans l'autisme (le fait d'être conscient de mon corps énergétique y fait sûrement, j'ai autre chose pour attacher ma conscience). On peut également laisser passer la vue, l'ouïe : ce sont des informations qui arrivent au cerveau, donc des pensées. Etonnant à tester. Pour la vue, l'image n'a plus aucun sens : on ne distingue plus de forme, juste un tas de couleurs. Pour l'audition, si on ne projette pas de sens sur ce qu'on entend (« tiens mon chien aboie, tiens la concierge parle dans l'escalier ») alors le son qu'on entend devient une perception étrange. En tout cas, le fait que je sente mon corps énergétique et que je me mette à ne plus sentir mon corps physique en tai chi m'a permis d'expérimenter ceci « Ce n'est pas le corps qui contient l'âme mais l'âme qui contient le corps ». Je dirais même que c'est ma première intuition qui est relativement juste : c'est (l'inconscient et le subconscient) qui créent la circulation énergétique, et celle-ci crée le corps.

Le corps physique n'est lui même qu'une conséquence de la circulation de l'énergie dans le corps énergétique : il est une conséquence en bout de chaîne due à une action ou une intention qui vient de plus haut, puisque la circulation de l'énergie est provoquée par des intentions issues de l'inconscient ou du subconscient.

Un schéma mental qui saute : c'est automatiquement l'énergie qui se met à circuler différemment et le monde qui se transforme (faiblement ou fortement suivant les cas). Expérimenté des centaines de fois dans mon cas. Le corps énergétique est un niveau de réalité supérieur au corps physique. J'aime bien en ce sens le principe de l'Ayurvéda, très cohérent pour décrire le corps, sa manière d'être, constituée par les trois doshas (types d'intentions il me semble) qui sont une combinaison d'éléments. Surtout que je peux sentir la présence de ces éléments dans le corps énergétique des autres s'ils sont particulièrement marqués. Les esprits de la nature sont très marqués par un élément, et certains hommes aussi (très terre, eau, air ou feu). Un proverbe indien dit à peu près la chose suivante : « Si tu veux connaître tes pensées d'hier, regarde ton corps d'aujourd'hui, si tu veux connaître ton corps de demain, regarde tes pensées d'aujourd'hui ».

Oui, ça me parle vraiment.

Bien que j'aie une conscience étendue des choses, les techniques chinoises restent pour moi assez étrangères. J'obtiens des résultats mais, comparé à une minute en forêt, il n'y a pas photo. En fait la vision du corps énergétique comme biochamp et la perception de la nature n'ont rien à voir. La nature est vraiment mon élément, c'est clair. L'agapé thérapeute ne s'est pas trompée. Je dirais même que le mot de druide est bien adapté : un chamane s'occupe plutôt d'esprits animaux, et bien que j'adore les animaux, les plantes et les pierres sont vrai-

ment mon domaine, non seulement je les adore et ils m'adorent, mais mes perceptions sont décuplées dans une forêt (émotionellement, énergétiquement, ma conscience s'étend puisque mon biochamp se dilate librement n'étant plus constamment en défense comme en ville).
Alors que je pratiquais mon tai chi dans une forêt, j'ai même entendu un esprit de la terre me dire « c'est nul ton truc, je peux t'enseigner quelque chose de mieux ! ». Eh bien, il va falloir que je développe la clairvoyance parce que si je dois tâter un esprit pour obtenir un enchaînement complet, y'a du boulot.

Expérience 45
Mon maître le lutin

Une journée qui commence bien.
Tu te lèves le matin en grommelant comme d'habitude : « bon va falloir aller coder, grumf scregneugneu ... ».
Aussitôt, réponse d'en haut :
– C'est la vie que tu as choisie, ne la renie pas. Si tu veux la changer alors change la, mais ne la renie jamais sinon tu renies ton propre esprit qui l'a créée et te retournes contre toi même.
J'avais rien demandé en haut moi... Bon ok ok, c'est vrai j'ai choisi cette vie, elle m'a convenu et me convient toujours d'une certaine façon, la critiquer ne sert à rien, il suffit de changer simplement ce qui ne convient plus. Allez hop, direction le boulot.
Je dois clarifier une ou deux choses avant de continuer. Je suis quelqu'un qui a tendance à s'enfermer dans sa bulle : un informaticien quoi. Après des années de thérapies diverses et variées, les choses qui m'empêchaient de communiquer ont peu à peu disparu, mais il n'empêche que je garde des réflexes de fonctionnement bien précis. Entre autre, je peux m'enfermer dans ma tête en rêvassant, et dans ce cas, soit j'ai des pensées stériles (en fait je ressasse), soit quand j'en ai marre, je laisse passer les pensées, mais je ne peux pas utiliser mes capacités de communication dans ce cas. Pour communiquer avec les esprits, je suis obligé de me relier à l'extérieur, donc de sortir de ma bulle, et surtout d'être présent ici et maintenant.

Ça commence par une connexion énergétique avec quelque chose, un arbre par exemple, et s'il veut communiquer avec moi, son énergie vient dans mes oreilles, suivie de la compréhension spontanée de la discussion. Je la traduis souvent par un dialogue intérieur mais cela n'est pas nécessaire. Ensuite, je valide avec ma fée de l'air : elle apparaît devant moi et, selon la main qu'elle touche, c'est vrai ou faux. N'ayant pas encore assez confiance en moi, je passe mon temps à demander son avis à ma fée sur des choses vérifiables et ne la prends jamais en défaut (par exemple, un type arrive : est-ce le client qu'on attend ? oui/non ; si le gars rentre, pas d'erreur, sinon non ; le chemin est-il le bon ? oui/non, etc...).
Ce matin, alors que je flâne en rêvassant, je me dis que c'est stérile et que je fais ça une bonne part de la journée. Pourtant, ça fait partie de ma peur de devenir fou. Je passe peu de temps effectif à communiquer avec les esprits à cause de ça. Ma femme m'a fait la réflexion une fois : « si moi je pouvais communiquer avec les esprits, je le ferais tout le temps, pourquoi tu ne le fais pas ? ».
C'est vrai et c'est un problème de peur : je sais qu'il faut la dépasser et j'essaie de m'y employer.
Au bureau, un cactus est installé à côté de mon ordinateur depuis longtemps. Quand j'ai commencé à tâter de l'esprit, j'ai cherché ce qu'il contenait mais sans vraiment discuter avec lui. En fait, il contient un lutin. Ces derniers temps, j'ai énormément progressé dans l'utilisation de la clairaudience : grâce à ma fée de l'air principalement. En arrivant au bureau, je remarque un truc bizarre : mon cactus semble avoir un truc à me dire. Je demande au lutin ce qu'il veut, réponse :
– Ramène moi à la maison.
– Tu en as marre du bureau ? Quelqu'un t'embête ?
– Non, ramène-moi chez toi.

Bon, ok, pourquoi pas.

Honnêtement, je passe ma journée tel un fantôme : un bon citoyen de base. Je prends le café en blagouillant, code toute la journée, mange en blagouillant avec les collègues de bureau et recode jusqu'au soir. Toute la journée, je reçois des emails concernant des lutins. C'est amusant au vu de la réaction de mon cactus, mais je ne fais pas le lien réellement.
Par moment, dans la journée, les conversations deviennent irréelles (entendre parler des gens de prix d'objets toute la journée n'a plus vraiment de sens pour moi). Et il y a un souci avec la vue également : je nage dans un brouillard éthérique énervant parce qu'il rend tout bizarre visuellement. C'est comme si j'avais une image de télé avec une mauvaise réception et qui change constamment : un problème lié à la clairvoyance, un truc bloque. Dans le brouillard, des fées volettent, des petites boules avec des ailes, et d'autres choses mais c'est très fugace. Comme si la quatrième dimension essayait d'atterrir dans la troisième sans y arriver réellement.
Au final, je me contente de faire mon boulot.
A 17 h, alors que je prends des nouvelles de l'arbre en face de ma fenêtre, je m'aperçois qu'il est négatif. Pareil pour l'arbre d'à côté. Je demande à ma fée de m'expliquer cela et m'aperçois que je ne la sens pratiquement pas : impossible de la questionner, ma main passe à travers une énergie presque inexistante alors que d'habitude je la sens aussi bien qu'un objet normal... beu...
Et je n'arrive plus à communiquer avec les faunes, ils veulent me faire voir quelque chose, mais quoi ? Par contre, mon lutin semble émettre une forte énergie vers moi (c'est comme ça quand un esprit veut attirer mon attention).
« Oui, ok, je te ramène ce soir, pas de problème. »
Ma patronne entre, on discute de choses et d'autres et

je lui évoque les deux faunes négatifs. Elle me répond : « c'est normal, pendant tes vacances, j'étais dans ton bureau, et leur disais bonjour tous les jours et prenais de leur nouvelles ». Je réalise je n'ai même pas pris le temps de leur dire bonjour depuis ce matin. Et en fait je réalise brusquement une partie du problème : je n'arrive toujours pas à faire le lien entre les deux dimensions. Je peux communiquer avec l'esprit d'un arbre, mais pas m'occuper de la forme physique de l'arbre. Ma patronne qui perçoit difficilement les esprits s'occupe des plantes avec amour en prenant soin de leur forme matérielle, et elle parle à l'arbre matériel comme s'il était un être intelligent. Alors que je considère l'arbre comme une forme physique creuse et ne parle qu'à son esprit intérieur.
Ça ne peut pas aller, je n'arrive pas à intégrer les deux dimensions à la fois. Le soir venu, je prends mon cactus à la main et c'est parti pour une demi-heure de marche. J'établis la connexion avec lui et laisse venir.
Lutin : « Ca va pas du tout, tu sais. Je veux bien qu'on ne communique que dans le monde des esprits mais si on continue comme ça, on va te retrouver un de ses quatre matins en ermite délirant dans les montagnes. Faut vraiment que tu t'occupes plus du monde matériel : tu dois intégrer les deux. Tu es égocentrique, tu n'aimes rien ni personne. As-tu simplement dit bonjour à tes fées et t'es-tu occupé des plantes chez toi ce matin ? As-tu réellement aidé quelqu'un ? Ne serait-ce qu'un humain aujourd'hui ? »
Il a raison. Je n'ai pas pris la peine de dire bonjour à ma fée ce matin et je me comporte vraiment comme un despote. Pour obtenir des réponses, j'appelle ma fée de l'air, merci, au revoir. Je ne la considère pas comme un être vivant complet, au mieux comme une espèce d'énergie consciente. Ça fait longtemps que je ne me suis pas occupé de la plante qui l'abrite parce que je sais que même si cette forme meurt, la fée sera avec

moi. Mais c'est valable aussi pour les hommes. Est ce que je dois cesser de manger et de m'occuper de mon corps simplement parce que je sais maintenant que je peux vivre sans lui ? Je suis sur une pente glissante, c'est clair.
« Rappelle toi le proverbe que t'as donné ton premier maître ! »
Mon premier maître spirituel m'a raconté le proverbe suivant en me disant qu'il était important de s'en rappeler sur une voie spirituelle. Excusez le peu de classe, mais il ne se prenait vraiment pas la tête ! « Si un matin tu te réveilles avec une deuxième paire de testicules, ce n'est pas que tu es devenu superman, mais plutôt que ton ennemi n'est pas loin ! ». Cela veut dire, en résumé, que si tu te réveilles avec de nouvelles capacités, alors méfiance, c'est le moment où le contrôle risque de lâcher et où ça risque le plus de déraper. Et ceci ne doit jamais être oublié. Plus les capacités augmentent, plus le contrôle doit être important.
– Mais alors pourquoi ne vois-je que du brouillard ?
– Parce que tu nages réellement dans le brouillard : le brouillard est dans ton esprit. Si tu veux qu'il se dissipe pour révéler ce qu'il y a derrière, y'a du boulot, parce que tu n'es certainement pas prêt à le voir sans devenir dingue.
Tout le trajet, le lutin me sermonne. Mais je reconnais qu'il a raison. Presque arrivé à destination, le couperet tombe : « Au fait, c'est moi ton nouveau maître ! La fée de l'air a bien fait son boulot, maintenant tu peux parler avec un esprit très motivé pour communiquer avec un sourd dingue, au moins on peut se parler à peu près. »
Beu ...hein c'est quoi ça ?
Et il me houspille comme ça jusque chez moi. A la maison, je demande à ma fée de l'air qui me confirme le verdict. Je n'y crois toujours pas, je me connecte directement en haut :

– C'est quoi cette histoire ?
– Tu as fais connaissance avec ton nouveau maître ! Tu verras, c'est un excellent maître, tous ses élèves en sont vraiment très contents, il obtient d'excellents résultats.
(Je jurerais qu'il est mort de rire !)
– Avec lui, tu va pouvoir progresser rapidement : il est vraiment très bon.
Je pense à ma contravention, j'ai été flashé pendant les vacances. Pas beaucoup, mais bon, c'est clair qu'il va falloir intégrer le monde réel. Tu m'étonnes qu'ils m'aient envoyé un farfadet, faut que je remette un peu les pieds sur terre, mais bon ça m'étonnerait qu'il paye les contraventions à ma place. Bouou, alors c'est pas une blague, et mon nouveau maître est un lutin au sale caractère... putain, ça craint. Je sens son énergie très forte dans mes oreilles (oui, je sais, je suis sourd dingue)
– Mais non, pas de souci, tu vas voir, ta tâche est très simple en fait, et dès qu'elle sera réalisée, je m'en irais et tu auras droit à un autre enseignant.
– Ah bon, c'est quoi ?
– A partir du moment ou tu te lèves, jusqu'à ce que tu arrives à ton bureau, tu diras bonjour et communiqueras avec chacune des fleurs, des plantes et des arbres et des hommes (mentalement) que tu croises sur ta route. Tu vas te soucier de ceux que tu croises et leur donner ton énergie. Si tu en es capable à l'aller, et de leur dire bonsoir à tous au retour, alors mon enseignement sera terminé et je m'en irais. Au boulot, tu peux dormir tant que tu veux : pense juste à dire bonjour aux plantes avant.
Mon trajet dure une demie-heure et il y a des centaines et des centaines de plantes sur la route. Pour réussir cela, je vais devoir être présent « ici et maintenant » pendant tout le trajet. Il est impossible de se relier à un esprit incarné sans être dans le moment présent. Je

dois penser à envoyer de l'amour à tous ceux que je croise au passage, qu'ils soient plante, minéral, animal ou homme. C'est un boulot de dingue en fait. Ceux qui ont essayé la « présence » quelque temps doivent avoir une vague idée de l'exercice. Mais ça va m'obliger forcément à sortir de ma bulle et à prendre en considération à la fois le monde matériel et spirituel sur ma route. Un excellent exercice, je n'y aurais jamais pensé seul en réalité.
– On t'aide à avoir un premier chakra plus ouvert : c'est pour t'enraciner dans la réalité, alors utilise-le. Tu pourrais remercier le farfadet qui s'en occupe ! A l'aller, je te donne le départ, et au retour, on fait un débriefing et je te donne un aperçu de ta performance. Tant que je ne suis pas satisfait, tu es mon élève.
Je grommelle un peu toute la soirée, et puis finalement je m'occupe et me soucie de tous dans la maison (du moins un peu plus que d'habitude) jusqu'à ce que ma femme arrive. Je remercie ma fée pour son enseignement, elle me fait une bise et me regarde avec compassion. Je suis un peu chamboulé, la vérité est dure à entendre, même de la bouche d'un lutin.
Le soir en allant me coucher je me reprends un peu, et avant de dormir, je m'adresse au lutin :
– Au fait, merci de bien vouloir m'enseigner.
– Humf, on fera peut être quelque chose de toi, qui sait. Ce n'est peut être pas une mission complètement désespérée.
Ok, ben ça promet. Pourquoi les lutins des contes de fées sont-ils tous gentils, et le mien un maître ronchonnant et chiant ?
– Parce que tu as demandé à évoluer, et vu ton niveau, va falloir se bouger si tu ne veux pas y passer le prochain millénaire !
Putain, et en plus, il entend toutes mes pensées ! Je crois vraiment que je vais m'éclater.

Expérience 46
Aspirant du présent

Ce matin, je me lève assez excité.
J'ai bien en mémoire les instructions du lutin et en premier lieu je salue mes chats, et les différentes plantes de la maison avant d'aller faire mon café. Au passage, je dis bonjour à mon maître spirituel (mon cactus quoi) et il me répond immédiatement. Il est bien plus sympa aujourd'hui et il m'explique que les humains dorment tellement profondément qu'il faut les secouer un peu… c'est simplement ce qu'il m'a fait hier.
Il se passe une chose étrange : nous discutons et à chaque fois qu'il dit quelque chose, aussitôt une pensée semble naître pour m'emmener vers une supposition. A ce moment, il dit : « reviens ici et maintenant », et je reçois comme une tape mentale. La pensée passe aussitôt et je reviens « ici et maintenant » dans ma conversation et dans ma préparation du petit déjeuner.
La conversation a été longue et instructive, je vais essayer de la résumer.
– Ton mental essaie constamment de t'hypnotiser : à peine commences-tu à t'intéresser au moment présent qu'il veut t'emmener ailleurs.
– Mais pourquoi fait-il ça ?
– Il le fait parce que tu lui as demandé : c'est toi qui ne veux pas rester « ici et maintenant » et tu as programmé ton mental pour ça, tout simplement.
Au bout de 3 minutes à être ici et maintenant (et je ne compte plus le nombre de tapes mentales) je sens ma gorge commencer à se nouer et mes membres se téta-

niser. J'ai très envie de fuir dans mes pensées mais je n'y arrive pas, il ne me laisse pas faire.
– C'est quoi ça ? Pourquoi ai-je mal à la gorge et pourquoi mes membres se tétanisent-ils ?
– C'est pour ça que tu as programmé ton mental : pour ne pas voir cette peur, la peur d'être qui tu es réellement, ni plus ni moins. Laisse-la s'envoler comme le karma et elle disparaitra.
Je laisse la peur s'envoler, comme je suis habitué à le faire pour les mémoires de morts et le karma : en me pardonnant simplement et en laissant partir.
Au bout de quelques minutes supplémentaires dans le moment présent, je m'ennuie ferme, bien que la conversation soit intéressante et que faire le café m'occupe longuement. Le temps est long dans le moment présent.
– Tu t'ennuies parce que tu ne laisses pas ton enfant intérieur s'exprimer : regarde par la fenêtre et dis bonjour.
Il y a une quantité énorme d'arbres à l'extérieur. Mon balcon donne directement sur une colline : je laisse venir qui veut dans le moment présent.
Et les paroles fusent : « Salut ! Alors tu te joins à nous ! Ça va ! etc... un méli mélo de « bonjour » fuse de tous les arbres, je ne sais plus qui dit quoi. En regardant avec les yeux de mon enfant intérieur, le monde semble réellement s'animer : je distingue une foule de monde de ma fenêtre et les saluts et pensées d'amour fusent de toute part. J'essaye de laisser descendre la lumière en moi pour donner l'amour que je peux sous les encouragements des arbres. « Vas-y, tu vas y arriver... c'est pas mal... vas-y, courage, on est avec toi... » Un pauvre filet d'énergie part de moi mais je m'aperçois à quel point il est maigre. « Pas grave, c'était très bien, tu verras, continue comme ça, tu vas y arriver. »
Vraiment sympas et encourageants les arbres.
Je suis absorbé par le moment présent, et rien ne vient

troubler les communications qui fusent de toutes parts. Mon lutin continue sa leçon :
– Tu vois, c'est comme ça tout le temps pour tout le monde, nous passons notre temps à vous parler, et à vous encourager à nous rejoindre ici dans le moment présent.
– Mais pourquoi on vous entend si mal d'habitude ? C'est une question de perception ?
– Tu ne comprends pas : ce n'est pas une question de pouvoir ou de perception. En réalité, vous refusez d'entendre et vous partez dans votre auto hypnose tellement vite qu'on ne peut pas vous joindre sauf cas exceptionnel. Nous pourrions vous forcer mais le libre arbitre nous l'interdit. Je peux le faire pour toi parce que tu as renoncé à ton libre arbitre en le mettant entre les mains de Dieu : tu as décidé de suivre la voie de l'amour quoi qu'il arrive, tu l'affirmes avec suffisamment de conviction et tu le renouvelles à chaque instant. Alors nous pouvons t'aider à rester ici et maintenant et à t'éveiller petit à petit au réel. En plus, tu as décidé d'aller au plus haut le plus vite possible : alors nous sommes là pour t'exaucer. N'importe quel homme qui prendrait cette décision aurait le même résultat, ne t'y trompe pas un instant, mais cela nécessite de lâcher prise constamment et de t'en remettre à Dieu intégralement. C'est une question de constance dans le choix et d'intention. Et si tu ne m'entendais pas, tu te contenterais de faire l'exercice que je t'ai donné en croyant qu'il vient de toi simplement. Tu vas vite t'apercevoir que ce choix est le bon car il n'existe aucune autre alternative à part l'auto hypnose et celle-ci ne mène pas loin. L'évolution spirituelle réelle ne peut s'obtenir qu'en étant éveillé, et comme c'est le but réel de la vie, le reste tourne en rond. En communiquant avec les esprits et en travaillant beaucoup le spirituel, tu es éveillé réellement à peu près une demi-heure par jour. Tu imagines à ce rythme là ?

Combien de milliers d'années il va te falloir pour arriver au but ? Alors que si tu pouvais être complètement éveillé, une vie y suffirait bien largement, même moins que ça en fait. Le moment présent est le pas de la porte : il faut s'y tenir constamment et y revenir sans cesse car l'alternative est l'auto hypnose du mental et rien d'autre. Mais ne t'y trompe pas : cette auto hypnose n'est qu'une mauvaise habitude du mental qui l'empêche de faire autre chose. As-tu remarqué comme tu as du mal à partir dans tes pensées en maintenant la conversation avec moi ? Interagir réellement avec le monde est le but du mental et il ne peut pas à la fois t'hypnotiser complètement et communiquer constamment dans le matériel. Tu t'approches donc un peu plus du réel, mais ce que tu vas voir est encore très loin de la réalité.

Alors que je réapprends à m'extasier de ce que je vois sur la colline et des messages d'encouragement provenant des arbres, le lutin ne cesse de me raconter ce que font les esprits.

– Vous autres les humains ne savez pas vous amuser et jouir de la vie, c'est pour ça que vous fuyez la réalité, pour rêver. Nous autres profitons au maximum de tout, nous faisons la fête, dansons chantons, vénérons amoureusement la vie et la célébrons sans cesse.

Après cette longue conversation, ma femme se lève et vient prendre le café avec moi. Je parviens encore à rester à peu près « ici et maintenant » et lui retransmets les paroles du lutin sans me laisser emporter par des pensées. Puis c'est l'heure fatidique, j'ai l'impression qu'il s'est écoulé une journée complète et pourtant je suis levé depuis une demi-heure ! Il est temps de partir au travail.

– Vas-y et courage, on fera le point ce soir : je te nomme « aspirant du présent » puisque vous autres aimez les titres. Vas-y, je suis avec toi !

Je peux difficilement décrire ce que j'ai vu dans l'absolu : tout le monde m'encourage sans cesse, j'essaie d'envoyer de l'énergie à tous ceux que je croise. Mes yeux passent constamment d'un détail à un autre et j'échange énergétiquement avec tout ce que je peux tout en contemplant le monde : j'ai l'impression de découvrir un endroit totalement nouveau, d'être un enfant en train de découvrir le monde.

Comme la conversation avec le lutin m'y a bien préparé, tous mes canaux sont ouverts et j'entends pleins de voix chaleureuses me parler... ce sont toutes les plantes en train de m'encourager. Je croise pleins d'animaux : un oiseau qui vole à toute vitesse en passant au dessus de moi et en s'extasiant de son vol « YEEEAAAAA ». Un petit chien, qui d'habitude ne me regarde pas, vient en remuant la queue vers moi, tout content : à côté de lui son maitre renfrogné, l'œil creux, en train de rêver, un rêve de peur inscrit clairement sur son visage.

« Tu sais, il a beaucoup besoin de mon amour, alors j'y retourne. » C'est le chien qui vient de me parler ! Il retourne auprès de son maitre renfrogné.

Au centre ville, je croise plein d'humains : ils ont tous le visage inexpressif, creux et vide. A côté d'eux, moi qui regarde partout extasié, je dois avoir l'air d'un touriste qui débarque ou d'un enfant de 6 ans en train de découvrir la ville. Un rêve de gloire ! Je sens que je me fais aspirer par le rêve de l'homme qui vient de passer. Aussitôt, mise en garde d'en haut : « Reviens ici toi ! Ne te laisse pas absorber par leur rêve. Méfie-toi, les hommes vont toujours t'absorber dans leur monde si tu te laisses faire : regarde en périphérie mais n'y entre pas ». Je tiens compte de la mise en garde et reviens « ici et maintenant » en continuant à envoyer de l'énergie à tous et en écoutant les arbres et les plantes. Durant le trajet complet j'essaye de maintenir cet état et y par-

viens à peu près. Je croise des gens, je croise leurs rêves, des rêves de peur, des rêves d'amour, des rêves de pouvoir, des rêves de joie, il y a toutes sortes de rêves et personne n'est réellement réveillé. Je réalise qu'en allant au boulot, je suis comme eux d'habitude : un rêveur, rien de plus. Puis je réalise brusquement que le brouillard a disparu depuis que le lutin me parle ce matin. Je vois le monde, lumineux et présent : ici et maintenant.
J'arrive enfin au travail après un mois de marche dans la rue me semble t-il.
Avant de franchir la porte, je salue les arbres et remercie silencieusement le lutin.
Message d'en haut : « Ce n'était pas trop mal mais en fait tu n'as pas vu un millième de ce qu'il y avait à voir. Enfin, c'est encourageant. Tu commences un peu à entrouvrir les paupières. Tu peux retourner dormir complètement jusqu'à ce soir pour la suite de l'exercice ».

Je franchis la porte totalement halluciné et en raconte un résumé à ma patronne. Puis je fais le café, me prépare à me rendormir et lance mon ordinateur pour coder.

Tiens ! Le brouillard vient de se lever à nouveau.

La journée se passe au bureau de manière normale. Mon seul problème est que plein de peurs affluent suite à l'expérience de ce matin, l'enfant intérieur semble être de sortie, plus qu'avant, et c'est peut être le fait d'accepter d'être « ici et maintenant » qui fait remonter tout ça.
Avant de partir je me lance dans un test à la con (j'aime bien faire un peu du crash-test à la jackass spirituel des fois), mon enfant intérieur est peut être un peu trop de sortie d'ailleurs. Mes sources semblent dire que c'est ok, pour le meilleur ou le pire, une expérience à réaliser en

somme. Je décide de faire comme en informatique : je demande au moi du futur de voir s'il peut faire sauter toutes les peurs d'un coup en mettant une pause au milieu pour le moi du passé (parce qu'en un coup il refuse) : en gros une boucle avec un timer au milieu.
Ok pour le moi du futur.
Le moi du passé s'attelle à la tâche.
Résultat : des sensations énergétiques du toucher décuplées et très précises (je ne pensais même pas pouvoir encore augmenter mon sens du toucher !).
Par contre, je me sens bizarre en haut : troisième œil ouvert mais chakra coronal bloqué. Je tripote dans tous les sens, je ne vois pas d'où ça peut venir, mon corps énergétique n'est plus le même, j'ai fait un peu n'importe quoi, c'est clair.
Dans la rue, il m'est impossible de parler avec quoi que ce soit : rien de rien, même pas de connexion en haut.
Bon, pas de panique, je suis informaticien, habitué aux bugs, on trouve toujours une solution. J'utilise mon sens du toucher surdimensionné pour faire plein de manips, tout en marchant dans la rue.
(J'utilise toujours le coup du moi du futur et du passé).
Pascal me téléphone. J'en profite : « j'ai un problème, tu sais ce que c'est ? »
Réponse : « Tu n'as plus le son ! »
Putain, il est de plus en plus fort, y'a rien à faire. Une fois la conversation terminée je continue à triturer. A force, je finis par rétablir le son, apparemment j'ai un peu avancé, mais c'était chaud, et puis je ne sais pas trop ce que j'ai fait, ma foi.
Débriefing avec le lutin :
Moi :
– Ce matin, c'était pas trop mal, peut être un coup de bol, mais alors ce soir, la cata, désolé.
– Tu ne croyais quand même pas tout réussir le premier jour ? Bon, laisse tomber pour ce soir, on reprend de-

main, et dans la joie !
— Ok, pas de souci.
Connexion en haut :
— Si tu pouvais éviter de toucher ton corps énergétique, on apprécierait, parce que c'est du matériel de pointe, si tu vois ce que je veux dire : ça supporte mal les manipulations un peu sauvages. De plus, pense aux autres qui vont passer derrière toi pour réparer.
— Euh, oui, désolé là, je referais plus.
— C'était simplement pour que tu voies : on ne touche pas n'importe quoi n'importe comment, la manipulation directe du corps énergétique, on va dire que ce n'est pas pour toi. Il n'y a pas de raccourci dans la spiritualité, tu as encore des choses à faire et chercher à aller plus vite que la musique ne servira à rien.
— Ok boss.
Bon, demain matin sur le pont, pour ce soir on va en rester là. J'ai encore une pointe du chakra coronal un peu engourdie mais si on me dit de plus toucher, c'est que là haut on va s'en occuper.

Morale de l'histoire : je crois que je vais m'en tenir à l'exercice de base la prochaine fois. L'enfant intérieur hors de contrôle, ça n'a pas l'air de le faire : peut être faut-il le tempérer un peu, va savoir.

Expérience 47
Effleurer la 5ème dimension

Je reçois des quantités d'informations astronomiques toute la journée, alors j'essaie de résumer ce qu'on me dit d'écrire : mais on reste loin du compte. J'essaie également de décrire au mieux les expériences de conscience modifiée mais on est loin de la réalité car je ne peux réellement décrire le ressenti.

Mon lutin me laisse me débrouiller seul le second jour. Il m'a aidé à voir ce qu'il fallait faire mais ne le fera pas à ma place, c'est certain. Aujourd'hui, les esprits de la nature sont fuyants sur mon sens du toucher : ils se dérobent (mon moi du futur est parfaitement perceptible, mais les fées semblent perdre toute substance). Elles me confirment que c'est pour m'obliger à utiliser ma clairvoyance et à communiquer autrement : j'ai quelque chose à apprendre. Tant que je serai enseigné par le lutin, elles éviteront de me répondre autrement que par l'esprit : ça promet !
Sur le chemin, je suis dans un état de conscience normal. J'essaie de retrouver l'état de la veille mais n'y parviens pas. Ma connexion en haut me confirme que je dois expérimenter quelque chose de différent. Les gens font la tête et sont renfrognés comme tous les matins, mais je ne vois pas leur rêve. Je parviens plus ou moins à dire bonjour à ceux que je croise, c'est toutefois poussif et le temps se déroule normalement. En fait, je comprends que le problème à aborder aujourd'hui concerne la manière de donner mon énergie aux autres.

D'ordinaire, je m'enferme dans une tour d'ivoire énergétique et envoie un petit filet d'amour : ça ne va pas.
Message d'en haut : « tu dois tout donner et partager : pas simplement un petit morceau de quelque chose ».
Ok, alors faisons exactement l'inverse : au lieu de m'enfermer et de ramasser les peurs des autres, je me mets à balancer tout ce que j'ai et tout ce que je suis, pour que chacun se serve et prenne ce qu'il veut. Le résultat est étonnant. Je sens l'énergie fuir de moi dans toutes les directions, tout part autour de moi. Ça n'est pas un grand moment, ce que je suis se résume vraiment à pas grand chose. Essayez de pisser dans la mer pour la remplir et vous obtiendrez la même chose. Par contre, dès le processus amorcé, de l'énergie me remplit à nouveau tandis qu'elle continue à sortir : je suis devenu un tuyau d'arrosage à énergie (très bas débit).
A ce moment précis, je m'aperçois que ce que je crois avoir à donner n'a aucune existence : en fait je ne suis que la somme des influences qui s'exercent sur moi, mais il n'y a pas d'existence de « Christophe » qui tienne la route. C'est juste une bulle d'ego qui essaie de se convaincre qu'elle existe.
– Tu vois pourquoi la voie du don mène à l'esprit maintenant ? Tu effleures la réalité de ta condition, et si tu pouvais donner encore plus sur tous les niveaux, tu réaliserais à quel point « Christophe », que tu trouves tellement important pour ta propre existence, n'est qu'une baudruche sans consistance, et surtout à quel point ton existence ne dépend pas de cette baudruche. Mais tu ne peux que l'effleurer : pour le vivre pleinement, il faut le faire à tous les niveaux ; il faut donner tout ce que tu es sur le plan énergétique, mental, émotionnel, physique, etc, et chaque chose que tu donneras, tu t'apercevras à quel point elle n'a pas d'existence réelle. Chaque chose que tu veux garder pour toi, tu contribues à lui donner une existence illusoire simplement parce

que tu lui donnes de la valeur, et donc ta foi. Si tu parviens à tout donner alors il n'y a plus de Christophe. Et c'est à ce moment que cette « réalité » s'éteint et que tu reviens à un niveau d'existence plus élevé. Bien sûr, nous n'en sommes pas là : c'est juste pour te montrer différentes choses. Pour l'instant, si tu parviens à partager, ça sera déjà bien, mais rappelle-toi que le but est de vraiment tout donner, car c'est la voie qui ramène à ta vraie nature.

Sur la route, alors que j'essaie de partager et de donner tout ce que je suis et j'ai, on fusionne avec un arbre de manière bizarre : on se dit « merci » en même temps. J'ai clairement senti que je lui ai apporté quelque chose et qu'il m'a apporté quelque chose en retour. Nous nous sommes remerciés mutuellement au même moment : c'est assez étonnant.
— Ce que tu commences à percevoir est ce qu'on pourrait appeler la 5ème dimension. C'est un endroit où les esprits fusionnent en un seul et échangent directement : c'est bien loin de la communication poussive que tu rencontres dans la quatrième dimension avec les esprits qui s'y trouvent. Tu comprends pourquoi l'accès à cette dimension amène l'âge d'or ? La cause de tous les conflits mondiaux et de tous les problèmes entre les hommes vient principalement d'une seule chose : la difficulté à communiquer et le mensonge. La fusion directe d'esprit à esprit éliminant ce problème, il ne peut plus y avoir de malentendus ou de mensonges et les conflits deviennent inutiles. Cette forme de communication étant instantanée dans le temps et l'espace, tu imagines où elle pourra mener l'homme s'il allège un peu son ego ?
Effectivement ça simplifie vraiment les choses. Et quand je vois à quel point les gens ne veulent que de l'amour et basculent dans la peur et la haine par incompréhension, je pense qu'un outil de communication comme ce-

lui-là suffirait à nous apporter beaucoup. Mais si les esprits de la nature et supérieurs semblent capables de partager à ce niveau sans la moindre difficulté, pour les hommes, il y a du boulot. Parce qu'il faut à mon sens partager et donner tout ce qu'on est mentalement et on est loin de cette manière de fonctionner dans la société : ça serait même plutôt l'inverse. Si on y arrivait, chacun pourrait partager toutes les informations qu'il souhaite sans la moindre difficulté, et à tout moment, où qu'il soit. Les téléphones portables et Internet ne sont que de pâles imitations de ce mode de communication.
Le reste de cette journée se passe normalement. Bizarrement je m'aperçois d'un certain nombre de choses que j'ai trop longtemps omis de partager dans ma vie : auparavant, ça ne m'avait même pas effleuré l'esprit.

Au moment de partir, le soir, le ciel est couvert et je vois passer un nuage noir : il est seul. Je tâte (le toucher éthérique fonctionne sans aucune limite de portée et on peut toucher un esprit dans le ciel). Il s'agit d'un esprit de l'air. On dirait que la pluie et le vent vont se mettre de la partie, le mauvais temps apporte un air crépusculaire, ce qui est un peu déprimant. Je vérifie l'esprit : il est positif. Le nuage noir se déplace plus vite que les autres (il est plus bas dans le ciel).
Moi : « Tu fais quoi, là ? »
Le nuage : « Je suis en retard pour la fête : on va bien s'amuser ! »
Hein ? La fête ? Je regarde les arbres et ils n'ont pas l'air mécontents : au contraire, je jurerais qu'ils sont heureux en fait.
Mon lutin : « Tu as plusieurs options ce soir : à toi de voir. »
Effectivement, rentrer à pied sous la pluie ou prendre le métro : ça promet. Au moment de partir, je commence à prendre la pluie, heureusement, ma femme est venue

me chercher.

Lutin : « Tu ne veux pas prendre la pluie ? Tant pis, une autre fois alors. Pour le métro, laisse tomber, on fera cet exercice une autre fois ».

Le lendemain matin, il fait beau et la nature irradie dans tous les sens. Les arbres semblent irradier la joie : ils ont été nettoyés à un niveau bien plus profond que le seul niveau physique. Je comprends qu'une fois encore l'homme est un vrai rantanplan : la pluie et le vent sont un don des esprits de l'air et de l'eau, et purifient énergétiquement autant qu'ils nettoient physiquement.

Bon, après, j'aimerais pas me prendre une tempête, faut pas abuser : une petite pluie c'est très bien.

Expérience 48
Effleurer l'esprit divin

Le samedi matin avant de partir en week-end je vais faire les courses dans mon centre commercial habituel. Mon lutin peut me parler n'importe où maintenant qu'on se connaît, mais j'avoue que j'ignore comment : il semblerait qu'on puisse tous communiquer de cette manière indépendamment de la distance. Je sens son énergie et la reconnais.
Lutin : « Bien, allons observer tes concitoyens dans leur milieu naturel : un centre commercial ».
Je rentre dans le centre, un hangar éclairé artificiellement complètement isolé de tout ce qui pourrait être naturel (des études on prouvé que les gens y perdent la notion du temps et achètent encore plus n'importe quoi, c'est donc voulu).
– Plus on isole les gens de la nature, plus on les enferme dans un système artificiel qui leur est étranger, plus ils deviennent des robots sans âme. Mais, où qu'il soit, l'homme n'est jamais coupé de la nature, c'est impossible, et l'homme n'est pas moins animal que les autres : il est juste fou de son ego, c'est tout. Allez hop, au boulot : tu dois être « ici et maintenant ».
Je maintiens l'état d'ici et maintenant et laisse mon mental de côté. La communication directe avec le lutin est maintenue et cela m'empêche de réfléchir. Du coup, faire ses courses sans réfléchir devient problématique.
– Nous allons faire une mise au point : tu laisses ton enfant intérieur sortir pour profiter de l'instant présent ; mais ce n'est pas lui qui doit mener la danse sinon tu

risques de faire un peu n'importe quoi, comme pour ton corps énergétique la dernière fois. Ce n'est pas non plus l'ego qui décide, lui doit se maintenir en retrait et ne doit servir qu'au minimum nécessaire. C'est l'esprit qui commande, tu dois laisser l'esprit non seulement te guider dans tes connaissances, mais également dans tes gestes. L'esprit sait tout sur tout et si tu le laisses agir, il peut t'amener non seulement la connaissance totale dont tu as besoin, mais également le geste juste au moment juste.

Autour de moi, le monde est devenu bizarre, c'est comme une expansion de conscience. Les gens sont là, je les vois, bien que ma perception soit étendue anormalement ; mais ils m'apparaissent comme des portes : des sortes de portes inter-dimensionnelles qui mèneraient à d'autres univers, et, qui plus est, ces mondes ont un léger pouvoir d'attraction sur moi. C'est comme si les gens étaient des portails magiques, qui auraient placé des dessins de silhouettes en carton devant eux pour se cacher derrière. Comme dans les magasins : des postiches de vendeurs avec la pub dessus.

Mais le contenu du monde derrière me reste hermétique cette fois. Je ne le vois pas avec les yeux, je le perçois avec autre chose qui n'est pas de la simple clairvoyance : encore une fois, je fais des efforts démesurés pour décrire des choses indescriptibles et le résultat est très éloigné de la réalité.

– Bien, c'est pas mal. Tu vois un autre aspect des choses, plus juste que ce que tu vois habituellement, mais pas encore réel.

Soudain, je sens une extase et une expansion de conscience me saisir : ma perception s'étend encore autour de moi.

– Tu as senti ? L'esprit ? Tu l'as effleuré ! Tu as senti la joie et l'extase qu'il éprouve au moment de sa découverte ? Ahh, je serais prêt à vivre mille vies de douleurs

pour pouvoir sentir cela de nouveau.
– Tu m'excuses si je ne partage pas totalement ton enthousiasme pour les vies de souffrance.
Je m'aperçois que mes pas m'ont mené directement aux produits que je recherchais.
– Tu vois que tu n'as pas besoin de réfléchir ou d'utiliser ton ego pour agir : l'esprit est bien plus performant et le mental à côté est un jouet sans intérêt. Tu continues à t'y accrocher simplement par habitude, mais tu finiras tôt ou tard par lâcher. Je ne dis pas que c'est facile, mais t'y accrocher est un comportement erroné.
– Il faut utiliser la force, comme Luc Skywalker ? T'es sûr que tu n'es pas un lutin vert extraterrestre, grand Yoda ?
– Non, moi je suis un cactus télépathe. Arrête de tout ramener à des esprits, s'il te plaît : reviens dans le matériel. Et bien sûr qu'il faut utiliser la force : c'est une excellente définition de l'esprit. Je trouve que ce film illustre très bien le but et le sens réel des arts martiaux : l'action juste dans l'instant présent. Comprends que tu dois faire venir l'esprit en toi, il doit descendre dans la matière, ce qui signifie qu'il doit remplacer ton mental en tout, à terme. Si tu pouvais simplement lâcher ton ego maintenant, tout serait terminé en un instant, mais c'est très difficile, alors tu vas peut être passer le reste de ta vie à t'y essayer. Pourtant, à chaque fois que tu es ici et maintenant, que tu laisses s'exprimer l'enfant intérieur et que l'esprit peut décider librement sans que l'ego n'intervienne, alors tu peux effleurer un peu plus la réalité et te rapprocher de ta vraie nature.
En sortant du centre commercial l'état de conscience modifié disparaît et je revois à nouveau normalement.
Moi : « C'est donc ça que le zen appelle le satori : ce moment où on effleure l'esprit véritablement et où la conscience s'étend dans un état que les mots ne peuvent vraiment décrire ?

– Oui, c'est ça, et plus tu approches de l'esprit, plus le satori est grand, car plus tu approches du monde réel. Si tu peux arriver à le voir totalement réel, alors c'est l'éveil.
– Pourquoi serais-tu prêt à revivre des vies de souffrances pour éprouver la découverte de l'esprit ?
– Je suis un vieux lutin, et j'ai décidé de m'incarner en humain : alors Dieu m'a donné un humain à guider pour que je voie jusqu'où peut tomber un lutin plein de bon sens qui décide de s'incarner dans le matériel.
– Tu te fous de moi ? Je suis vraiment un lutin alors ?
– Ben quoi ? Tu croyais être un elfe ou un dragon ? Regarde-toi dans une glace ! Et tu devrais être fier d'être un lutin, car nous autres possédons un pouvoir bien plus grand que le dragon ou que l'elfe.
– Ah bon ? Lequel ?
– L'humour ! L'humour est une arme redoutable car elle amène l'homme à rire de lui même. Et lorsqu'on est capable de rire sincèrement et librement de soi même et d'une situation, alors on lâche la peur. Il n'y a pas de plus grand pouvoir et c'est le don naturel de tous les lutins. C'est ton arme la plus redoutable contre ton propre ego: car lui est incapable de rire de lui même.
– Je tâcherais de m'en souvenir.

Expérience 49
Filer comme le vent

En ce moment, j'ai encore du karma qui sort, j'évacue pas mal. C'est un gros morceau qui remet en question mon fonctionnement et me force à voir les choses différemment : c'est lui entre autres qui m'a éloigné de la nature. J'essaye de le laisser s'envoler car bien que la souffrance soit forte comme toujours avec le karma, il faut le laisser partir et pardonner (et se pardonner) pour se libérer : la souffrance n'étant que l'ego qui essaie de s'accrocher.
(Facile à dire et moins à faire, et je sais de quoi je parle.)
Ce matin, exercice habituel, et une fois de plus, rien ne se passe comme la veille. Au début, j'ai du mal à me concentrer mais je me reprends et laisse les choses se passer. J'essaie d'envoyer de l'énergie à tout sur la route et je la sens filer à travers moi, et le haut se remplit à nouveau.
Lutin : « Bon, je te fous un peu la paix ce matin pendant que tu fais le deuil de ton cher karma auquel tu t'accroches tant, mais il est une leçon qu'il va falloir sérieusement intégrer. Ce que tu fais ne convient toujours pas : il suffit de partager et de donner, mais toi tu essayes de pomper en haut pour redistribuer, ça ne peut pas marcher. Comprends plusieurs choses : l'énergie n'est qu'un aspect, le matériel un autre et le monde des esprits en est encore un autre. Tu ne peux tout séparer : si tu es trop dans l'énergie et plus dans le matériel, tu n'es pas « ici et maintenant ». Si tu es trop dans le ma-

tériel et pas assez dans le monde des esprits, tu n'es pas « ici et maintenant ». L'ici et maintenant c'est tout en même temps : c'est la lumière dans les arbres, c'est le vent dans tes cheveux, c'est l'arbre qui murmure à ton oreille, c'est l'énergie que tu traverses, c'est tout ce qui fait ton monde et pas un seul aspect. Chercher à donner de l'amour n'est pas non plus la solution, en réalité, tu ne dois surtout pas faire ça. Si tu le fais, tu es au mieux un ego qui canalise de l'amour à travers lui avec un plus ou moins haut débit, mais ça n'est pas la réalité. Si tu veux faire les choses correctement alors tu ne dois pas « donner » de l'amour, tu dois « devenir » l'amour : c'est ça la nuance entre l'ego et l'esprit divin. L'ego est une chose qui fait une action, toi tu dois devenir l'action, toujours et en toutes situations.

Brusquement, un coup de vent me frappe de plein fouet et je le sens s'en aller autour de moi : je sens l'esprit de l'air essayer de jouer avec moi, je sens le vent physiquement et l'énergie ; et ma conscience commence à suivre le vent, je deviens aussi léger que lui et m'en vais en zigzaguant dans la rue. A ce moment, je prends peur et m'accroche instantanément à mon corps et à ses sensations physiques, tout s'arrête immédiatement.

– Ne veux-tu pas être le vent ? Jouer à traverser les gens dans la rue et partir librement vers l'inconnu ?

Rien que d'imaginer avoir failli laisser mon corps je suis terrifié.

– Tu n'es pas encore prêt, mais ça viendra. Tu as plusieurs choix : tu peux continuer à jouer comme l'enfant que tu es à manipuler des énergies et parler plus ou moins poussivement avec les esprits ; et rêver que tu es un druide. Ou bien tu peux devenir réellement le druide : celui qui ne se contente pas de parler avec la nature, celui qui ne fait qu'un avec elle. Celui qui est le vent qui souffle et la pluie qui tombe, dont le cœur bat au rythme de la planète, dont la conscience n'a pas de limite et qui

brûle au fond des volcans et s'écrase en roulant sur des plages de sable blanc. Il y a une différence de taille entre celui là et celui que tu es : l'un rêve qu'il est un druide, et l'autre l'est, dans le monde réel. L'un est un enfant immature, et l'autre est un adulte. L'un est apeuré et a besoin d'amour et s'accroche à tout, l'autre n'a besoin de rien car il est tout et ne faisant qu'un avec la nature qui l'entoure, il est également pur amour.
– Je crois que je commence à comprendre… mais bon, pour l'instant, je vais rester un enfant encore un tout petit peu.
– Bien sûr, tu as encore des tâches à accomplir puisque tu as accepté de venir. Mais l'instant présent est ce que je dois t'enseigner et tu dois comprendre à quel point il est nécessaire pour ce que tu veux être. Lâcher prise et instant présent : tout le reste suit.
– J'essaierais de m'en souvenir, mais pour l'instant, je crois que je vais prendre un café au bureau pour m'en remettre.
– Je suis confiant, tu grandiras.

Aujourd'hui, je suis triste, je n'arrive pas à rire de moi et je n'arrive pas à jouer avec le vent : oui l'ego et le karma sont là, et oui c'est simplement moi qui les tiens au creux de mes bras et ne veux pas les lâcher comme un enfant qui continue à s'accrocher à son jouet, car il sait que le temps ou il va devoir grandir va bientôt arriver.
Je passe la journée un peu déprimé à boire mon café.
Et puis finalement la tristesse commence à s'en aller et je me demande : « être le vent ? Ça doit être bien en fait ».
Lutin : « Alors bouge tes fesses, et sois « ici et maintenant », et laisse ce karma qui ne sert à rien s'envoler... Ces enfants qui laissent trainer leurs jouets partout, je te jure ! ».

Expérience 50
Un peu de fun et d'ego

En allant faire le plein de ma bagnole, je commence à m'inquiéter pour la révision que j'ai un peu fait traîner.
Réponse de la voiture : « T'inquiète pas, je te préviendrai si y'a un truc à faire ».
???
Ben, je ne lui avais pas vraiment parlé, mais c'est cool.
Du coup je m'adresse à la pompe : « Elle est pas cool, ma bagnole ? ».
– Bof, moi j'en vois passer des centaines comme ça tous les jours.
On peut donc parler avec une bagnole et une pompe ! Eh bé. J'ai alors essayé avec d'autres objets, sans succès. La bagnole, ça devait être un coup de bol, sûrement mon ego qui bloque encore.

L'autre soir, je vois mes chats sauter brusquement du canapé et se mettre au garde à vous devant la cuisine (mes chats ne se côtoient pas vraiment d'habitude, sauf quand c'est pour courir après une bestiole quelconque). Ils ont les yeux comme des soucoupes et les oreilles dressées, ils regardent un truc dans le vide.
Je m'approche et je sens une énergie chaleureuse de haute fréquence : je reconnais sans problème des elfes. Il y en a au moins 3. Je ne sais pas ce qu'ils font, mais, apparemment, ils essaient de communiquer. Puis je m'aperçois que ma clairaudience refuse de fonctionner. Surprise. En plus, je n'aime pas parler aux étrangers

sans vérifier, impossible de savoir ce qu'ils veulent.
(C'est mon ego qui s'est mis au milieu.)
Les chats ont l'air de se régaler et je ne sais pas ce que font les elfes, les chats semblent suivre un truc des yeux comme si on bougeait une balle devant eux.
Je demande poliment à un elfe de bien vouloir se déplacer et je vois mon chat suivre l'elfe des yeux : mes chats voient vraiment les elfes et semblent écouter quelque chose que je n'arrive pas à percevoir. La scène dure un bon moment : plusieurs minutes pendant lesquelles je ne sais pas trop quoi faire. Finalement, je laisse mes chats à leur réunion en me disant que si on me transmet des infos, je les aurais bien un jour ou l'autre. Ou alors les instructions sont juste pour mes chats, va savoir…
Faut vraiment que je m'entraîne pour communiquer avec les étrangers dans les situations insolites parce que la surprise m'a privé de mes capacités : l'ego s'est immédiatement interposé. Encore du boulot à ce niveau.

Un autre jour, un de mes chats est en train de se frotter amoureusement à mon maître spirituel vénéré (mon cactus en pot quoi, hé, hé, hé) et le renverser par terre lamentablement. Je récupère tant bien que mal la terre et le remets droit. Je demande au lutin s'il ne veut pas que je le mette ailleurs parce ça manque de classe de se faire répandre comme ça par terre…
– Non !
– Mais pourquoi se frottait-il à toi ? En plus, tu piques !
– Un élève reconnaissant.
– Quoi ? Ça signifie que tu es également le maître spirituel de mon chat ? Tu te fous de moi ?
– A ton avis, pourquoi ai-je voulu que tu me ramènes chez toi ? Et puis pourquoi les chats n'auraient-ils pas le droit d'être guidés ?
– Arf, oui, c'est vrai.
Bon, ben, c'est bien : mon chat et moi sommes ensei-

gnés par le même cactus... c'est mon psy qui va être content.

Autre jour : nous buvons une bouteille de champagne chez la thérapeute de neurotraining. Elle bosse pas loin de la boite, où on aime bien trouver de bonnes raisons de faire un apéro, comme partout. On discute de tout et de rien, elle nous explique qu'ils ont des tests de neurotraining qui permettent de déterminer si une personne est folle ou non.
– Ah bon, et que faites-vous si la personne est folle ?
– Je trouve un prétexte pour ne pas faire la séance et je ne la reprends pas : moi je ne joue pas avec les cas psy, ça peut plus les déglinguer qu'autre chose.
– Ça veut dire qu'on a tous passé vos tests avec succès ?
– Eh oui !
Et bien, soit les tests ne sont pas du tout au point, soit j'ose pas imaginer ce que ça veut dire « un cas psy » !

Aujourd'hui, je fais la grève : pas de connexion et pas d'énergie, c'est le thème. Un peu de repos dans le matériel, ça fait du bien. Je coupe mes perceptions et ne m'occupe que de mon corps physique. Du coup, bien planté dans le matériel, je suis confronté à des situations étonnantes au boulot qui me font voir quels sont les problèmes d'ego à régler, alors que d'habitude c'est plutôt calme. A un moment, ma patronne entre dans mon bureau avec un bouquin qui donne de petits messages « divins » pour la journée. Elle insiste comme une malade pour que j'en lise un au hasard, je m'exécute, pas très motivé. J'ouvre et vois écrit : « si tu n'as pas foi en moi, et en toi, et ne veux pas le bien des autres en mon nom, comment veux tu réaliser quoi que ce soit ». ARGGG, c'est pas un peu fini ! Manque de foi, peur de devenir fou, égocentrisme : toujours les mêmes pro-

blèmes, encore et encore…
Le soir je demande au lutin ce que ça veut dire tout ça :
– Tu ne peux te mettre hors de portée de l'esprit : que ce soit par énergie, par voyance ou par expérience dans le monde matériel, il trouvera toujours le moyen de communiquer avec toi. Faire le sourd n'est pas la solution. Tu l'obliges juste à crier plus fort, c'est tout. C'était la leçon du jour. A demain donc, pour recommencer à essayer de communiquer et d'aimer tout le monde sur la route. Confiance : tu y arriveras.
– Je vois.

Le monde est un océan d'énergie intelligente (ou de consciences), ce qui explique qu'on puisse réellement parler avec tout. Plus l'ego est important, plus la peur est grande parce que l'ego est constitué de peur, et plus l'ego faiblit, plus la peur quitte notre vie, et l'esprit s'installe en lieu et place des pensées et du mental. Au lieu de s'enfoncer dans un univers cauchemardesque, le calme s'installe en nous au quotidien : condition de base nécessaire pour songer sérieusement à m'élever sur ma voie. Car sans le calme du mental au quotidien, l'esprit reste hors d'atteinte pour nous, et le but pour moi n'est pas d'atteindre le calme en méditation, mais à tout moment.
Par contre, il semble bien que lui puisse nous atteindre comme il veut.

Expérience 51
Un peu de paix

Ce matin, me voilà prêt à refaire encore une tentative.
Désolé, mais je n'ai pas envie de me forcer, je vais laisser faire tranquillement et tant pis si c'est raté.
— C'est bien, tu commences enfin à travailler de manière sérieuse.
— Je m'attendais à ce que tu me dises l'inverse !
— C'est l'ego qui est pressé, qui veut faire les choses en forçant, qui veut toujours lutter même s'il n'est pas prêt, qui cherche des raccourcis et qui s'attache au résultat sans penser aux conséquences et aux problèmes générés, et qui désespère et a peur de ne pas y arriver. L'esprit, lui, est serein car il sait que sa volonté se réalise sans effort au moment juste, c'est une force tranquille à laquelle rien ne peut s'opposer. L'ego est une baudruche qui agite les bras et court dans tous les sens en gueulant pour avoir l'impression d'agir. Nulle personne, un tant soit peu sérieuse, ne se comporterait ainsi, surtout pour les choses importantes.
— Tu ne ferais pas un bon chef d'entreprise toi.
— Mais sûrement un très bon assistant de la planète, non ?
— Oui, j'imagine.
Connexion à la lumière par le haut (la source d'énergie la plus haute pour moi).
— Bon, ben je fais quoi avec cet égocentrisme et ce karma dont je ne peux plus moi, je n'arrive pas à m'en débarrasser !?

– Laisse-les s'en aller, abandonne-les derrière toi comme des jouets usés sans intérêt. Détourne-toi de ça et laisse la place au nouveau dans ta vie. Deviens l'amour, et si tu as peur de ne pas en avoir assez à donner, alors deviens mon amour, ne cherche pas en toi mais deviens une extension de moi, deviens l'action d'aimer sereinement.
Je crois que ce matin j'ai trouvé le bon état d'esprit, j'abandonne tout doucement mon égocentrisme et m'ouvre. Ok, je vais essayer mais sans forcer. Je commence à marcher, on ne peut pas dire que je sois bien présent ici et maintenant, mais je m'en fous, je ne m'y attache pas. Je n'ouvre pas vraiment les centres énergétiques, je laisse faire. Je regarde ce que j'ai envie sur la route et laisse passer l'amour comme je peux. Je décide simplement de sourire aux gens, après tout c'est de l'amour et c'est le minimum à faire, sans forcer, simplement un sourire serein lorsque je croise quelqu'un ou quelque chose. Au début rien. Et puis je m'aperçois que je suis bien dans le matériel, et qu'en même temps une paix et un amour léger semblent s'installer en mon centre. Au bout d'une dizaine de minutes, je sens un cône descendre du haut et un autre équivalent monter du bas et les deux se croisent en mon centre. C'est exactement ce que j'ai cherché à faire pendant des semaines mais sans avoir pu le maintenir très longtemps de manière naturelle. Et là, ça s'installe tout seul, sans effort et dans la sérénité. Je passe devant des voitures et me rappelle brusquement que je ne peux parler avec les objets. Réponse d'en haut :
– Tout ce que tu peux aimer avec sérénité, tu peux lui parler, c'est ça le secret. Au début tu n'aimais que moi alors tu ne parlais qu'avec moi, parce que je te rassurais, te protégeais et t'englobais de lumière et d'amour. Et puis tu as commencé à aimer la nature, tu as cherché à retrouver ta connexion à la terre et, ce faisant, tu as

pu commencer petit à petit à parler avec elle. Tu es en train d'apprendre à parler avec ses représentants. Tu as développé un lien affectif avec ton cactus alors tu peux parler librement avec lui. Vous autres avez un lien affectif avec vos voitures et donc, lorsque tu t'es soucié de ta voiture, tu as pu lui parler et, dans le bon état d'esprit, parler avec la pompe à côté. Si tu pouvais aimer sereinement toute la création alors tu parlerais sereinement avec toute la création. Mais seul l'enfant intérieur peut parvenir à ce résultat puisqu'il est le seul à posséder assez d'amour et d'innocence pour aimer sans distinction. Comprends-tu pourquoi le fait d'avoir renié l'enfant intérieur dans la société a rendu tes contemporains aveugles sourds et muets et leur a enlevé la possibilité de communiquer réellement avec ce qui les entoure ? Y compris dans leurs liens affectifs les plus forts ? Car l'amour serein et innocent de l'enfant intérieur ne peut être imité par l'ego.

Je continue sereinement mon chemin et petit à petit la paix et l'amour augmentent tranquillement en moi. J'arrive au travail dans un état de paix que je n'ai jamais connu auparavant.
– C'est bien, continue sans forcer et sans chercher rien de plus, laisse les choses se mettre en place sereinement. Il ne sert à rien de vouloir courir avant de marcher. Si tu ne cherches par à forcer, qui sait, un jour tu pourrais peut être voler.
– Voler ? Ça doit être bien !
– Tu voleras quand tu pourras donner cet amour innocent à celui qui t'a tout pris, t'a battu à mort et t'a jeté dans la boue, parce que tu le verras comme l'esprit divin qui s'est déguisé pour te permettre de vivre l'expérience que tu as demandée.
– Euh, je crois qu'après réflexion, je vais me contenter de marcher.

Expérience 52
Evolution spirituelle

Cela fait un moment qu'on m'explique que je n'ai plus le droit de monter de manière verticale et que je dois travailler de manière horizontale : c'est à dire apprendre à communiquer avec les esprits de la nature et transmettre un certain nombre de choses à leur sujet (quoi, à qui et comment, aucune idée). Après des années de pratiques diverses et variées j'ai fini par comprendre ceci : dès que je cherche à développer une technique ou à évoluer en faisant quoi que ce soit de direct je n'obtiens rien. Par contre, si je lâche des peurs, les choses se mettent en place toutes seules. Au final, on peut se leurrer tant qu'on veut, on ne décide de rien et c'est l'esprit qui fait évoluer ou non. Disons que croire qu'on va feinter Dieu, c'est rêver un peu, j'en ai peur. Alors que j'y pense en digérant mon repas et ma bière, vient une réponse à ma question non formulée : comment on monte direct ?
– De toute façon, la décision est prise par l'esprit quoi qu'il arrive : si lui veut que tu montes direct en haut, c'est fait dans la seconde, alors pourquoi te prends-tu la tête ? La question à se poser est : pourquoi l'esprit ne souhaite pas encore que tu montes ?
– Pourquoi ne puis-je pas monter direct alors ?
– Parce que tu as décidé d'accomplir un certain nombre de choses, et tant que ce n'est pas fait, ça ne sert à rien de te laisser évoluer : si tu parvenais à monter, tu serais obligé de revenir.
– Qui a décidé, comme ça, de ce que j'avais à faire ?

– C'est toi même tout simplement. Qui d'autre pourrait prendre ce genre de décision à part toi : tu as simplement oublié que tu as pris cette décision.
– Bon, faut faire quoi alors ?
– Tu ne crois quand même pas que tu vas te mettre dans un coin, faire un bras d'honneur à toute l'humanité, et te barrer comme un voleur de la dualité sans avoir aidé un minimum les autres, non ?
– Ben, heu, je ne sais pas moi, c'est ce que plein de gens ont l'air de dire pourtant.
– Les gens veulent l'illumination « minute », quand le monde ne leur convient plus : ils oublient juste que si le monde est ainsi, ils ont leur part de responsabilité, et personne ne peut s'en aller sans avoir contribué à réparer ce qu'il a provoqué. Ce n'est pas une punition, c'est l'esprit qui décide ainsi. De toute façon, le don de soi est nécessaire pour pouvoir monter, et tu trouves que c'est un don de soi de ne penser qu'à toi et de laisser les autres se débrouiller dans des problèmes que tu as en partie générés ? Parle avec les esprits de la nature : contribue à transmettre leur existence aux hommes de bonne volonté, et ceux qui veulent réellement construire une société qui a un avenir avec la planète devront apprendre à travailler de concert avec eux. Toute autre manière de faire est vouée à l'échec.
– Ouais, en gros, il y a les matérialistes qui s'en foutent : tout ce qu'ils ne voient pas n'existe pas. Il y a ceux qui veulent juste se barrer de la dualité, et qui considèrent que tout est illusion et qui se foutent donc totalement du monde qui les entoure. Il y a les magiciens qui confondent formes-pensées et esprits de la nature, archange et tout ça. A part les chamanes, et ceux qui communiquent directement avec eux, il n'y a pas grand monde qui en a quelque chose à faire et qui leur reconnaît une existence réelle, j'en ai peur.
– Alors au boulot : un peu de challenge, c'est bien,

non ?
— Merci du cadeau, bon ben ok, on va faire ce qu'on peut. Ce n'est pas un don de soi, ça, au fait ?
— Apprends un peu à partager et ensuite on pensera au don de soi.
— Ok, amen, alléluia, enfin ce que tu veux, quoi.
— Hauts les cœurs !
— Youpi ! Faut que j'arrête de communiquer en haut quand je suis bourré, surtout après un bon repas.
— Amen !
— Putain, fait chier.

Expérience 53
Sortir de sa bulle

Une petite mise au point : je peux expérimenter facilement à quel point l'inconscient a un effet constant sur l'océan d'énergie, et le conscient un effet très faible et ponctuel. Forcer ce qui n'est pas naturel est pour moi une lutte entre mon inconscient et mon conscient.

Même avec une volonté énorme, l'inconscient gagnera toujours. Le choix peut être de développer sa volonté à l'infini, pour faire tout exploser au risque de tout casser (pourquoi pas ?). Je suis sur l'idée suivante : la lumière me dit de faire quelque chose pour avancer, ça me heurte. Je travaille à enlever ce qui bloque dans l'inconscient et le subconscient, et quand c'est réalisé, je peux le faire naturellement. C'est aussi simple que ça : je ne force pas. Soit je peux faire un truc naturellement, soit je ne le fais pas. Par contre, le boulot consiste à se remettre en question continuellement, et à virer des choses de l'inconscient, ce qui change à chaque fois totalement le monde 3D qu'on se construit, et permet d'accéder naturellement aux choses. Ne pas s'y tromper : regarder ses peurs en face et les laisser s'en aller, qu'elles soient de cette vie ou d'une autre, n'est pas facile du tout.

Après plusieurs jours, déconnecté de tout au quotidien et en train de ruminer à l'ancienne, les choses ont bougé et je peux à nouveau m'ouvrir un peu, j'en profite pour essayer d'expliquer la différence : quand c'est brutal, c'est bien plus facile à comparer.

Quand je suis fermé, je rumine mes propres pensées en boucle, je ne fais pas attention à ce qui m'entoure, ou bien j'ai un commentaire stéréotypé qui vient immédiatement sur la personne ou l'action que je vois au temps t, qui dépend de mon éducation. Le reste du temps, c'est anticiper la journée, ou les vacances, ou bien encore penser au passé. J'arrive au boulot en un éclair et je ne suis pas réveillé : j'ai dormi pendant tout le trajet. La journée se passe de la même façon, enfermé dans ma tête, sauf les moments où je papote avec les collègues, mais là encore, y'a un air de rance et de déjà vu à la « caméra café » : un ego qui côtoie d'autres egos, les commentaires sont à peu près les mêmes et sont enfermés entre nos propres pensées et ce qu'on a dit ou fait à la télé la veille, et là encore, objectivement, il y a peu de variantes. A-t-on peur que l'Iran fasse sauter notre société aujourd'hui, ou bien que l'argent manque, ou bien que ci ou ça : peur de tout, anticipation sur des choses qu'on ne maîtrise pas pour avoir l'impression de contrôler. Toujours pareil. Il faudrait faire ci ou ça, mais on ne fait rien, on ne fait que parler, et ensuite, on retourne vite au boulot (papa a dit qu'il fallait bien bosser à l'école, sinon c'est la fessée : ça n'a pas changé, 30 ans après, la directive est toujours bien là). En étant moins autiste, je vais communiquer ; mais avec son ego, en discutant, on passe son temps à juger les autres : lui fait ça, il faut pas, etc, (c'est maman qui l'avait dit, là, non ?). C'est « caméra café » pour tous : le royaume des egos. Une bonne bulle étanche autour de la tête et un monde vu à travers le brouillard de notre éducation. Heureusement que la lumière vient de temps en temps pour m'aérer avec du neuf, parce que ça pourrait être ça jusqu'à la retraite. Une journée identique, éternellement répétée dans le rêve de l'ego.
Bien sûr, à force de virer des schémas, ça s'allège et c'est moins lourd : mais cela reste une répétition.

S'ouvrir est bien différent. Le chakra coronal qui est au repos se met en activité. Toutes sortes de connexions qui étaient inexistantes s'ouvrent sur le monde, et me relient à l'extérieur : des milliers d'épingles s'ouvrent sur mon chakra coronal et me relient à tout. La liaison se fait également au niveau du cœur, et je dois préciser qu'en réalité ces échanges sont multiples et constants à tous les niveaux : pas seulement au niveau des chakras, c'est une ouverture assez importante du corps énergétique sur l'extérieur. Mais j'essaie de donner une explication sur un ressenti, encore une fois : c'est donc très approximatif. Plus le chakra du cœur s'ouvre, plus mon toucher éthérique des esprits de la nature devient fort : j'ai enfin compris pourquoi ça va, ça vient. La fusion se fait avec les consciences multiples qui m'entourent et se traduisent en pensées (et en émotions) après avoir été filtrées par l'ego : le résultat dépend entièrement de ce qu'il laisse passer. Les pensées sont remplacées par ce contact réel avec l'extérieur : une fusion mentale avec les consciences qui m'entourent. L'avantage avec les esprits de la nature est que, n'ayant aucun a priori ou éducation à leur sujet, il y a un bon trou dans l'ego et je parle librement avec, sans trop filtrer, comme avec la lumière, pas de tabou. Pour la lumière : soit je manque de foi et refuse complètement d'écouter, soit je peux parler et tant que les propos sont simples et me conviennent, ils passent. Pour les esprits : soit j'ai peur d'être fou et refuse la connexion, soit… c'est pareil. Concernant les hommes : il y a du boulot et déjà, j'arrive à partager, je ne suis plus complètement coincé dans la peur. J'ai tendance à me faire embarquer dans leur monde, ce qui est problématique, mais c'est un truc que je contrôle mieux maintenant. Pourtant, on ne peut rien exclure d'une vraie connexion avec l'univers : pas plus les hommes que les objets.

Aujourd'hui, je continue l'exercice avec le lutin.
Lutin : Allez, on recommence tout ce matin, pense à dire bonjour à tout le monde, et à discuter avec ceux qui veulent.
Moi : Ok, ok.
Lutin : A terme, il faut que tu arrives à comprendre l'échange tout le temps, sans le formaliser avec des pensées : simplement partager, parce que du coup, ton ego ne peut plus se mettre au milieu. Le but est de remplacer le système des pensées classiques par une vraie liaison à l'univers au final. Je suis juste en train d'essayer de t'apprendre le moment présent, et la manière dont doit réellement fonctionner ton mental pour être en accord avec l'esprit.

Je discute avec la nature sur la route : ça va carrément mieux et la conversation coule un peu.
J'alterne les moments où je « m'endors » et puis brusquement, j'y pense et me reconnecte à l'extérieur. Les commentaires viennent d'un peu tout sur la route, et je n'arrive pas à savoir qui me parle, surtout qu'à un moment, la pluie entre dans la discussion, mais je ne peux pas dire qui est quoi : esprits de l'eau, de l'air, de la terre, il y a de tout dans toute sortes de plantes, d'arbres et autres.
Voila un extrait simplifié de la conversation : je sors dehors et « il pleut comme vache qui pisse », pour le dire très classieusement, je suis engoncé dans un k-way rigide et mon pantalon commence à prendre l'eau, le tout est désagréable. Du coup, je me dis : c'est chiant la pluie.
– Tu ne peux pas en profiter à cause de ta tenue : c'est quoi ce truc étanche qui te ferme à tout ?
En fait, la texture du k-way bloque bien plus que la pluie : ça étouffe le passage de certaines énergies mais il y en a tellement dans l'océan qui m'entoure que je ne

peux pas dire lesquelles, trop subtil pour moi, mais l'impression est que la partie du corps énergétique située à l'intérieur du k-way étouffe un peu.
– Oui, ben je sais, mais bon, j'ai que ça, moi.
– Tu ne veux pas te mettre tout nu ? Tu pourrais vraiment profiter des bienfaits de l'eau, tu sais !
– Même si je pouvais le faire réellement, sans me faire arrêter par un agent au bout de 10 mètres, je choperais la crève !
– Ah bon ! Alors tu ne sais même pas réguler ta température interne, c'est vrai ? Mais ils vous apprennent quoi, vos aînés ?
– Plein de trucs chiants, mais ça, ils ne nous l'apprennent pas.
– Si tu nous écoutes, on peut t'apprendre pleins de choses, vu que ton éducation de base n'a même pas été assurée.
A ce moment, je pense que nos aînés sont plutôt à la maison de retraite et ne nous éduquent pas vraiment, et que ceux qui nous éduquent ne comprennent pas plus que nous le monde qui les entoure.
– Pauvres de vous, moi qui croyais que vous étiez juste bêtes, et un peu méchants. En fait, vous êtes handicapés et vous ne comprenez rien à ce que vous faites.
Il y a une espèce de compassion que j'ai du mal à rendre avec des mots dans ces propos : d'où venaient-ils, aucune idée, un esprit plus jeune, sûrement.
– Je suppose que quand vous en aurez marre qu'on vous décime, et qu'on vous traite comme des moins que rien, vous cesserez de nous aider ?
– Nous ne cesserons jamais de vous aider et vous aimer : comment peut-on en vouloir à des enfants handicapés de mal se comporter ? Nous pouvons vous purifier et vous assister, et même vous éduquer si vous nous écoutez. Tant qu'il restera assez de nous pour ça, bien sûr.

C'est un arbre, ça, je crois. Pendant le trajet, ne m'arrivent que des trucs comme ça, c'est mieux que de ruminer des pensées, mais j'ai du mal à rendre la conversation, c'était bien plus que ça.

Désolé donc pour le rendu extrêmement approximatif, vu que les esprits prenaient la parole en même temps, avec des avis différents, mais globalement c'est ce qu'il en ressort. Qui plus est, j'ai tendance à oublier très facilement après coup. Manque d'habitude, sûrement.

Expérience 54
Une douche lumineuse

Ce matin, sous la douche, je réfléchis à cette histoire d'unité et de voix intérieure qui doit se taire à terme. Je m'aperçois que la voix intérieure apparaît pour commenter, critiquer, extrapoler, etc. Mais c'est intérieur : cela n'implique aucune connexion énergétique externe. A ce moment, j'ai plein de lumière dans la tête et j'ai droit aux commentaires d'en haut. C'est bien plus libre depuis hier, ce karma, en sautant, m'a vraiment libéré d'une contrainte. Je le présente sous la forme d'un discours mais ça n'en est pas un : à chaque idée qui me vient, j'ai la réponse instantanément d'en haut. J'aurais aussi bien pu dire que j'ai réfléchi à la chose, mais le fait que tout soit limpide et instantané et surtout, que je reçoive l'énergie lumineuse par le chakra coronal, ne laisse aucun doute à ce sujet. Réponse de la lumière :
– Chaque fois que tu parles dans ta tête, tu fais intervenir deux parties fractionnées de toi même.
– Avec Pascal on parlait de petits moi qui forment la personnalité et qui se battent entre eux.
– C'est le principe, mais il est plus large que ça : il englobe tout ce qui est caché en toi. La notion d'inconscient ou subconscient peut être une manière de voir les choses, mais il y a plus simple. En fait, tu as une part visible et une part cachée : une part de toi en lumière et une part dans l'ombre. Tant qu'une seule part de toi-même est dans l'ombre, alors tu as un dialogue intérieur puisque tu es fragmenté. Cette part d'ombre est pré-

sente et peu importe d'où elle vient : il s'agit de parts de toi même que tu refoules. Pour les libérer et les mettre en lumière tu dois simplement les voir et les accepter, c'est tout. Pour ça tu as pleins d'indices : puisque ton monde extérieur est le reflet de ton monde intérieur, il n'a clairement que l'existence que tu veux bien lui donner au final. Chaque fois que tu rencontres à l'extérieur de toi quelque chose, quelqu'un ou une situation qui te heurte, elle fait écho à une part de toi laissée dans l'ombre. Cela réveille un conflit en toi et tu vas essayer de le projeter à l'extérieur comme premier réflexe. Quelqu'un fait quelque chose dans la rue qui te heurte (il traverse au rouge pour les piétons par exemple). Si ça te heurte et te fait hurler, c'est qu'à l'intérieur de toi il y a une partie cachée qui veut s'exprimer. Le réflexe est de gueuler sur la personne en question. Mais ça n'est pas le but réel, le but était juste de te montrer que tu ne supportes pas cela et donc qu'il y a un truc qui cloche à l'intérieur de toi. Tant que tu n'acceptes pas ce qui cloche chez toi, tu es mis en face de la même expérience, encore et encore. Une solution plus sage reste de discuter directement avec moi : ça m'évite de provoquer des expériences plus ou moins déplaisantes dans ta vie. Le problème est le même pour l'enfant intérieur : si tu ne l'écoutes pas, il te rend malade. Si tu ne m'écoutes pas, je provoque une expérience, et l'expérience sera de plus en plus forte jusqu'a ce que tu écoutes.
– Tu es quoi exactement ?
– Considère que je suis une part plus élevée de toi même : une part que tu veux intégrer. Notre séparation est illusoire mais tu ne peux pleinement m'accepter qu'à partir du moment où tu as levé toutes les parts d'ombre en toi : il n'y a pas d'autre solution. Tu sauras quand tu m'auras accepté, parce qu'à ce moment là, tu m'auras intégré à toi et il n'y aura plus de séparation entre nous,

nous n'aurons plus besoin de discuter.
— Oui mais, avant, je ne t'entendais pas, donc je pourrais croire qu'il y a une involution puisque, avant, je te considérais comme faisant partie de moi, non ?
— Avant, tu ne m'écoutais pas, nuance. Ne confonds pas refoulement et fusion. Avant, tu ne voyais pas les arbres, la nature, tu ne voyais pas les autres ; mais ça n'était pas parce que tu te considérais comme étant eux ! Simplement parce que tu refoulais leur présence, tu les considérais comme n'ayant pas d'existence et de valeur. Comment aurais-tu donc pu les considérer comme faisant partie de toi-même, dans ce cas ? Le fait de commencer à te relier à eux à l'extérieur veut dire que tu fais le lien intérieur avec une part d'ombre : tu commences à accepter une existence d'une part de toi que tu ne voulais pas voir avant, et il en va de même pour moi. Lorsque tu pourras fusionner avec, tu l'auras acceptée comme faisant partie de toi, et crois-moi, tu verras largement la différence !
— C'est ce qu'il s'est passé avec mes émotions ?
— C'est ça. En fait, pendant ton « initiation », la seule chose qui s'est passée est que ton corps émotionnel qui était atrophié a repris une taille normale. C'est l'opération des esprits de la nature qui t'a tant chamboulé. Tu n'éprouvais pas d'autres émotions que de la colère et de la peur avant, des émotions très basiques parce que ton émotionnel était presque inexistant. Tu le refoulais donc complètement. Quelqu'un d'extérieur aurait pu croire que tu avais dépassé et que tu maîtrisais tes émotions : mais c'était l'inverse ! Tu les refoulais et il y a une énorme nuance. Donc forcément, tu as été mis en face de tes émotions refoulées sur plusieurs vies : ce qui t'a complètement dépassé pendant un petit moment, le temps d'intégrer le feu. Maintenant ça va mieux.
— C'est ce que l'inconscient collectif est en train de faire également, non ? C'est ça l'élévation de la terre ?

– Exact, on peut le voir comme ça. Quand je te parle de problème sucré qui cache un problème amer ; le problème sucré : tu refuses de voir une part d'ombre. Quand tu acceptes de la voir, tu es face à ta propre obscurité et tu as peur : donc c'est le problème amer. Quand tu as accepté, que tu peux changer ce qui ne convient pas, tu réintègres la part de toi que tu avais laissée dans l'ombre et tu fusionnes avec. Votre système financier est corrompu, c'est une évidence que personne ne veut voir par commodité : c'est un problème sucré. En ce moment, tout le monde commence à le voir au grand jour : c'est le problème amer. Voir l'obscurité fait peur, mais surtout l'ego a très peur de ne pouvoir recréer sa journée éternelle à l'identique de la veille, ça lui fait vraiment très peur. Si la finance s'effondre, forcément, il faudra changer. Quand tout le monde aura accepté que le système financier doit être changé pour éviter ces travers, ça changera en mieux. Si les gens ne le voient pas, ou ne changent pas, alors l'expérience sera resservie encore et encore, en allant crescendo sur les problèmes. Jusqu'à ce qu'il y ait un point de rupture. Il y a encore énormément de choses cachées dans ta société qui vont être mises en lumière petit à petit : la vitesse dépendra de la volonté collective d'y faire face ou de baisser les bras.
– Parler avec les esprits, la nature, et tout ça, c'est pareil ?
– Oui, en fait, tu commences à accorder une importance à l'univers qui t'entoure : tu sors de ta bulle personnelle. Ce faisant, tu peux dialoguer avec ce qui t'entoure et accepter l'existence de consciences extérieures à toi. La prochaine étape sera de fusionner avec. A ce moment, tu les auras acceptées comme étant une externalisation de toi-même, mais c'est un processus qui va prendre un certain temps. Comprends bien qu'un lutin ou un autre humain c'est pareil : ce sont des externalisations de toi-

même au plus haut niveau, mais à ton niveau, ils ont une existence réelle et ont une conscience individuelle au même titre que la tienne.
– C'est quoi la schizophrénie dans tout ça ? Parce que ça y ressemble un peu tout ça !
– Tu es constitué d'une horde de petits moi. Mais il existe un petit moi qui correspond à chaque situation, et un seul. Imagine un instant que tu aies deux hordes de petits moi, voire trois, voire plus. Pour chaque situation, une personne ne réagit que d'une certaine manière dans son ego, un schizophrène va être totalement différent suivant les moments. Cela peut arriver s'il y a un conflit interne énorme, si tu veux être deux choses ou plus simultanément. On peut avoir des cas de possession par entité, ou des gens qui ont plusieurs esprits en eux lors de l'incarnation. Si tu devais considérer que chaque personne qui se parle dans sa tête est schizophrène, tu peux envoyer tout le monde à l'asile à part les saints. Arrête avec cette histoire de peur d'être fou : je t'ai envoyé chez un psy, je t'ai envoyé faire du neuro-training où tu t'aperçois qu'on teste ta santé mentale à chaque séance, et tu continues à avoir peur, faudrait évoluer, là.
– Bon, laisse tomber. Si on crée sa réalité, pourquoi ne peut-on pas l'altérer directement, qu'est-ce qui bloque ?
– Il faudrait que tu sois en accord avec la partie la plus haute, donc que tu te sois unifié intérieurement avant de pouvoir faire quoi que ce soit. Tu imagines si aujourd'hui je te laissais créer ce que tu veux : le bordel que tu mettrais en cinq minutes et surtout les conflits intérieurs que tu te générerais ? Tu n'es pas assez unifié pour ça, c'est une sécurité. Être en accord avec moi, c'est intégrer l'esprit ni plus ni moins : et c'est unifier ton esprit avec l'univers ni plus ni moins non plus. Quand ce sera fait intérieurement, le reste suivra. Ton corps est en bout de chaîne de tes intentions, il n'est que le reflet de ton

monde intérieur et tu le redéfinis à chaque instant, il n'est jamais identique. Quand ton intérieur sera parfait et unifié, ton corps sera créé par toi même de la même manière : parfait. C'est ça, le corps de gloire.

– Ok, c'est plus clair comme ça.

– Pour t'unifier, tu dois cesser de refouler et accepter ce qui est en toi (et donc à l'extérieur de toi dans ton monde 3D). Ensuite, tu dois fusionner avec et reconnaître le divin à l'intérieur. Laisse-moi te guider, si tu suis la voie que j'ai tracée pour toi, tu y arriveras. Mais cela nécessite de te lâcher complètement, parce que le voyage où je t'emmène passe par tes peurs les plus profondes et ton obscurité intérieure, sans une confiance totale tu ne peux me suivre. Pourtant, si tu le fais, alors le résultat sera au delà de tes espérances. Tu as déjà tellement avancé, ce n'est pas le moment de reculer, non ? De toute façon, nous allons à ton rythme, si je te présente une épreuve, c'est que tu peux la surmonter, tout simplement.

– Au final, ça rejoint ce que tout le monde dit, c'est juste dit de manière compréhensible pour moi.

– Encore heureux : tout le monde est relié à la même source. Ce qui change, c'est l'endroit d'où chacun part pour y retourner, ce qui implique un chemin totalement différent. L'autre différence vient de l'ego et du sens que chacun donne à un même mot : c'est ce qui fait la nuance des discours et leur apparente contradiction parfois. Mais cette différence est uniquement apparente pour celui qui sait voir les choses cachées.

Dix minutes de douche assez instructive, j'ai essayé de rendre cela au mieux, mais, mon ego étant au milieu, ça vaut ce que ça vaut.

Expérience 55
Au revoir maître cactus

Aujourd'hui, mon cher lutin m'a annoncé qu'il n'avait rien de plus à m'apprendre et que je devais simplement pratiquer dorénavant. Il m'a demandé de l'amener au bureau pour le donner à ma patronne. Ma fée de l'air prend la relève, d'après ce que j'ai compris. Elle est incarnée dans un bégonia : c'est donc encore une plante qui va m'enseigner. L'avantage des fées est qu'elles sont omnipotentes, ma fée peut me suivre partout. Sur le chemin, j'en profite pour avoir une dernière discussion avec mon cactus :
– Je pense que tu vas gagner au change, ma patronne adore les plantes et elle prendra soin de toi, j'avoue que j'ai beaucoup moins d'amour à donner et j'en suis désolé.
– Ne sois pas trop dur avec toi même : nous donnons ce que nous avons et ce que tu n'as pas, même avec la meilleure volonté, tu ne peux le donner. Tu évolueras. Savoir comment le monde marche permet de se construire en conscience, certains vont même en profiter pour influencer l'inconscient collectif. Mais il n'y a pas d'amour dans tout ça. Le but est de connaître intimement Dieu, pas de faire un technicien créateur de son monde. La différence entre les deux est l'amour inconditionnel. Et c'est ça qu'il faut apprendre maintenant.

Expérience 56
Une clef vers l'amour

La semaine dernière, j'ai décidé de franchir un grand pas : j'ai passé l'adresse de mon blog à ma sœur jumelle, qui ignore tout de ce que je fais. Ce n'est pas facile, au vu de la lecture de mon blog, vous comprendrez. Peur d'être pris pour un fou, ou bien simplement rejeté. Or ça se passe bien, même si elle ne vit pas les mêmes choses, et je suis heureux de voir que nous avons autant besoin l'un que l'autre de tourner la page sur le passé et de nous rapprocher. Une semaine après, alors qu'habituellement je ne commente pas mes séances en nommant quelqu'un de spécifique dans ma famille, je m'aperçois avoir laissé un commentaire bien glauque et assez inobjectif dans une de mes séances la concernant, et elle est tombée dessus, bien sûr. Oups, lapsus. Mais il n'y a pas de hasard, et ce n'est pas pour rien. Alors que je me faisais une joie d'aller la voir ce week-end, je suis assez furieux vendredi. Je commence à sentir la colère monter en moi de manière incontrôlée : colère d'avoir risqué de gâcher ce qui s'annonçait pour moi une réconciliation. Depuis que j'ai réintégré le feu, ça se traduit par des montées d'énergie très fortes. Comme je vais au tai chi entre midi et deux, le vendredi, j'ai peu de temps, je n'ai donc pas mangé. Si l'énergie feu qui sert à la digestion n'est pas occupée à ça, elle commence à se déchaîner de manière encore plus incontrôlée. Je suis tellement furieux que je commence à brûler comme lorsque j'ai intégré le démon. J'ai passé la journée avec une quantité de feu dirigée, mais pas vraiment maîtrisée, dans mon corps. Et puis finalement j'ai compris : si j'ai une telle quantité de colère, c'est parce que j'ai énormément d'amour pour ma sœur. Or, comme j'ai peur de ne pouvoir l'exprimer en me faisant rejeter, je l'exprime par de la colère. J'ai juste transmuté ce qui était de l'amour au départ en colère. A peine ai-je compris cela que l'énergie s'est transmutée et est redevenue simplement de l'amour, plus de la colère, juste beaucoup d'amour.

Ce week-end s'est très bien passé et je suis heureux de pouvoir commencer à me rapprocher à nouveau de ma sœur. Comme je l'ai compris à présent, je l'adore et c'est cet amour que je n'ai pas pu exprimer qui a provoqué la colère, les conflits et l'éloignement entre nous pendant toutes ces années. Il suffisait donc d'enlever la peur pour que l'énergie redevienne ce qu'elle est au départ : de l'amour.

Expérience 57
Emotions

Ce matin, tôt, j'ai fait une quête de vision : je me suis retrouvé dans la forêt. Là, j'ai vu les arbres devenir maléfiques et déformés et vu un puits au milieu de la forêt. Dans le puits, j'y ai vu mon reflet : il y avait une tête de diable à la place de mon visage.
J'ai haussé les épaules et tout s'est transformé instantanément : les arbres sont devenus souriants et sympas et ma tête est redevenue normale. C'est moi qui suis entré avec de la peur et donc je l'ai projetée sur la forêt autour de moi. Je suis en train de vider une certaine peur de la nature (héritée de l'inconscient collectif et d'un reste de karma). Peut être peut-on essayer d'aider les gens à voir cette peur chez eux, puis leur donner l'énergie pour trouver l'amour qui se cache dessous. À réfléchir.
L'émotion est un aspect que j'ai peu étudié jusqu'à présent. Avec Pascal, nous avons travaillé sur les intentions inconscientes qui créent les événements dans nos vies : pas vraiment les émotions directement. Premier problème généralisé dans la société avec les émotions : elles sont intériorisées au lieu d'être exprimées.
1) J'éprouve une émotion ; par réflexe je ne vais pas l'exprimer puisqu'on nous a éduqués en refoulant : pour être bien élevé il ne faut pas crier, pas manifester sa joie ou sa souffrance etc.
C'est fou de voir comme le corps émotionnel des gens est complètement sclérosé : ce sont des vraies bombes à retardement la plupart du temps. Alors que les ani-

maux vident leurs émotions d'un coup, j'ai pu constater la même chose sur mon lutin. C'est ce qu'il faudrait faire, vider son émotion comme un enfant et dès qu'elle se présente au lieu de la retenir. Bien sûr, l'idée est de la rendre à la terre, pas de se défouler sur quelqu'un d'autre.
2) Une fois qu'on a appris à accepter ses émotions, les laisser s'exprimer (je commence à y être maintenant). Pour moi il y a deux types d'émotions :

   a) Les émotions duelles qui contiennent leur opposé. L'amour contient la haine etc. (facile à constater).

   b) L'amour inconditionnel : dénué d'objet et de condition, qui est donc le seul sentiment qui peut être constant sur la durée.

Toutes les émotions commencent par de l'amour inconditionnel, puis une peur se met au milieu, générée par l'ego, et le transforme en une autre émotion (par exemple : la peur de perdre l'autre, en réalité de l'amour conditionnel qui finit en haine etc.). L'idée est, à chaque émotion, de chercher la peur de l'ego qui la transforme en autre chose pour pouvoir la ramener à l'amour inconditionnel de départ. C'est le seul moyen d'arriver au véritable amour inconditionnel, sachant que l'intensité de l'émotion ne varie pas : c'est sa nature qui est transformée. Donc, en théorie, plus on déteste quelqu'un ou quelque chose, plus en fait on l'aime ou on veut exprimer de l'amour. On cache donc une peur de l'ego qui transforme l'émotion au passage. J'ai déjà pu le tester en plusieurs occasions, et je vais continuer à expérimenter là dessus.

Expérience 58
Kundalini et tantrisme

Quelques expériences avec la kundalini. J'ignore comment elle fonctionne théoriquement, je ne connais que la pratique. Ma première montée de kundalini a été provoquée par la lumière : elle est apparue au niveau de mon front, et la kundalini s'est élevée d'un coup en réponse à sa présence. J'ai fait une deuxième montée de kundalini, très faible celle là, quand l'agapé thérapeute a pratiqué la séance où mon chakra coronal a été entièrement refait (oui, un archange, si on lui demande et qu'on a lâché une certaine dose de karma, peut vraiment le faire : je l'ai vécu en direct, et lorsqu'on trafique mon chakra coronal, c'est comme si on m'opérait d'un membre). Le soir même, lorsque je me suis couché, la lumière est venue à nouveau dans ma tête. Cette fois, elle n'est pas passée par le troisième œil, elle est passée directement par le chakra coronal. Aussitôt je me suis retrouvé paralysé et la kundalini a envoyé une dose massive d'énergie vers le haut (on ne peut pas se tromper, la kundalini est une force écrasante comparée aux autres et c'est une énergie sexuelle, je confirme, j'en connais bien le goût, lol). En fait, je ne fais pas abstinence donc ce n'est pas lié. Va savoir. J'ai compris qu'elle allait juste jeter un coup d'œil en haut pour voir les changements à ce moment. Sur le coup, je me suis dit que j'avais trop d'imagination. Ce qui est certain, c'est qu'elle est encore montée en réponse à l'arrivée de la lumière. Sur ce, on travaille avec ma femme à libérer le karma qu'on a en commun, qui me pose problème vis à vis de la nature, et qui bloque ma femme également sur d'autres plans. Problème : c'est ce qui fait qu'on s'entend super bien. Donc si ça saute, on ne va pas couper aux problèmes de couples qui nous ont si bien épargnés pendant toutes ces années pour notre plus grande joie. L'idée est donc de résoudre le problème du couple d'un point de vue divin : et là, une seule voie, le tantrisme. Pour mon bonheur (je déteste les techniques compliquées et je me refuse à les pratiquer de toute façon) il existe un bouquin qui m'a été recommandé par l'agapé thérapeute sur le tantrisme moderne : « Comment faire l'amour divinement », de Barry Long. Ma foi, pourquoi pas. Du coup, elle demande à nos kundalini si elles veulent monter. Elles le veulent bien. Pour les sceptiques, je ne vais pas m'obstiner à expliquer qu'on peut parler avec tout, et comme la kundalini est une énergie, elle est intelligente, comme le reste. Si elle ne monte pas, il y a une raison : c'est pour ne pas nous cramer ; si elle veut monter, c'est sans danger. Le mieux est donc de lui demander plutôt que de s'embêter à essayer de la feinter ou de l'exciter avec des pratiques douteuses, ça évite les explosions. Elles veulent bien monter et on a même droit à un test : la mienne m'envoie une grosse dose d'énergie qui me transperce le crâne. C'est franchement douloureux parce que le karma est sur la route, mais ça passe. Ca n'est pas une montée comme lors de la première fois : elle a juste envoyé de l'énergie, et cela produit comme un geyser au dessus de la tête avant de retomber, ce n'est pas comme si elle s'élevait réellement. Enfin moi, la théorie, je n'y capte rien, je ne savais même pas qu'elle pouvait faire ça. Apparemment, la sexualité devrait en temps normal provoquer des montées de kundalini et l'illumination tel que décrit dans le tantrisme. D'après ce gars, ce n'est pas une utilisation détournée de l'énergie sexuelle mais sa fonction première, et c'est

notre éducation qui fait que nous ne pouvons plus l'utiliser. En fait nous devrions atteindre l'illumination à chaque fois que nous faisons l'amour. Intéressant, non ?
Voila un résumé de l'idée :
L'homme et la femme ont un rapport conflictuel depuis des millénaires : c'est un fait. Certains disent que c'est la femme qui dominait à une époque, ensuite ce fut le tour de l'homme, et aujourd'hui on arrive à une espèce d'équilibre. C'est donc le moment idéal pour revenir à un vrai rapport homme/femme. En fait, l'homme est doux à l'intérieur et dur à l'extérieur. La femme est dure à l'intérieur et douce à l'extérieur. Dans notre société, on éduque les femmes en leur disant qu'elles doivent être douces à l'extérieur et à l'intérieur, et les hommes, en leur disant qu'ils doivent être durs à l'extérieur et à l'intérieur. Forcément, ça ne fonctionne pas puisqu'il n'y a pas d'équilibre naturel, et cela donne des hommes et des femmes frustrés. Ensuite, d'après l'auteur du bouquin, le fait qu'on ne sache plus faire l'amour de manière divine provoque la frustration de la femme qui finit par devenir une harpie dans le couple, et l'homme devient un obsédé sexuel à cause de son incapacité à la satisfaire, et puis il finit par se résigner et se fait harceler jusqu'à la fin de ses jours. La femme devrait être vénérée par l'homme comme son temple, et lui devrait être le grand prêtre qui ouvre l'accès aux énergies. La femme libère les énergies divines et, en contrepartie, libère celles de l'homme. Quand ces fonctions sont respectées, d'après lui, l'équilibre est retrouvé.
Voila pour la théorie. L'idée est qu'il faut faire l'amour en étant ici et maintenant, et sans imagination (donc sans érotisme) en transférant les consciences dans les parties sexuelles. Cela nécessite un réapprentissage complet. Alors les frustrations liées au sexe, accumulées au cours de la vie, commencent à s'évacuer. Vu nos éducations, ça ne doit pas être rapide. Il semblerait égale-

ment qu'avec l'ascension de la planète, il soit possible de s'élever plus facilement qu'à l'époque du tantrisme traditionnel et les kundalini peuvent donc monter s'il n'y a pas de gros blocages. Il y a aussi une idée de fidélité et d'engagement.

Avec Pascal, on s'est toujours demandé pourquoi les couples finissaient pas tomber dans le morne au bout de quelques années (et Pascal a vraiment bien étudié la question). Et on en a déduit qu'on pouvait rien y faire puisque c'était un fonctionnement normal, et que ma femme et moi, nous étions protégés à cause d'un karma commun. Mais voila un type qui a le mérite d'avancer une explication.

Ce que disent mes sources sur le livre de ce gars, la lumière :

– Non seulement ça marche comme ça, mais en plus, tu ne pourras t'élever qu'ainsi point barre : le reste, tu oublies, et ça sera fait quand tu auras bouclé tes tâches ici.

Vu que c'est elle qui m'a fait évoluer la première fois, je ne vais pas la contrarier. D'autant qu'il y a pire que de s'envoyer en l'air pour évoluer spirituellement, je ne vais pas me plaindre (quand même, ça craint si tous les couples finissent comme ça, c'est une sale blague d'en haut).

– Imagine un instant que les églises puissent engueuler le prêtre à chaque fois qu'il fait mal la messe ! La messe ne serait-elle pas mieux faite ?

– Oui c'est sûr.

– Mais imagine que le prêtre, au lieu de comprendre qu'il fait mal la messe, considère simplement que c'est normal parce que les églises sont ainsi. Alors il change une fois d'église, puis à plusieurs reprises. Et puis un jour, il n'a plus envie de changer, alors il se résigne à rester dans son église qui le sermonne. Ne trouverais-tu pas que le prêtre devrait se poser des questions ?

– Bon laisse tomber.
J'avais demandé également l'avis du lutin sur la question :
– Vos femmes sont des harpies mal baisées. Mais si elles sont mal baisées, à qui la faute ?
Bon, laisse tomber, trop de classe ce lutin.
Mes sources sont d'accord avec l'auteur du bouquin. Donc y'a plus qu'a s'y mettre.

Expérience 59
La foi du lundi matin

Lundi matin. Un peu de stress parce qu'on a un problème avec un patch informatique qui peut avoir contaminé plusieurs clients, je pense avoir réglé le problème vendredi soir mais je ne suis pas totalement certain. Du coup, impossible de penser à autre chose et de me laisser aller à être ici et maintenant. C'est l'heure de la douche, et « pof », c'est reparti avec la lumière : j'en ramasse une tonne dans la tête. Je résume encore au mieux un échange qui part de pensées pas vraiment formulées et de réponses instantanées d'en haut. Non structurées, avec des phrases, j'obtiens la connaissance directement. Ici je retranscris un dialogue mais ça n'en est pas un, une fois encore, mais le sens général y est, avec le filtre de mon ego.
– Bon y'a des chances que ce soit la merde ce matin au bureau donc on va se détendre avant d'y aller.
– Tu n'as pas la foi : c'est pour ça que ton ego te bouffe ce matin.
– Je ne vois pas en quoi la foi va résoudre le problème de mes clients.
– Tout est parfait et si ce problème est arrivé tu sais pour quelle raison et ce que ça va faire, alors pourquoi continues-tu à douter ?
– Je sais parfaitement pourquoi ce problème a eu lieu et la leçon à en tirer, mais le savoir n'empêche pas mon ego de continuer à pédaler.
– Parce que tu t'attaches encore à des choses futiles et sans intérêt. Tu n'as rien et ne possèdes rien, pourquoi

t'attacher à des choses qui de toute façon ne pourront durer ? C'est ton ego qui te fait prendre des vessies pour des lanternes.
– Oui je sais, il essaie de contrôler, prédire et juger, et c'est vrai que toutes mes pensées vont dans ce sens depuis ce matin : j'ai dû me faire au moins 3 scénarios catastrophes, réfléchir à 10 manières de résoudre le problème et m'accabler et accabler les autres 100 fois au moins pour l'apparition de ce problème.
– Parce que ton ego fonctionne ainsi. L'ego est l'inverse de la foi. Tu remarqueras qu'il essaie de contrôler mais ne contrôle jamais rien, qu'il essaie de prédire mais prédit toujours n'importe quoi et qu'il passe son temps à te juger et juger les autres, ce qui est tout sauf de l'amour et t'amène à en vouloir à des gens pour des problèmes qui n'existent pas et qu'ils n'ont pas créés. C'est le pire incompétent qui soit : toute personne un peu saine d'esprit l'aurait déjà viré avec perte et fracas comme le pire des conseillers. Tant que tu ne savais pas que l'esprit pouvait se substituer à lui, tu avais peur qu'il s'en aille. Passe encore. Mais maintenant que tu sais qu'au delà de tes pensées, je suis là pour guider tes moindres actes, tu continues à te référer à lui. Ne penses-tu pas qu'il y a comme un bug, là ?
– C'est vrai, je n'y avais pas songé comme ça. Mais pourquoi je n'arrive pas à le lâcher ?
– Parce que tu as peur. Peur parce que lui te dit d'avoir peur ! Et puis tu es habitué à fonctionner comme cela depuis que tu es né, tout le monde te dit qu'il faut réfléchir encore et toujours, tout le monde te dit que tu aurais du prévoir ceci ou cela, tout le monde te dit qu'il ne faut pas faire ci ou ça et que les autres ne doivent pas faire ci ou ça. Alors tu fais pareil : tu t'es construit un mental qui beugle toute la journée en disant connerie sur connerie, juste pour faire comme les autres.

– Il faut vraiment que je me rééduque entièrement. Mais j'avoue que j'ai encore du mal à aimer les autres, ou à m'aimer. Pourquoi n'y parviens-je pas ?
– Parce que tu as beau savoir que Dieu est en tout et partout, tu ne le vis pas. Si tu le vivais réellement, tu ne verrais que Dieu en te voyant dans le miroir, et tu ne pourrais critiquer ce que tu vois : car c'est ainsi et c'est parfait. Tu ne verrais que Dieu dans les autres et tu ne pourrais plus les juger mais seulement les aimer car ils sont tels que Dieu les a voulus et sont parfaits. Tu ne verrais que le bras de Dieu dans ta voiture qui refuse de démarrer, dans ta maison qui a brûlé, dans tout ce qui a changé dans ta vie, et tu comprendrais que si c'est fait ainsi, c'est pour ton plus grand bien. Tu réaliserais que lorsque tu manges, tu ne manges que le corps de Dieu, et lorsque tu bois, tu ne bois également que le corps de Dieu. Que le papier toilette qui te torche le matin n'est autre que Dieu lui même : alors si lui même peut s'abaisser à te torcher les fesses, dans tout son amour et sa gloire, alors qui pourrait simplement songer à ne pas tout donner aux autres ?
– Torcher les autres, je ne suis pas prêt. Que puis-je faire à mon niveau, moi ?
– Eh bien, lâche ton ego un bon coup, cesse de faire ces trois choses. N'essaie pas de contrôler : la vie est imprévisible et ne peut être contrôlée. N'essaie pas de prédire : tu crées ta vie ici et maintenant dans le moment présent et nulle part ailleurs, il n'y a nul futur à explorer pour toi. N'essaie pas de juger : personne n'est assez sage pour juger qui que ce soit, quelles que soient ses capacités. Contente-toi d'aimer. Danse avec la vie : se débarrasser de l'ego, c'est embrasser la foi. La foi n'est pas un concept abstrait vide de sens. La foi se vit à chaque instant, à chaque seconde. La foi, c'est se jeter dans l'inconnu, sauter dans l'abîme qui s'ouvre devant toi les yeux fermés, et découvrir à chaque instant

que loin de tomber dans l'enfer que tu t'étais imaginé, tu n'atterris que dans les bras de l'univers pour pouvoir mieux danser avec lui la danse de la vie. C'est ça la foi. C'est s'en remettre à l'univers corps et âme, pas seulement 5 minutes par jour ou à chaque fois que tu vois venir un problème : c'est à chaque seconde. A chaque seconde, tu meurs à toi même en te jetant les yeux fermés dans l'abîme, et tu renais en atterrissant dans les bras de l'univers : ni plus ni moins.
– C'est tellement éloigné de ce qu'on m'a enseigné, ce n'est pas gagné d'y arriver.
– Et pourtant je t'assure que si tu m'écoutes, tu y arriveras. Nul ne peut partir d'ici tant que cette leçon n'est pas entièrement assimilée : car contrairement à ce que tu crois, il n'est possible de quitter la dualité que lorsqu'on l'aime d'un amour divin qui dépasse largement ce que l'ego peut donner. Alors choisi ton conseiller : moi ou ton ego.

Ce matin j'arrive au travail et sur mon bureau je trouve un mail qui confirme que le problème à été réglé vendredi soir et qu'il n'y a plus de souci à ce sujet. Bravo l'ego.

Expérience 60
Silence, lumière, esprit

Quand on médite, on laisse passer les pensées. D'abord on obtient un grand bien être venant du calme intérieur : on ne cogite plus. Ensuite, entre ces pensées, si on observe sans rien faire, on finit par trouver un silence. Ce silence semble n'avoir aucun sens : c'est simplement l'absence de pensée entre chaque pensée. Il semble donc qu'il n'y ait rien à part les pensées. Mais ce silence a réellement un sens : il s'agit, ni plus ni moins que de l'esprit. Et l'esprit, s'il se présente dans un premier temps sous forme de silence, est bien plus que cela. Mais qu'est ce exactement ? La connaissance totale ? Ou bien un océan de potentialités qui sont créées à notre demande ? Une connexion vers la part la plus haute de nous même ? Difficile à dire. Pourtant, ce silence est très bavard. Au début on n'est pas habitué alors ça semble juste être du silence. Mais si on écoute ce silence, alors on s'aperçoit que des choses viennent à nous. Au début, c'est très léger : comme si brusquement une idée surgissait de la méditation. On se dit que la méditation nous a fait tellement de bien qu'on a pu cogiter sur quelque chose inconsciemment. Puis avec le temps, on s'aperçoit que l'idée est venue du silence lui même. Cela n'est pas instantané et prend déjà beaucoup de temps de méditation. Mais c'est comme cela que fonctionnait la méditation jusqu'a l'éveil de kundalini dans mon cas.
A partir de ce moment, le monde étant perçu comme de l'énergie, je me suis mis à voir une lumière apparaître

dans ma tête dès que le calme s'installait. Au début, c'était énorme : je pouvais me réveiller en pleine nuit avec l'équivalent d'un lampadaire allumé dans la tête. C'est comme si le soleil s'était invité dans mon crâne. Lorsque j'ouvrais les yeux, il faisait nuit. Quand je les fermais, c'était illuminé et chaud comme un soleil. Et si je regardais vers le haut, les yeux fermés, je voyais des volutes d'énergie monter en tourbillonnant vers un immense entonnoir qui s'ouvrait sur l'infini, et l'énergie montait autour de lui en grésillant. C'est comme si ma tête donnait sur un autre monde fait de lumière, dont je percevais le bout. Très étonnant. Comme j'ai cessé de méditer à cette époque, d'abord parce que ces expériences étaient trop lourdes pour moi et intensifiaient mes blocages énergétiques, et ensuite pour m'attaquer à la présence, je n'ai plus vu de lumière aussi radicale. Or avec le temps, je me suis aperçu qu'à chaque fois que je laissais passer les pensées, la lumière s'invitait dans ma tête, sous forme de chaleur puis d'une luminosité qui éclaire tout légèrement. Tout le temps et à tout moment. D'abord discrètement, comme un lever de soleil, et puis de plus en plus fort, jusqu'à être présent. Le silence est lié à cette lumière. Au début je ne pouvais pas communiquer avec. Je savais que la lumière venait, et puis brusquement, quelques heures ou minutes après, il me venait des idées que je n'avais pas avant. Du genre : tiens, aujourd'hui je vais travailler tel truc ou je vais faire telle chose. Mais je ne me posais pas de question, c'est comme si mon cerveau fonctionnait mieux. Je me rendais compte que la lumière précédait toujours une suite d'idées plus ou moins inspirées. Puis, au fur et à mesure que je me suis mis à travailler la clairaudiance, je me suis aperçu qu'il est possible de communiquer avec les énergies en projetant son imagination dedans. C'est comme si l'on imaginait, mais on laisse venir les images, et les voix. Ça fonctionne très bien, et à partir de là, il devient possible de communiquer plus ou moins facilement avec n'importe quelle énergie, la limite étant liée à l'ego et à ce qu'il nous autorise. Je me suis aperçu également que la lumière peut descendre à l'intérieur de mon corps et affecter directement mon corps énergétique en opérant des modifications. Elle peut également dissoudre mes tensions et me débarrasser de ce qui me gêne d'une manière ou d'une autre. Vraiment efficace. La lumière est l'énergie de plus haute fréquence à laquelle j'ai été confronté, jusqu'à ce que je voie l'archange en géobiologie, mais il se tenait sur un lieu sacré et je pense qu'un tel niveau de fréquence aurait cramé mon corps énergétique. La lumière semble donc s'adapter à ce que nous pouvons encaisser. Maintenant, je peux comprendre le silence en partie : lorsqu'on y accède, on n'obtient pas des connaissances, on devient la connaissance d'une certaine manière, c'est ce qui fait qu'on ne s'aperçoit pas immédiatement qu'on sait. Mais il suffit ensuite de se poser une question ou d'écrire pour s'apercevoir que les réponses nous viennent. Malheureusement, c'est là que le bât blesse : pour traduire la connaissance pure en choses compréhensibles, il faut utiliser le mental et les limites interviennent à ce moment là. Nous obtenons par conséquent des résultats qui correspondent à ce que notre ego veut bien laisser passer. C'est pour cela, à mon avis, que lors d'expériences mystiques radicales, certaines personnes qui disjonctent se mettent à parler dans des langues étrangères ou ont accès brusquement à des connaissances. Or le but est de le faire en conscience et sans disjoncter : donc le résultat ne peut être qu'en accord avec notre ego. Parler en atlante, ou connaitre la recette de la soupe au mizouf de la planète zorg, je m'en tape un peu, je préfère ramener des trucs utiles à mon niveau : principalement des informations pour évoluer. Plus l'ego s'en va, plus l'accès doit être grand.

Si on laisse la lumière agir, on peut également la laisser nous guider dans les décisions directement liées à l'action. Cela nécessite un certain lâcher prise, mais les résultats obtenus semblent vraiment en accord avec l'univers : c'est comme si nos actions devenaient une collaboration avec lui (je ne peux pas le décrire mieux pour l'instant). Toutefois, l'ego se met au milieu, là aussi, donc pour parvenir à un vrai résultat, il faut réellement lâcher prise constamment, et ça, c'est du boulot. Pour l'instant, je ne dépasse pas cette étape. En revanche, avec suffisamment d'entraînement, il doit être possible de laisser nos actes être directement dirigés ainsi.

Expérience 61
Intelligence,
un mot à définir

On s'aperçoit souvent que la plupart des incompréhensions viennent de la définition que nous donnons aux mots : chacun y va de la sienne, et le dictionnaire ne fait qu'embrouiller les choses. Intelligence : un mot fourre-tout, les gens l'utilisent pour décrire un mélange de pleins de trucs. Je vais donner ma propre définition afin que mes textes soient plus clairs.
Moi supérieur ou intuition : accès à l'intelligence universelle et à la communication télépathique.
Mental : outil de tri, de stockage et de communication, communication verbale très peu fiable. A cause de la peur, le mental créé l'ego qui dirige au lieu du moi supérieur. L'ego fonctionne en mode automatique : il ne créé rien, répète les choses et complique inutilement avec des termes obscurs et complexes des choses simples au départ. Contrôler, prévoir, juger : trois choses qu'il fait constamment, extrêmement mal, même chez les gens les plus intelligents.
Enfant intérieur ou instinct : instinct naturel de connexion avec la nature, joie et découverte au quotidien.
Or notre éducation ne privilégie que le mental et uniquement lui, et bride les deux autres au maximum.

Quand les gens parlent d'intelligence dans la société, ils parlent d'un mélange des trois au final. En réalité, leur mental n'est pas intelligent : il bégaye et reproduit ce qu'il a lu ou appris bêtement. Il est utile pour tout pro-

blème reproductible mais totalement inutile en cas d'imprévu ou de nécessité créative. Des encyclopédies ambulantes peuvent êtres totalement incapables de gérer une situation nouvelle ou d'imaginer des solutions créatives. Le mental ne doit plus générer l'ego à terme, mais il reste un outil primaire, utile dans la société tant que la télépathie n'est pas répandue. Il créé également la mémoire qui est utile au quotidien tant qu'on n'est pas un saint omnipotent. Et puis il faut bien pouvoir écrire des textes, non ? Comment faire autrement ? J'avoue que je n'ai toujours pas trouvé de solution, les poèmes ou les koans ne sont pas mon truc. Dès qu'il y a nécessité de création, ou de réponse juste à une situation inconnue, on passe sur le moi supérieur : c'est le seul à pouvoir gérer. En fait les vrais surdoués utilisent leur moi supérieur, ce qui explique que de très jeunes enfants soient capables d'apprendre plein de choses très vite et de résoudre des problèmes presque instantanément. Lâcher le mental ne signifie pas devenir stupide : c'est se connecter à l'intelligence universelle. On devient ainsi vraiment intelligent, mais d'une intelligence adaptée à l'action et à la vie. L'instinct de l'enfant intérieur nous dit ce qui est juste, et nous permet d'accéder à l'invisible. Il permet la survie en condition naturelle et ouvre d'énormes horizons. Il est la source de la joie de vivre : sans lui les hommes sont éteints et vivent une vie morne au quotidien. L'enfant intérieur est une nécessité pour retrouver la joie de vivre qui a été perdue dans la société.
Même sans voir la lumière ou méditer intensément, tout le monde accède, au moins a minima, au moi supérieur. Le but est de le laisser reprendre les commandes, du coup notre intelligence deviendra vraiment grande et en accord avec l'univers. Beaucoup trop de personnes croient que lorsqu'on dit de lâcher le mental, on dit de devenir stupide, parce qu'on est habitué à fonctionner

avec la réflexion et la pensée. Mais à terme, avec une rééducation correcte, on s'aperçoit que la vraie intelligence et les actes vraiment inspirés ne viennent pas d'eux, mais du silence de l'esprit. Tous les arts martiaux sont basés sur ce principe et la sagesse vient également de là.

Expérience 62
Quelques énergies

Quelques expériences faites par curiosité avec différents sens énergétiques :
<u>Toucher les chakras</u>
Avec les conventions mentales adéquates, on peut toucher ses propres chakras.
Ils passent leur temps à s'ouvrir et à se fermer au cours de la journée, il n'y a pas de constance réelle. Il y a un cône devant et un cône derrière (le cône devant serait, d'après ce qu'on m'a dit, en rapport avec les autres et celui de derrière en rapport avec soi-même).
Il y a un siphon sous les fesses pour le premier chakra, et le chakra coronal, sur la tête, ressemble à une couronne pleine de tubes.

<u>Le diable par la queue de la kundalini.</u>
Le chakra racine nous ancre dans la terre, et la planète envoie un rayon qui monte et nous traverse de bas en haut. Cette connexion peut être squattée par des entités négatives : les malignes se substituent à la connexion, à la terre et pompent les gens. Plus les gens font monter l'énergie, plus les entités s'en nourrissent, et cela peut aller loin. Pour illustrer le propos, je dirais qu'au lieu d'être relié à Dieu par le haut, on peut être relié au diable par les fesses. Mais pas de panique, l'entité négative (pour nous) est souvent un pauvre voyageur égaré qui pensait avoir trouvé une source de nourriture sur la route. Une bonne boule d'amour, ou l'appel à un archange, doit suffire (si ça ne suffit pas, y'a un souci,

parce qu'un archange, c'est du lourd quand même). Après, certaines personnes peuvent avoir carrément une liaison permanente vers le bas, avec une kundalini en vrac : l'histoire de la kundalini qui fait la queue du diable n'est pas une légende. C'est arrivé à quelqu'un de ma connaissance. Cela se répare en coupant le lien, et en renvoyant la ou les entités chez elles. Ensuite, il faut demander à un archange d'intervenir pour remettre la kundalini en ordre quand le karma est vidé (généralement, y'a du karma derrière, ça n'arrive pas totalement par hasard). Et il y en a pour plusieurs semaines parce qu'une kundalini ne se remet pas droite en 5 minutes apparemment (surtout pour éviter l'explosion de la personne parce qu'on a affaire à une légère modification du corps énergétique : la kundalini est liée à notre code génétique et à la sexualité). Et après on dira qu'on n'est pas aidé en ce moment !

La lumière
Par curiosité, j'ai essayé de toucher la lumière et je confirme : quand j'ai de la lumière par la tête, il y a effectivement un trait de lumière qui descend verticalement sur le sommet du crâne, je peux le toucher sans difficulté. Si c'est une part plus élevée de moi-même, elle n'est pas dans mon corps physique, mais plus haut, quelque part. Enfin, en apparence. Elle peut aussi arriver par le troisième œil : dans ce cas, il s'agit bien d'un tube qui arrive en diagonale par le haut, et qui touche directement le front. Idem pour les oreilles : deux tube latéraux qui contiennent l'énergie qui m'arrive dessus. Parfois, c'est de la lumière, mais pas toujours, c'est plutôt l'énergie des esprits qui me parlent.

La fée du vortex
Il y a une fée qui garde un vortex en face de mon boulot, j'ai une vue directe dessus.

Elle est très sympa, un jour que je faisais une pose et où j'en avais marre de ne pas pouvoir communiquer avec le faune de l'arbre en face (la clairaudiance, ça va, ça vient, et franchement c'est lourdingue, j'essaie tant bien que mal de comprendre pourquoi c'est aussi peu constant). Ça me rappelle le passage de Spiderman ou il essaie d'envoyer sa toile au début, et où il essaie toutes les conneries possibles et imaginables pour y arriver : franchement y'a rien de plus énervant. Parce que tu ne demandes rien et toute le monde te parle, et puis tu veux communiquer avec un faune, que tu connais en plus, et avec qui tu avais eu une discussion le jour d'avant : impossible.
J'ai demandé à la fée si elle pouvait m'aider.

Elle m'a envoyé une quantité d'énergie incroyable qui a dilaté tous les tubes à la base du chakra coronal : ceux qui passent par les tempes et qui sont en périphérie de la tête. Elle me les a ouverts de force en balançant une dose d'énergie assez forte, et elle a dilaté le chakra du cœur de la même manière. C'était beaucoup plus que ce que je peux en supporter en temps normal, mais pour un bref moment, ça allait. Je laisse circuler et évacuer. Du coup, j'ai pu causer librement avec tout le monde pendant un bon quart d'heure. Je me suis aperçu que les faunes en face du boulot portent des noms que j'utilise des fois en pseudo : franchement tu t'aperçois que, même si tu n'entends pas consciemment, tu fixes inconsciemment, c'est impressionnant. Bon enfin tout ça pour dire que le chakra du cœur bien ouvert, plus les tubes à la base du chakra coronal dilatés et la communication est bien plus facile avec les esprits de la nature. Faut que je m'entraine à le faire tout seul. En tout cas c'est pratique d'être assis sur un vortex : bonjour l'énergie que la fée balance.

Pulsation d'esprit

Comment les esprits qui veulent attirer mon attention font-ils pour pulser autant ? J'ai fini par comprendre grâce à des tests de toucher sur ma fée de l'air (décidément, elle a une patience sans bornes avec moi). Elle dispose d'un corps « physique » immatériel qui est constitué d'un truc dont j'ignore la teneur : une sorte de corps éthérique mais ce n'est pas sûr. Ensuite, elle a un corps émotionnel par dessus (comme les hommes), un corps mental, et un corps spirituel (ou bien l'équivalent : ça fait la boule de son biochamp). Pour communiquer, elle crée un canal de communication, une liaison énergétique : un tube facile à toucher qui nous relie, et elle balance pleins de pensées ou d'émotions. Elle dégage alors une forte énergie facile à percevoir puisque les pensées et les émotions sont faciles à sentir dans l'océan d'énergie. A noter que, lorsque j'ai le bon état d'esprit pour envoyer de l'amour autour de moi, tous les esprits de la nature réagissent en se mettant à envoyer une énergie d'amour chaleureuse autour d'eux, comme j'ai pu l'observer sur le jardin où j'avais fait le premier test.

Expérience 63
Circulation énergétique

Notre corps matériel gère plein de choses automatiquement. Il fait circuler le sang, il gère les muscles, les nerfs, les organes, la digestion etc. Imaginez un instant que vous deveniez conscient de cela : c'est à dire qu'au lieu de laisser votre corps gérer la circulation du sang, vous vous mettiez à décider consciemment du trajet qu'il doit prendre dans votre corps. Imaginez qu'à la moindre pensée - vous pensez à votre pied par exemple - tout votre sang essaye d'aller se loger dans votre pied. Vous imaginez le bordel dans votre corps en quelques instants ? C'est ce qui se produit quand on devient conscient de l'énergie dans son corps. Cela nécessite une rééducation complète : on se met à sentir quelque chose de nouveau, mais si on y prête la moindre attention, on le met en vrac en quelques minutes. Dès que l'on n'y pense plus, tout se remet en ordre. C'est la différence entre le conscient et l'inconscient. L'inconscient provoque la circulation énergétique constante, mais dès qu'on y pense consciemment, on donne un ordre explicite au corps énergétique et il l'exécute immédiatement. Dès qu'on n'y pense plus, ça redevient normal. Dès qu'on fait sauter un schéma inconscient, la circulation énergétique se modifie seule et instantanément : des méridiens qui fonctionnaient mal se remplissent brusquement d'énergie, des parcours dans le corps se modifient instantanément et ne bronchent plus, de l'énergie qui se dispersait à droite ou à gauche se remet immédiatement dans le bon canal.

Au début, je me suis mis à sentir les blocages de mon corps énergétique comme si c'était mon corps physique mais en plus fort, entraînant des douleurs abominables partout. Le fait de ne pas le sentir nous anesthésie, mais les problèmes sont là. Me faire sentir les blocages, c'était un moyen de m'obliger à corriger les problèmes, c'est comme si l'esprit disait : allez hop tant que t'as mal quelque part, c'est qu'il faut corriger. Je signale au passage un commentaire sur la description d'un de mes blocages de la tête : c'est comme si ma tête se déformait dans tous les sens ou que mes dents poussaient dans ma bouche. C'est typiquement une douleur énergétique : ce n'est pas la tête physique le problème. Plus l'énergie afflue dans la tête, plus ça coince et plus la sensation augmente. Après un rééquilibrage de l'énergie dans la nature ou suite à un cours de yoga, la sensation disparait immédiatement. Certains schizophrènes décrivent ce genre de choses : cela signifie qu'ils sentent une partie de leur corps énergétique. Ces expériences se passent mal généralement et beaucoup de gens sont incapables de les gérer, sûrement parce que l'ouverture est accidentelle et que les centres du haut sont trop déséquilibrés, ce qui doit conduire à des cas de folie en tous genres. La chance que j'ai eue est que l'ouverture des centres à été forcée par la lumière et n'a pas été accidentelle, c'est donc resté sous contrôle, et mes centres du haut ont été bien ouverts dès le début, ce qui a dû réguler les choses (en fait, toutes mes thérapies ont consisté à rééquilibrer les trois centres du bas qui, eux, étaient catastrophiques). Mais à l'époque où j'ai travaillé sur moi, c'était impossible de faire autrement, je ne pouvais simplement pas rester avec des sensations pareilles sans les résoudre, je serais probablement devenu fou, réellement.
Mon revécu des mémoires de mort a été difficile aussi. J'étais mort avec un javelot planté dans le dos et je me

trimballais toute la journée avec la blessure mortelle dans le corps énergétique. Comme si j'avais un javelot planté dans le dos, abominable, la même souffrance avec une différence : tu te sens mourir, mais tu ne meurs pas. Si c'est ce que se trimballent les fantômes, ils ne doivent pas s'amuser. Le seul moyen que ça s'en aille était de pardonner à mon meurtrier et de me pardonner (on n'est pas content de s'être fait planter une lance dans le dos donc on veut sa revanche, c'est pour ça qu'on emmène la mémoire de mort !). Tant que je n'avais pas réussi à lui donner tout mon amour, et à lui souhaiter le meilleur dans sa vie actuelle, la blessure mortelle restait. Cela prenait la journée. J'en ai eu une vingtaine : ce sont les morts violentes que je n'ai pas pardonnées, donc je les ai emmenées avec moi en mourant. Je ne compte plus les fractures du crâne, et les pires de toutes : les morts par noyade. On ne peut pas imaginer ce que ça veut dire de devoir se concentrer pour respirer : si on ne respire pas consciemment, la respiration d'après ne vient pas et on étouffe, abominable. L'enterrement vivant reste mon « best of », et j'ai même eu droit à une reconstitution grandeur nature avec vision, ce n'était pas un grand moment de joie.

Après ça, la peur de la mort en prend un coup : tu espères juste mourir un peu plus proprement la prochaine fois. Et surtout, tu te jures de ne pas l'emmener, celle là. Aujourd'hui je reconnais que c'est loin derrière moi, mon énergie circule bien et comme je travaille à me libérer de mes peurs constamment, cela s'améliore sans cesse. Et si les souffrances du corps énergétique dépassent de loin celles qu'on peut ressentir dans le corps matériel, le plaisir qu'on ressent à sentir l'énergie circuler librement dans son corps dépasse tous les jouissances possibles. Et que dire quand la lumière entre en emmenant l'amour inconditionnel de l'esprit ? Ou quand l'énergie de Gaïa remonte par les racines pour nous transpercer le cœur de son amour ? C'est un bonheur qui valait bien les douleurs à résoudre. Dans les rares moments où les deux s'équilibrent dans mon corps, j'ai l'impression d'être comme ces arbres reliés à la terre par leurs racines et qui reflètent la lumière divine. Je comprends ce que veut dire être un pont entre la terre et le ciel. Et c'est bien notre fonction première, à nous, les hommes.

PS: Je ne pensais pas avoir à le dire un jour mais mon expérience directe avec les mémoires de morts semble prouver que Jésus a totalement raison. Il faut pardonner immédiatement et tendre l'autre joue éventuellement. Sinon, on se trimballe une malédiction qu'on s'est mis tout seul sur une autre vie. D'autant que si une mémoire de mort ne « sort » pas, elle va recréer la même situation dans cette vie pour nous permettre d'y faire face à nouveau. Tout pardonner directement n'est pas seulement de l'amour inconditionnel : c'est la seule solution raisonnable !

Expérience 64
Un weekend chargé

Ce weekend était assez sympa : deux jours en maison d'hôtes, en pleine forêt, avec une bande d'amis. J'ai dû laisser les mains dans mes poches vu qu'aucun d'entre eux n'est prêt à entendre parler ne serait-ce que d'énergie. Néanmoins, le weekend a été bien chargé sans compter qu'on a bien mangé et picolé, comme d'habitude.

Lutin sautillant.
On arrive sur les lieux, je prends soin de repérer l'esprit gardien du lieu, une politesse de base. Je l'ai localisé avec le toucher, ça marche assez facilement parce qu'ils ont de grosses émanations, c'est un esprit de l'eau. Mais je ne peux faire plus que lui dire bonjour. Apparemment il est en colère, mais je n'ai pas pu discuter avec lui à ce moment. On s'apprête à déjeuner et, au milieu de la conversation, une image mentale débarque : un lutin sautille partout sur la table en essayant d'attirer mon attention. Je ressens ce qu'il y a autour de moi : il y a un bonhomme d'énergie à côté de mon assiette. Un super moment de solitude bien connu des spirites : tu essayes de discuter avec les autres, en prenant l'air de rien, et tu tiens le crachoir à un lutin qui sautille autour de toi en pulsant comme un malade. Heureusement, j'ai peu de conversation et j'écoute les autres poliment. Deux conversations à la fois, c'est dur. Le lutin me donne quelques nouvelles de la région : l'esprit de l'eau est en colère parce qu'un paysan utilise

un pesticide en train de contaminer un cours d'eau souterrain. Dans un autre registre, le lutin me dit sa joie de constater que de plus en plus de gens arrivent à le voir, je ne suis pas le seul occupant de la maison d'hôtes à avoir discuté avec lui au cours du mois passé. Plutôt une bonne nouvelle.

Un elfe dans le brouillard.
En fin d'après midi, je pars faire un tour en forêt. Beaucoup de fermes tout autour, que je n'avais pas vues en arrivant, il est possible que le problème vienne de l'une d'entre elles. Tout le monde est parti chasser le champignon depuis un moment. Seul dans la forêt, je teste le toucher éthérique : je me cale sur le corps mental de ma femme et suis le lien d'énergie en me servant de ma main comme boussole. A mon grand étonnement, cela fonctionne et je vais droit sur elle dans la forêt. A retester dans d'autres situations et éventuellement d'autres conditions parce que j'ai un lien fort avec ma femme ; et puis ça peut être de la chance. Encouragé par cette réussite, je me décide à essayer cette technique pour trouver des champignons. Après tout, pourquoi pas ? Mais ça ne marche pas. Impossible de trouver pourquoi. Apparemment, je ne sens pratiquement pas les émanations des girolles. Cela m'arrive de temps en temps, je m'aperçois que certains trucs sont presque transparents pour moi. Je suis obligé d'être dans un état énergétique particulier pour les trouver. Du coup, je m'éloigne en forêt et j'essaye d'ouvrir un peu plus le cœur et le troisième œil. J'ai l'impression d'être un chimpanzé devant un tableau de bord de Boeing quand je manipule mon corps énergétique. En deux minutes, le brouillard se lève dans la forêt. Je me retrouve en plein brouillard éthérique avec des formes, en plein jour. Je repère facilement l'émanation d'un elfe entre deux arbres. On se regarde l'un l'autre (je perçois les lignes de force qui

émanent de lui : c'est un peu comme si j'utilisais un sonar). Je suis à la frontière de son monde et n'arrive pas à dépasser l'éther pour plonger les yeux dans son plan. Pour peu qu'il soit possible de le percevoir réellement, de là où je suis. Je peux le toucher, percevoir plus ou moins ses pensées ou ses émotions sous forme d'énergie, mais pas voir au delà de l'éther. C'est frustrant. Je me demande comment lui me perçoit, ai-je l'air d'un fantôme ? J'ai l'impression qu'eux n'ont aucun mal à voir chez nous.

Esprits de la nature et paysan.
Je me réveille vers 3 heures du matin avec l'impression qu'il faut que je tente quelque chose pour cet esprit de l'eau. Je discute avec ma fée de l'air pour savoir ce qui est de mon ressort. D'après ce que je comprends, il suffirait que je me connecte au gars et que je lui transmette le message de l'esprit, rien de plus. Lui ne perçoit pas vraiment les conséquences de ses actes, et il n'entend pas les esprits de la nature. Mais il suffirait peut être qu'il ait une prémonition lui expliquant qu'il est en train de polluer sa propre eau pour arrêter, qui sait. Peut être qu'un esprit humain peut plus aisément contacter l'inconscient de ce type, surtout connaissant ma tendance à fusionner facilement avec le mental des autres. J'accepte de transmettre un message à la condition de ne pas influencer le gars, les esprits ne semblent pas attendre autre chose de moi. En fait, depuis que j'ai récupéré le feu et l'accès au subconscient, j'ai des mémoires de vies antérieures de sorcier qui sont remontées et je sais plus ou moins comment influencer les autres. Mais je sais qu'il ne faut surtout pas le faire : je suis là pour virer du karma, pas pour en rajouter. Et si Dieu considère que le libre arbitre est souverain, et que les archanges le respectent, tu comprends bien que je ne suis pas assez fou ou prétentieux pour aller contre cette

règle, particulièrement en conscience ! Je me contente donc de faire passer le message de l'esprit de l'eau, et à mon grand étonnement, tout le monde semble content. Va savoir. En fait, j'établis une connexion mentale avec le type en suivant les instructions des esprits de la nature : c'est plus direct, on est tous reliés. Par contre, je ne saurai jamais si ça a marché : comme le type a son libre arbitre, il devra choisir. On verra bien. Au passage, je repense à mon esprit en colère dans les bois à côté du domaine vinicole pendant les vacances. J'essaie de répéter l'opération pour prévenir les habitants du domaine que les arbres souffrent et sont en colère. Ils peuvent sûrement s'y prendre autrement avec eux. Je ne saurai pas non plus si ça a marché mais le cœur y était. Je fais également diverses manipulations indiquées par les esprits, mais là encore, impossible d'en savoir le résultat. Tant que la lumière me confirme qu'il faut le faire, je le fais.

Ange bavard.
Vers cinq heures du matin je me réveille à nouveau. Je perçois un humanoïde d'énergie assis à côté de moi. Je le tâte, il ressemble un peu à un elfe mais n'en est pas un. J'essaie de percevoir son niveau d'émanation : il est au delà de tous mes critères d'évaluation. Mon toucher confirme que c'est un ange. On discute un petit moment, en échange plus ou moins instantanés. C'est vraiment chiant à retranscrire parce que ce sont des compréhensions globales, et essayer d'expliquer ça, c'est forcément être en partie à coté de la plaque, mais je vais encore essayer de retranscrire.
– Je suis venu te parler d'amour.
– Effectivement, je crois qu'un ange doit être bien placé pour en parler. Mais pourquoi faut-il aimer pour que je puisse avoir accès à la clairvoyance ? J'avoue que j'ai du mal à voir le lien entre les deux.

– Le problème est ta perception du monde et ton degré de conscience. Tu as accès à des capacités qui dépassent de loin ta sagesse à les employer. Pour la clairvoyance, le problème vient du fait que tu pourrais te mettre à voir dans des mondes supérieurs. Or, il est aussi facile de se perdre dans le paradis que dans l'enfer : à ton niveau, si tu pouvais contempler ne serait ce que partiellement un monde du dessus, tu deviendrais fou. Tu finirais comme ces ermites qui se crèvent les yeux ou se collent sur un rocher et refusent de revenir dans le monde matériel juste pour contempler les splendeurs des sphères célestes. Ca n'est pas ta mission de vie, tu t'es engagé à autre chose.
– Oui mais ce n'est pas parce que je me mets à aimer inconditionnellement les autres que je pourrais regarder là haut !?
– En fait si : le problème n'est pas simplement de trouver l'amour inconditionnel, mais d'être capable de voir l'esprit divin en tout. Pour trouver l'amour inconditionnel, tu dois voir l'esprit divin dans le monde matériel, partout autour de toi. Si tu le vois en tout, tu verras la splendeur partout, alors tu ne pourras pas te faire piéger dans les mondes supérieurs. C'est une condition nécessaire.
– Et comment fait-on pour voir l'esprit divin partout ?
– Il suffit que tu le voies chez toi, et alors tu le verras sur tout le monde. Tu as une vision limitée et tronquée de l'esprit pour l'instant. Cherche l'esprit divin en toi, ensuite tu pourras le voir chez les autres, et à ce moment seulement tu pourras éprouver de l'amour inconditionnel pour tous.
– Pourquoi ma vision est-elle tronquée ?
– Parce que l'esprit divin n'est pas seulement au dessus ou en dessous de toi : il est partout, particulièrement dans ton cœur. Cherche bien. En fait, tout est ici et maintenant : toutes les sphères, tous les plans sont là où tu es. Il n'y a pas d'autres endroits où chercher. Il

suffit simplement d'accepter ou non de regarder. Si tu veux voir l'esprit divin réellement, alors tu finiras par le voir. Mais oublie le haut, le bas, ou toute autre direction : tout est là dans ton centre.
– J'avoue que je ne comprends pas tout, mais bon, on verra bien.
Avant de partir je lui demande s'il veut bien me prendre dans ses bras : c'est vrai quoi, un ange qui te fait un câlin, ça doit être sympa. En fait, il m'englobe carrément, il vibre très haut mais à un niveau supportable, c'est bizarre d'avoir un esprit qui t'englobe. Tout le temps où il est sur moi, les douleurs disparaissent, même des douleurs auxquelles je ne prêtais pas attention. Sympas les câlins des anges.

Expérience 65
Mémoire et esprit divin

À la recherche de l'esprit. Depuis quelques mois, j'ai beaucoup lâché de mental (bon ok il en reste pas mal, mais oui j'en ai bien lâché). En fait, avant j'extrapolais tout le temps, parce que j'avais peur d'être en retard ou de mal faire. Donc je cogitais beaucoup et je prévoyais tout. Au début j'ai commencé par accepter de lâcher la cogitation pour la remplacer par la connexion à l'esprit (ou l'intelligence universelle). Ce qui est très avantageux : ça repose la tête et les décisions qu'on prend sont carrément plus intelligentes et synchronisées avec l'univers. Ces derniers temps, j'ai commencé à lâcher la mémoire. En fait je m'aperçois que je pars chercher un truc par exemple et en plein milieu je ne sais plus ce que je cherche. Je suis obligé de me connecter en haut et ça revient. C'est un peu con, mais pour l'instant c'est une étape intermédiaire : je commence à lâcher mais pas complètement alors j'oublie ce que je fais ou ce que je vais chercher. C'est marrant parce que j'ai vu Pascal faire ça toute sa vie : tu as l'air un peu con des fois, par contre, ça n'est pas du tout handicapant, car du coup tu fais toujours ce que tu es sensé faire. Quand je serai plus habitué ça ira mieux. Si tu dois faire un truc, l'esprit te le dit : ainsi, tu t'en remets à l'intelligence universelle au lieu de mémoriser les choses. Mais bon, il me faut encore lâcher prise là dessus.

Le lendemain il fait beau et on part visiter un village médiéval. C'est très sympa, le village est situé en plein

coeur de l'Ardèche. Les arbres brillent de mille feux aujourd'hui et je m'aperçois que je vois vraiment le divin en chacun d'eux sans exception. Les gros, les petits, les rabougris les déplumés. En fait, de la plus petite herbe au plus grand arbre, ils reflètent tous le divin sans exception. Les hommes au milieu ne paraissent pas à leur place, comme s'ils n'appartenaient pas au même monde. Des mortels qui viendraient traîner dans un jardin céleste sans même s'en apercevoir. C'est vraiment très décalé.
Connexion en haut :
– Pourquoi est-ce que j'ai une moitié de paradis : simplement une nature paradisiaque et des hommes normaux au milieu ? Y'a pas un bug là ?
– Le problème est ta mémoire. Et rien d'autre.
– Ah bon ?
– En fait, tu acceptes de voir la part divine des arbres, mais pour les hommes, ton mental plaque une image sur eux que tu crées de toute pièce. Ils sont donc dénués de divin. C'est la mémoire que tu as des hommes qui pose problème : tu les juges automatiquement et calques sur eux l'image que tu te fais d'eux. Tu ne veux pas voir ce qu'ils sont réellement. Tu remarqueras que tu fais pareil pour les animaux.
– Et on ne peut pas faire sauter ça ? Après tout, la mémoire a un usage très relatif et peut être remplacée avantageusement par l'esprit, y compris dans le jugement sur les autres, non ?
– Oui, puisque si tu les juges c'est pour te protéger, parce que ton mental dit que les gros costauds comme le type qui passe là, sont dangereux à cause de mauvais souvenirs dans cette vie ou dans d'autres. Mais ça n'est pas la réalité de ce type. En fait il ne l'est pas et tu le juges gratuitement.
Du coup, je demande au moi du futur de faire sauter la mémoire que j'ai de tous les gens en terme de juge-

ment, y compris sur les vies antérieures où c'est possible. Ça dure un très long moment. Mais c'est partiel et insuffisant. Pourtant, ça suffit à modifier ma vision des gens. Après je me mets à les percevoir bizarrement : ce sont des corps énergétiques comme les autres esprits, des corps mental, des corps émotionnels et des corps spirituels. Au centre d'eux, il y a juste un truc condensé qu'ils ont créé pour s'amuser : un corps matériel, mais il est juste là pour représenter une image qu'ils se font d'eux même et raconter leur histoire. Il n'a pas d'importance réelle, ils s'absorbent juste dedans. C'est étonnant de voir les gens comme ça, en fait ils deviennent des esprits. Mais ce ne sont pas encore des esprits divins, je ne parviens pas à les voir. A approfondir encore. En plus, cette perception n'a duré que l'après midi. Il faut vraiment que je l'accepte d'abord, l'ange n'a pas tort. Tant que je ne me percevrai pas moi même comme un esprit divin, je ne percevrai pas les autres ainsi.
Pendant le trajet du retour, une copine nous à sorti un cd de musique des années 80. Au milieu il y avait une chanson que j'ai entendue petit et que je n'ai jamais comprise. Maintenant les paroles me paraissent limpides, pas vous ?

Il est libre Max
de Hervé Cristiani :

Il met de la magie, mine de rien, dans tout ce qu'il fait
Il a le sourire facile, même pour les imbéciles
Il s'amuse bien, il n'tombe jamais dans les pièges
Il n'se laisse pas étourdir par les néons des manèges
Il vit sa vie sans s'occuper des grimaces
Que font autour de lui les poissons dans la nasse

{Refrain:}
Il est libre Max ! Il est libre Max !

Y'en a même qui disent qu'ils l'ont vu voler

Il travaille un p'tit peu quand son corps est d'accord
Pour lui faut pas s'en faire, il sait doser son effort
Dans l'panier de crabes, il n'joue pas les homards
Il n'cherche pas à tout prix à faire des bulles dans la mare

{Refrain}

Il r'garde autour de lui avec les yeux de l'amour
Avant qu't'aies rien pu dire, il t'aime déjà au départ
Il n'fait pas de bruit, il n'joue pas du tambour
Mais la statue de marbre lui sourit dans la cour

{Refrain}

Et bien sûr toutes les filles lui font les yeux de velours
Lui, pour leur faire plaisir, il raconte des histoires
Il les emmène par-delà les labours
Chevaucher des licornes à la tombée du soir

{Refrain}

Comme il n'a pas d'argent pour faire le grand voyageur
Il va parler souvent aux habitants de son cœur
Qu'est-ce qu'ils s'racontent, c'est ça qu'il faudrait savoir
Pour avoir comme lui autant d'amour dans le regard

{Refrain}

Puissions-nous tous être aussi libres que max, un beau jour.

Expérience 66
Les pieds sur terre

Au début, j'avais carrément un problème d'incarnation, en fait j'étais là, mais en même temps pas trop là, donc difficile d'avoir les pieds sur terre. J'étais toujours dans la lune. A certains moments, j'expérimentais même des états de conscience décalée, une espèce de distance avec le monde. Du coup, je fonctionnais toujours avec deux images simultanément : le monde, et une image que je m'en faisais. C'était une sorte de protection. Être dans l'imagination, c'est se couper de la réalité ce qui signifie être incapable d'interagir avec la réalité. Du coup, on passe sa vie sans vraiment évoluer et sans vraiment faire les expériences qu'on est venu réaliser. Une fois que ce problème à été réglé, j'ai pu remettre un peu les pieds sur terre. C'est à ce moment que j'ai commencé à utiliser la clairvoyance réellement. Avant, en fait, je refusais le monde tel qu'il se présentait et je fonctionnais toujours dans un monde « normal » pour moi : sans énergie brouillard, lumière divine dans les arbres ou autres étrangetés. Quand je rêve, le monde est toujours normal également pour moi, c'est à dire identique à ce qu'il était avant l'éveil de kundalini. Ce n'est pas incompatible avec une vie d'informaticien mais bon, on est vraiment à côté de la plaque. En fait, j'essayais de faire comme si l'énergie n'existait pas et les esprits non plus. Il m'a fallu très longtemps, presque 10 ans de travail divers et varié sur moi pour accepter de communiquer avec les esprits et de voir l'énergie et le divin dans la nature. Et le principal travail à été sur les chakras du bas. Il faut bien comprendre que quelle que soit l'ouverture du haut, si on ne s'enracine pas, on ne peut rien faire. On finit dans la lune ou dans le rêve mais pas dans le monde réel. Or, l'évolution spirituelle se passe dans le monde réel. Les chakras sont donc importants à travailler, de haut en bas, et l'ouverture se fait à puissance égale entre le haut et le bas. Il faut véritablement respecter un équilibre entre tous les chakras.

Vendredi, j'ai travaillé sur mon rapport à l'argent et le farfadet est parti dès que le problème à été réglé. Du coup, le super enracinement qu'il me fournissait s'est barré avec. Je peux te dire que samedi, dans le brouillard je n'en menais pas large : ils me venaient plein de trucs délirants totalement impossibles à comprendre ou à vérifier. Une histoire de changement de plan ou de solidité de la matière relative, avec une histoire d'éther qui sépare les mondes, mais rien d'exploitable ou de compréhensible, je n'arrive même pas à le formuler, un méli mélo impossible. Alors, j'ai bossé à m'enraciner et je peux retourner sur des choses gérables à mon niveau. A quoi bon avoir accès à des informations d'autres planètes ? Ça ne sert à rien. Il faut véritablement s'enraciner : ces informations viendront en temps et en heure, mais à ce moment là, les racines devront être profondément ancrées dans la terre pour qu'elles soient exploitables. Nous sommes sur terre ici et maintenant pour expérimenter et il faut s'enraciner pour ça.

Expérience 67
Magiciens créateurs

Au début, alors que j'expérimentais avec fascination la possibilité de manipuler les énergies à volonté je me suis senti comme un magicien. Puis, alors que je marchais dans la rue, je me suis aperçu que tout le monde les manipulaient déjà et beaucoup de gens mieux que moi. Je vois les personnes échanger toute la journée de l'énergie dans tous les sens. Tout le monde fait déjà ça et moi je ne le savais pas. Ça fait 23 ans que je ne fais pas un truc que tout le monde fait tout le temps. Et là, je me rends compte que tout le monde le faisait, mais que personne ne s'en apercevait. Chacun d'entre nous utilise son corps mental, son corps émotionnel, crée des connexions avec les autres à tout va pour échanger, envoie des énergies dans tous les sens.
Lorsqu'on bosse sur l'inconscient pour rétablir des circulations énergétiques correctes dans nos corps, on s'aperçoit que chacun crée sa réalité. Tu essayes de comprendre comment on fait pour créer un truc et quand tu observes le mental de tartenpion, tu t'aperçois que sa réalité actuelle, dont il se plaint, correspond exactement à ce que son inconscient souhaite.
Quand je fusionne parfois avec quelqu'un, j'ai l'impression de regarder par dessus l'épaule d'un immortel qui joue : « ben alors c'est quoi ton jeu à toi ? Je peux essayer ? Ah oui, cool, et ben pourquoi tu fais ça ? Ça doit pas être terrible, non ? Ah bon ! Ok, fais ce que tu veux ».
Au final c'est la même constatation : on fait tout. Mais

personne ne s'en aperçoit ! L'évolution spirituelle ne consiste pas à acquérir des pouvoirs mais à faire les choses consciemment : les gens ont tout pouvoir, et autour de moi, je ne vois qu'une horde de magiciens créateurs de la réalité.

Mais vous savez quoi ? Il paraît qu'on est « encore mieux » que des magiciens immortels jouant à être gentils ou méchants, on serait dieu, plein d'amour inconditionnel et de compassion, et on aurait en soi un amour qui dépasse tout ce que la dualité peut nous montrer. Alors ça, oui, c'est un jeu auquel j'aimerais réellement jouer en conscience, maintenant.

Expérience 68
Rêve religieux

Je ne suis pas un pro de la nuit, mon domaine c'est le jour pour la pratique. Pourtant la nuit, il peut m'arriver différents trucs, même si c'est très inégal. Souvent je rêve une ou deux fois, mais cela n'exprime que des frustrations personnelles. Parfois, je peux faire jusqu'à 5 ou 6 rêves dans la même nuit. Ces derniers temps, deux ou trois fois j'ai eu des rêves suivis d'un débriefing avec un guide qui m'explique la leçon à en tirer : c'est marrant. Je me lève presque toujours le matin en ayant appris quelque chose pendant la nuit, même si je ne me souviens pas forcément du rêve en question. Il y a deux nuits, il m'arrive un rêve très étrange ; je crois qu'en ce moment, j'essaie de résoudre mon problème avec les institutions religieuses que je n'apprécie pas. Je rêve que je suis dans un temple bouddhiste, et que je ne supporte pas la directrice du temple. En fait, c'est du vécu : j'ai fréquenté pendant un mois un dojo zen il y a plusieurs années et j'ai été tellement dégoûté par le mental de la bonne femme qui le dirigeait que je n'y suis pas resté. A sa décharge, je ne voyais que le négatif en elle à ce moment là, comme chez tout le monde. Mais chez elle, ce n'était pas supportable. Elle n'a rien fait contre moi : c'est juste que « je ne pouvais pas la blairer ». Dans ce rêve, j'en ai tellement « ras le cul » que je finis par étrangler la directrice du temple. Sur ce, je me réveille relativement satisfait mais avec un truc étrange : une douleur au niveau de la goutte du coeur. Normalement, ça ne m'arrive pas la nuit, il faut faire péter un karma pour avoir ça. Très bizarre. Sur le coup je suis satisfait de moi : je me dis que je me suis débarrassé d'une mémoire karmique. La journée se passe, ma foi plutôt bien. Mais il me reste une colère importante contre les institutions religieuses qui essaie encore de s'exprimer sans aucune raison valable. Le soir j'écris deux textes en une demi-heure. Je me dis que je suis inspiré, mais préfère éviter de les éditer parce que il y a un truc qui me gène dedans, et je ne sais pas quoi. Je les donne à lire à ma femme, et après qu'elle m'ait fait un retour objectif, je les relis : une horreur. Jamais je n'ai été aussi aigri dans un texte et aussi putride dans ma vie (pourtant je le suis pas mal des fois), mais là, tous les mots sont des insultes. Alors je comprends. Lorsque j'ai tué la directrice du temple, j'ai tué une image de moi même dans le rêve : une projection de mon propre ego. Ce faisant, je l'ai laissé me posséder au lieu de m'en débarrasser, c'est l'effet inverse qui s'est produit. Du coup, je décide de méditer et de pardonner à tout le monde, moi y compris, parce que si ça se trouve, cette directrice de temple aigrie, c'était moi dans une autre vie, qui peut savoir ? En tout cas je lui pardonne, je lui dis que je l'aime du fond du cœur et je comprends qu'aussi méchante qu'elle puisse me paraître, elle a du positif en elle, c'est moi qui ne vois que l'aspect extérieur d'elle, car elle a forcément aidé plein de monde à évoluer. C'est un aspect de moi même que j'accepte de réintégrer. Cela va beaucoup mieux aujourd'hui et ma colère contre les institutions religieuses semble moins forte. Reste à intégrer les directeurs des autres religions peut-être ?

Nous sommes fragmentés.
A chaque fois que nous croisons quelqu'un dans notre vie, nous ne voyons pas réellement la personne, mais nous projetons une part de notre ego sur elle (ou disons

que nous voyons la part de son ego qui fait écho au nôtre, ce qui revient au même dans l'absolu). En réalité, nous projetons un rapport interne à l'extérieur de nous même. Toutes les options sont possibles, détester, aimer etc.

Si nous refoulons la « mauvaise » part de nous même, alors nous l'emprisonnons dans une part d'ombre au fond de nous. Et du coup, elle nous parle dans la tête : c'est une part que nous avons divisée et elle crée un petit moi.

Si nous affrontons cette part de nous même et la combattons ou essayons de la rejeter, alors elle nous possède et nous devenons cette part que nous voulons rejeter.

La seule option est de l'aimer sans condition : pour ça, il faut comprendre pourquoi nous en avons peur, la détestons ou ne l'aimons que de manière conditionnelle. Il faut voir cette raison en face, et ensuite seulement, cette part peut être aimée inconditionnellement. Si nous l'aimons de manière inconditionnelle nous guérissons alors cette part fragmentée, et nous la réintégrons : c'est une ressource interne que nous avons nous même diabolisée et transformée. L'amour inconditionnel des autres, guérit et unit réellement, nous même en premier lieu ! Les grands prophètes l'ont expliqué en long et en large suffisamment. Quand on s'aperçoit qu'on déteste quelque chose ou qu'on a un rapport à résoudre avec quelqu'un :

1) Il faut l'accepter et l'exprimer : le refouler est le pire. Faire semblant d'aimer les autres alors qu'on ne les aime pas ne sert à rien, c'est du refoulement et cela nous fragmente.

2) Il faut trouver la raison en nous qui provoque ce conflit.

3) Une fois le conflit mis en évidence, on peut se pardonner et résoudre le rapport conflictuel en réintégrant cette part de nous même.

Comment se crée la grenouille de bénitier aigrie bien connue des satires religieuses ? Cette dame sait qu'elle n'aime pas son prochain. Elle rejette cette part d'elle même et la met à l'extérieur : elle refuse d'être comme ça, elle veut être bonne et aimante comme le dit le curé. Du coup, elle tue cette part ou la renie : et elle devient cette part incarnée. Elle devient donc l'inverse de ce qu'elle voudrait, sans même en avoir conscience. Voilà mon avis sur la question.

Expérience 69
Joyeux halloween

Je ne sais pas pour vous, mais chez moi, ça a été le défilé. Pourtant, les morts, ce n'est pas mon truc, mais après tout, c'était Halloween. Je suis rentré à 18h30, et à 19h30 j'en avais déjà fait monter huit. Je ne sais pas s'ils sont sensés faire la fête toute la nuit, mais ceux qui sont venus me voir étaient des couche tôt : juste là pour monter. Ce sont des morts comme j'aime : pas de problème, juste là pour prendre l'ascenseur. Y'a même une dame qui m'a fait une bise avant de monter. C'est vrai que d'être mort ou vivant, ça ne change vraiment rien. Franchement c'était super sympa, parce qu'à chaque fois que je balançais un tunnel, ils devenaient tous lumineux, et ensuite ils montaient. Cela doit être super beau là haut, parce qu'ils avaient l'air vraiment heureux. L'ange à raison, si je pouvais regarder en haut, ça serait déjà fait, ça a l'air tellement bien. Bon enfin…

A 19h30 je me dis que je ne vais pas pouvoir suivre un rythme pareil toute la soirée, donc j'appelle un ange. L'ange est là, il est facile de le distinguer : il est totalement hors norme, je ne peux pas calculer son niveau d'émanation (faudra que je fasse un système pour les très grandes émanations à l'occasion). Je lui demande s'il veut bien s'occuper de faire remonter les morts de l'appartement pour la soirée. En résumé, il me répond que je suis un peu fainéant et que je devrais m'en occuper moi même, pour faire une expérience. Mais il le dit gentiment en ajoutant qu'il veut bien s'en occuper si j'insiste. Ok, je n'insiste pas. Je crée donc un tunnel au milieu de mon salon et regarde combien de temps il subsiste : 20 à 30 secondes en moyenne. Sur ce, j'essaye de trouver une solution tout en faisant monter un autre fantôme. Dans la foulée, j'en détecte un qui ne veut pas monter. Je vérifie : il est positif. En fait, c'est un de mes guides magiciens, ce sont des fantômes qui savent se nourrir seuls dans l'éthérique. Mon guide me propose de m'essayer un peu à la « magie ». Ok, j'essaye de « programmer » un objet dans mon salon pour qu'il maintienne le tunnel ouvert.

Ca ne marche pas, je ne sais pas comment on programme les objets. A voir en formation de géobiologie l'an prochain (avant on disait « faire un objet magique », maintenant on dit « programmer un objet », c'est plus moderne, plus sérieux). Après diverses manipulations infructueuses (mes tunnels disparaissent tous au bout de 30 secondes), et d'essais avec des formes pensées tout aussi infructueux, je pars en quête d'un vortex dans le coin. J'en trouve un, le gardien est d'accord pour que je fasse un lien avec mon tunnel afin de l'alimenter pour la nuit. Je relie mon tunnel au vortex. Je teste au bout de quelques minutes : le tunnel est toujours présent. Voilà, plus de fantômes sur mon canapé : ils doivent monter direct. Je peux regarder la télé sans être trop squatté (y'a juste les esprits habituels). Mes chats s'affolent moins, car ils hallucinaient un peu avec tous les fantômes, guides, gardiens de vortex et tous ceux qui ont débarqué. Ah oui, mes chats les voient aussi, c'est assez rigolo. Ils sont même habitués à certains et ils ne font même plus attention. Mais les nouveaux venus attirent toujours leur attention. J'ai peut être fait les choses à l'envers, mais Halloween a été l'occasion d'ouvrir un tunnel sur le monde du dessus pendant la nuit afin que les morts puissent monter. Donc rappelez vous : si vous mourez, surtout montez dans la lumière. Sinon il faudra partir en quête d'un allumé qui ouvre des tunnels toute la nuit le soir d'Halloween.

Un peu de technique
Pour vous donner une idée : je distingue un humanoïde d'énergie dans la pièce, il envoie des lignes d'énergies, des pensées et des émotions qui le rendent facile à percevoir. Suivant la fréquence, le goût, les sensations multiples de sa texture, j'ai une idée de ce que c'est. Ensuite, j'établis une convention mentale. Pour le fantôme par exemple (entité humaine négative), si je le touche, je veux que ma main passe au travers sans rien sentir, comme s'il avait disparu. Dur à décrire comme sensation, c'est marrant de rentrer dans le corps énergétique d'un autre.
Je regarde son niveau d'émanation : si mon corps éthérique se dilate, il est positif, sinon, il est négatif, puis je calcule un pourcentage de multiplication de mon biochamp qui correspond au degré d'émanation. J'ai un moyen de calcul d'après une convention mentale.
Un humain est à 100%, un elfe entre 1000 et 2000% etc. et ainsi de suite.
Communication par clairaudiance : chez moi, c'est plus de la fusion directe d'esprit à esprit. En gros, l'émanation m'envoie ses émotions (je peux les sentir physiquement dans son corps énergétique) et nos esprits fusionnent. C'est comme si on t'envoyait tout d'un bloc : par exemple, je mets la carte de France directement dans ta mémoire, tu sens que c'est là.
Soit tu acceptes l'information telle quelle et tu y accèdes, ce qui n'est pas évident au début, c'est comme parler avec le silence de l'esprit, c'est tellement étranger à notre manière de penser au départ qu'on a l'impression qu'il n'y a rien. Soit on peut être tenté de formuler en mots dans la tête : c'est plus limité. A présent, j'arrive de mieux en mieux à comprendre le silence. Prenons la

carte de France mise en mémoire : si tu ne peux pas y accéder sous cette forme, tu es obligé de faire des phrases, mais tu imagines décrire toute la carte de France avec des phrases ! Aucune chance, tu vas forcément être à côté de la plaque.
Voilà, c'est ça, communiquer par fusion d'esprit, cela nécessite un certain temps d'apprentissage. Par contre, c'est tout bénéfice parce que c'est instantané, et parfois des informations restent en arrière plan et arrivent quand on en a besoin. C'est d'une efficacité démesurée. Gros défaut : nos esprits ne peuvent les retenir longtemps, et on oublie très vite ce dont on a plus besoin, ça s'efface complètement, comme si ça rentrait dans l'inconscient. Mais cela ressort en cas de besoin. Voilà à peu près comment je vois les choses. Sinon, quelques fois, des images mentales me viennent en tête, mais avec les morts, je préfère éviter. Une fois, une vieille mamie fantôme m'a surpris, et d'affolement je lui ai mis un direct dans la figure (sans effet heureusement). Ça surprend quand tu vois surgir de nulle part une femme fantôme devant toi et puis… j'ai de mauvais réflexes.

Expérience 70
Chercheur de Dieu

Je ne pratique rien et ne m'entraîne pas aux « pouvoirs », le résultat est prévisible : je suis plutôt nul dans leur pratique consciente. Inutile de me demander quoi que ce soit, les choses ne se passent bien que lorsqu'elles m'arrivent par hasard la plupart du temps. Mes « talents » de guérisseurs ne fonctionnent pas à volonté et nettoient juste ceux qui m'entourent quand ils le veulent bien : je suis donc un mauvais guérisseur. Je n'ai de réponses qu'aux questions que je ne me pose pas : je suis donc le pire des voyants. Ce n'est pas moi qui parle aux esprits, ce sont eux qui me parlent, à part les anges qui aident tout le monde : je suis donc un mauvais spirite. Je perçois les corps énergétiques mais, n'en ayant aucune compréhension, ça ne me sert à rien : je ne suis même pas un bon pratiquant en ésotérisme. Je compte simplement faire une formation en géobiologie à terme pour aider à rééquilibrer les forces naturelles de la planète. Ce qui pour moi est un moyen d'aider tout le monde au final. Pour le reste, mon aide consiste à partager mes expériences, et chacun doit y trouver ce qu'il veut pour avancer sur sa propre voie, parce que le message est simple : vous avez tous le moyen de résoudre vos problèmes aujourd'hui avec l'évolution de la planète. Il est même possible de lâcher soi même du karma, ce qui n'était pas possible pour un quidam moyen (comme moi) vingt ans en arrière selon certains. De multiples thérapies aujourd'hui permettent de trouver la source de nos blocages, on a l'embarras du choix. Les anges et archanges n'attendent qu'une seule chose : de vous aider à avancer et à remettre de l'ordre dans votre vie. Donc, prenez vous en main et développez votre potentiel réel en vous libérant de vos blocages. Aide toi, le ciel t'aidera.

« Un chercheur » au sens de « la voie du magicien » est quelqu'un qui part à la recherche de Dieu et de l'amour inconditionnel, et je ne suis que cela. Mais ce que je trouve sur ma voie, je le partage, n'ayant que cela à offrir pour l'instant.

Expérience 71
Fessée haute fréquence

Aujourd'hui est une journée qui s'annonce plutôt calme : juste un mort à faire monter ce matin. En temps normal, il n'y en a pas plus d'un ou deux par semaine chez moi. Je fais tranquillement mon boulot, lorsque je vois un commentaire sur mon blog qui me turlupine : quelqu'un ne comprend pas pourquoi je ne veux pas me relier à son saint personnel pour l'étudier. Bon, sur le coup je m'énerve un peu parce que si ça continue, tout le monde va vouloir que je me relie aux autres pour voir comment ils sont foutus et franchement « ça ne le fait pas » : c'est très indiscret, il faut dire ce qui est. Je réponds donc un peu sèchement que je me refuse à le faire. Il faut peut être que j'écrive un texte pour bien cadrer le fait que je ne travaille pas sur les « pouvoirs », ce qui est vrai, je ne pratique que des thérapies en vue de me réunifier, et le reste vient tout seul ou bien ne vient pas. L'après midi, une entité négative arrive dans mon bureau. Bon, un voyageur à ramener chez lui. En train de coder, j'appelle un ange par simplicité (ils sont omnipotents et aident tout le monde, donc on ne les dérange jamais vraiment puisqu'ils peuvent aider plusieurs personnes simultanément, et puis j'aime bien les anges). Un ange arrive donc et raccompagne notre cher ami chez lui. Je le remercie et recommence à coder. Là, je m'aperçois qu'il ne s'en va pas. Je comprends qu'il est là pour m'aider à grandir et à apprendre à utiliser ma propre intention. Ma foi, je ne vois pas très bien comment, mais l'ange reste derrière moi toute la fin d'après midi et me rafistole tranquillement les épaules au passage. Du coup, ça va beaucoup mieux. Rentré chez moi, j'écris mon texte sur les pouvoirs. Et je comprends au passage qu'il m'est autant adressé qu'aux autres : il est clair que là haut, on ne m'autorise à utiliser mon propre pouvoir que pour aider à rééquilibrer la nature. A peine ai-je fini d'écrire le texte que l'ange me dit quelque chose du genre : enfin tu as compris ! Sur ce, il se met sur moi et commence à me modifier les chakras du bas. Bon, ce n'est pas comme si ça me stressait parce que je suis habitué, mais quand même ! Je comprends en échangeant avec lui que mon ancrage au sol est pourri. Par conséquent je mange pour m'enraciner : la nourriture est un moyen simple pour moi de remettre les pieds sur terre. Mais c'est insuffisant, et comme j'intègre de plus en plus le monde des esprits, je suis obligé de beaucoup manger pour m'enraciner. L'ange revoit entièrement ma connexion à la planète pour que ça se passe mieux. Le résultat est carrément excellent : j'ai l'impression, depuis, d'avoir une ventouse de lumière sous les fesses. Je le remercie et il s'en va. Au passage, c'est un « domination » d'après ce que j'ai compris. Il s'appelle Méziel ou un truc du genre. Il me confirme que la classification chrétienne est juste mais apparemment il manque des catégories (une histoire d'espoir) et l'élévation de la planète fait que d'autres types d'anges vont pouvoir débarquer. Bon, franchement je ne suis pas totalement sûr d'avoir tout compris, c'est à prendre pour ce que ça vaut. Pour ce qui est de son émanation elle est supérieure à 10 000% d'après mes calculs. Il faut que je termine la formation en géobiologie parce que je ne suis pas certain que ce ne soit pas beaucoup plus encore. En fait, c'est sans intérêt, c'est pour le fun, parce que les anges et archanges modulent leur fréquences pour nous : ils sont tous « incalculables » par rapport à notre niveau, et s'ils apparaissaient à leur niveau réel de fréquence, ils nous crameraient comme des merguez.

Le soir, je regarde le message sur mon blog, et comme le type a l'air sincère je me décide à tenter de me relier à son saint. J'écris mon ressenti et vais tranquillement m'installer sur mon canapé. C'est alors qu'une émanation débarque dans mon salon, qui vibre plus haut que l'ange, qui me met en vrac par sa seule présence, je reconnais l'énergie : c'est le saint en question qui vient de débarquer dans mon salon ! D'après ce que je comprends, il est très mécontent et m'explique que je dois retirer immédiatement mon commentaire. Vu ce qu'il me met dans la gueule, je ne me fais pas prier (il s'encombre moins de politesse que l'ange, il module bizarrement ou bien est-ce pour me donner une fessée énergétique ?). Dès que c'est fait, il s'en va en me précisant de ne plus recommencer à décrire ce que je perçois en transfert de conscience. Il m'a complètement mis en vrac : comme si mon corps énergétique était dissonant (je ne sais pas comment mieux le décrire) et il me faut un moment pour m'en remettre. Son niveau d'émanation est tellement haut qu'il a imprégné mon salon en quelques secondes. Heureusement ça c'est stabilisé et un gentil ange est venu faire le ménage derrière. Mais au moins c'est clair : on m'a filé un ancrage et les moyens d'utiliser mon propre pouvoir, mais on me conseille vivement de ne l'utiliser que pour aider la nature et pas autre chose. Et bien, vous savez quoi ? Au vu de ce qui vient de débarquer dans mon salon, je vais suivre le conseil. Dire qu'avant je ne croyais pas en Dieu, et maintenant il y a des anges et même des saints courroucés qui débarquent dans mon salon. Et après ça, on dira que le monde n'est pas magique !

Depuis que j'ai mon ancrage, je commence à comprendre que ma perception du monde sous forme d'énergie consciente, et ma manière de communiquer par transfert direct d'esprit (bien que poussive) est beaucoup plus réelle que le monde que nous voyons par nos cinq sens ordinaires. Comme si nos cinq sens normaux étaient une construction virtuelle plaquée sur un monde qui n'a rien à voir. Le pire est que je le vois, que ça ne me gêne plus et que je peux même fonctionner sans avoir envie de pizza : vive les supers enracinements !

Expérience 72
Love is all

Au milieu de la matinée, alors que je code comme d'habitude, une super émanation se place à côté de moi : je reconnais un ange, ils sont agréables et chaleureux. Il semble attendre quelque chose. Je lui demande sur une inspiration un peu débile : peux-tu m'aider à me libérer de mon ego pour que je puisse apprendre l'amour inconditionnel ?
– Et bien voila, on va y arriver finalement, encore un excellent choix.
Vu qu'un autre ange est venu la veille pour travailler sur mes chakras de base, j'en déduis qu'il est là pour continuer le boulot, ce n'est pas le même, celui là est un chérubin. Il se met entre mon plexus et mon cœur et commence à me tripoter partout : une expérience très agréable d'avoir un ange dans le cœur. Il est en train de modifier quelque chose, c'est super agréable. Je résume au mieux l'échange parce que ça part dans tous les sens et là encore, ça vaut vraiment ce que ça vaut :
– L'amour est la meilleure chose qui soit, et c'est la seule chose que tout le monde veut dans le monde ; de cela, tu as pu en faire l'expérience. L'amour de la mère, tel que vu par l'ego, est la seule chose qui motive les gens et c'est également la seule raison d'être de leurs actes dans la dualité. Ce n'est qu'un substitut de l'amour divin véritable. Donner inconditionnellement cet amour à quelqu'un, c'est lui donner la chose la plus haute qu'il puisse désirer ici bas : même s'il ne le voit pas. Tu as également fait l'expérience, même limitée, du partage et

du don. C'est une chose que tu dois encore approfondir, mais tu as commencé au moins à percevoir que donner c'est recevoir : puisque tout ce que tu donnes à l'extérieur, tu ne le donnes qu'a toi même. Donc chaque fois que tu donnes quelque chose sans arrière pensée égocentrique, tu te le donnes en cadeau à toi même et tu le reçois par effet boomerang. Qui plus est, ce don, que tu fais, t'apporte la plus grande des jouissances si tu le fais librement et sans ego : chacun à pu ressentir cette joie l'envahir alors qu'un jour il a fait un acte de pure charité sans aucune arrière pensée. Faire le don de l'amour sans arrière pensée et inconditionnellement est à la fois le plus grand bonheur que tu puisses donner à quelqu'un ici bas, et également la plus grande jouissance que tu puisses ressentir toi même ici. Et ce n'est pas tout. Sachant que pour donner librement cet amour à quelqu'un ou quelque chose tu dois accepter de ne plus en avoir peur, tu dois te réconcilier avec ce quelqu'un ou ce quelque chose, donc t'unir intérieurement avec lui. Si tu cherches à donner ton amour à tout, à la fin, tu finiras par t'unir avec toute la création. Or t'unir avec la création c'est t'unir avec l'esprit divin. L'esprit divin se tient dans l'endroit où se trouve le seul outil qui permette de le retrouver : le siège de la source intarissable d'amour en toi. Faire jaillir la source d'amour et la donner inconditionnellement à toute la création est synonyme d'une fusion avec lui. Toute l'énergie que tu possèdes doit donc s'unir dans ton cœur pour faire jaillir sa source autour de toi et, lorsque sa puissance sera assez grande, l'esprit divin sera révélé.
– Peut tu m'aider à faire jaillir cette source autour de moi ?
– C'est pour ça que je suis là : il suffit de demander. Trouve les blessures de ton cœur, toutes les choses que tu as gardées en toi au cours de ces vies, tu en trouveras la trace ici dans cette vie. Quand ce sera fait,

libère t'en, et quand tu auras accepté de les laisser partir, l'amour commencera à jaillir naturellement et sans effort. Il sera faible au début, mais en continuant à persévérer, il deviendra de plus en plus fort jusqu'a trouver toute sa puissance.
– Comment s'y prend-on ?
– Il faut s'en remettre au moi supérieur : lui est le lien avec le divin et est prêt à faire jaillir l'amour, il doit se tenir dans ton cœur. L'enfant intérieur est innocent et aime tout inconditionnellement, il doit également se tenir dans le cœur. Quand le moi supérieur et l'enfant intérieur se tiennent dans le cœur et que le mental se tient à sa juste place de serviteur, alors l'amour peut jaillir. Amour, joie, vérité : vérité pour le moi supérieur, joie pour l'enfant intérieur et amour dans le cœur déverrouillent l'accès à l'esprit divin. Lui n'est constitué que de ces trois choses, tout ce qui n'est pas cela ne lui appartient pas et est issu de l'égo. En fin de compte, il ne reste plus qu'à tomber amoureux fou de l'univers.
– Et bien, c'est super pas gagné !
J'ai beau faire, je ne trouve pas d'où vient la douleur dans mon plexus et dans mon cœur. Mais le séraphin est patient, il dit qu'il reviendra quand j'aurai trouvé la source de cette souffrance et accepté de m'en libérer.
La journée se passe et finalement je crois comprendre ce qu'il manque. Le problème vient de la foi en moi, c'est ce qui bloque l'énergie au niveau du plexus et l'empêche d'atteindre le cœur. Je me remémore mon travail sur ce problème de foi. Je crois que je peux vraiment le lâcher. A peine ai-je dit ça que le séraphin revient et agit sur ce point : ça semble se dénouer. Bien, maintenant il me reste à trouver l'amour dans mon cœur : l'amour pour moi et le pardon inconditionnel pour mes fautes envers moi même. Ce qui inclut le pardon inconditionnel pour les fautes des autres envers moi, puisque c'est ce qui a déverrouillé le cœur la première

fois. Pour toute les fois où je ne me suis pas aimé et où je ne me suis pas senti aimé. Parce que le problème ne venait que de mon propre ego dans tous les cas. Cette fois, le séraphin agit à nouveau mais sur le cœur. Accepter de grandir c'est avoir foi en moi et avoir un amour inconditionnel pour moi. Ce qui veut dire que cet amour ne doit pas être altéré par une image que je me fais, ou une possession que j'ai. Je dois pouvoir m'aimer, vieux, abandonné de tous, couvert de puce et perdu au fond d'un trou. Là encore, je dois m'aimer quoi qu'il arrive. Trouver l'amour inconditionnel pour soi est le seul moyen de commencer à le trouver pour les autres. C'est donc ça la leçon du chakra du cœur : parvenir à s'aimer dans toute situation, sous toutes les formes, dans tous les états. Que l'amour de soi devienne réellement inconditionnel. Et là seulement, l'amour peut devenir inconditionnel pour les autres.
– Et bien voilà, au final, je crois que c'est ce que j'ai appris aujourd'hui. Mais bon, ça revient toujours un peu au même dans tous les cas.
– Vraiment, tu crois ne pas avancer ? Je te rappelle qu'il y a quelques semaines, tu ne voyais pas l'intérêt de l'amour et tu ne savais pas ou mène le voyage au delà de l'amour. Maintenant tu le sais : il mène effectivement à la paix de l'esprit, c'est un voyage qui peut être long et te prendra peut être toute ta vie, pourtant il en vaut la peine, puisque le but est à portée. Et quel autre voyage, que celui qui mène au bout de l'amour, mérite réellement d'être vécu sur cette terre ?

Foi en soi et amour inconditionnel pour soi : les deux clés pour arriver jusque là. L'extérieur étant une projection de l'intérieur, on doit arriver à l'amour inconditionnel des autres et à la foi en l'univers. A expérimenter.

Expérience 73
Serviteur de l'esprit

Discussion avec la lumière ce matin (moi supérieur) :
— Cette notion de serviteur m'interpelle : comment l'ego peut-il devenir serviteur alors qu'il est clairement le maître dans nos vies ?
— Il faut que tu acceptes tout entier de devenir serviteur toi même. Puisque tu es en bonne part constitué de ton ego. Mais tu dois être serviteur du seul qui en vaille la peine : Dieu. Pour ça, ton plus proche lien avec lui est l'esprit divin, puisque étant une cellule du corps de dieu, il est également dieu. Certains vont s'en remettre à un saint et devenir son serviteur. Un saint a dépassé son ego et possède donc un lien direct vers l'esprit divin. S'en remettre à lui équivaut à s'en remettre à l'esprit divin ou à Dieu. Tu peux t'en remettre à un maître incarné qui a lui même suffisamment dépassé son ego, si ton intuition te guide vers un tel maître. Dans ce cas cela équivaut à s'en remettre également à Dieu si la personne a suffisamment progressé. En fait, plus elle a avancé, plus la servir te fait avancer. Mais au final, il faut dépasser ses maîtres un jour, pour devenir le serviteur de ton propre esprit divin. Car c'est lui que tu recherches en fait dans le regard d'un maître. Comme tu ne peux le voir sur toi même, tu le cherches à l'extérieur. Je suis ton « plus » sur le chemin vers l'esprit divin : je suis le moi supérieur, la voix de l'esprit divin. Si tu souhaites dépasser ton ego, alors tu dois devenir mon serviteur. C'est ce que tu as commencé à faire petit à petit,

mais tu ne t'es pas complètement engagé. C'est un choix que tu dois faire en conscience, prend donc seul cette décision et pèse-la bien. Je vais te dire ce que signifie être mon serviteur : ça signifie faire tout ce que je te demande, en sachant que ça heurtera forcément ton ego parce que je vais te forcer à affronter sa dictature. C'est moi qui crée les expériences de ta vie et les rencontres : donc quel que soit l'événement, ou la personne, tu dois les respecter et les regarder comme s'ils étaient moi même, c'est à dire des messagers de Dieu pour toi, et cela vaut pour tous ceux qui peuvent te faire du mal, te heurter, pour tous les événements tragiques de ta vie. Cela signifie qu'à chaque fois qu'une chose apparaît dans ta réalité, tu dois la regarder comme un message personnel de ton maître, donc avec amour et confiance totale. Si tu peux le faire, ignore la souffrance et cherche le message caché. Le message trouvé, tu guéris d'une part d'ombre et tu avances un peu plus vers la lumière, vers l'esprit divin. Plus tu affrontes une peur et une souffrance importantes, plus tu dépasses une part d'ombre importante en toi. Si tu le fais avec amour, foi et dévotion totale, comme seul un serviteur totalement obéissant peut le faire, si tu obéis à mes instructions, même à celles qui te paraissent les plus dures, et surtout celles-là en fait, alors tu iras directement vers l'esprit divin. Quand je ne parlerai plus, tu m'auras atteint. Et les expériences ne seront plus créées par moi dans ta réalité, mais par toi puisque nous ne ferons qu'un : tu créeras ton monde en conscience. Voila ma promesse, mais elle passe par un engagement total de ta part, et par une soumission totale à la lumière. Alors réfléchis et prend ta décision en conscience.

Comme ça, au petit déjeuner, avant même d'avoir pris mon café ! Et la lumière m'a tanné pour que je l'écrive, alors je l'ai fait. Chaque fois que j'ai suivi la lumière, j'ai fait des bonds de géants, alors quel maître plus grand puis-je espérer ici bas ? Je crois bien que mon choix est fait depuis longtemps.

Expérience 74
Débuts pour un maître exigeant

Sur le chemin je discute avec la lumière (moi supérieur donc messager de l'esprit) et finalement je décide d'accepter de devenir son serviteur en conscience. Comme souvent le matin, je m'apprête à aller acheter des pains au chocolat, et là directement message d'en haut : NON. Bon ok, alors je vais au boulot, et là, je m'apprête à faire le café et à nouveau : NON. Pour info je bois environ trois grandes tasses de café par jour : c'est ma drogue du boulot, je ne code qu'avec du café. Ça ne me fait rien de particulier et ça ne m'empêche pas de dormir le soir, le café n'est pas mauvais pour moi (dixit mon biochamp), au moins physiquement. Et j'ai du mal à bosser sans ça, donc ça promet ! Je fais quand même mon boulot tant bien que mal, bien que j'éprouve une gêne bizarre difficile à définir (en plus du manque de café). Vers 11h00 je me lève pour aller prendre un verre d'eau (il me faut un truc pour m'occuper les mains) et croise la patronne. Je ne sais plus de quoi on parle, et elle me dit en rigolant : la bouche ça ne sert pas qu'à boire du café ou à manger, ça sert aussi à discuter. Et là, j'entends la lumière : t'en penses quoi ? Effectivement, je comprends, à chaque fois que j'ai besoin de communiquer, je bois du café. C'est une espèce de compensation. Comme je souffre du manque de communication dans mon boulot, je bois du café toute la journée. Je me prends un max de lumière dans la tête, le cou et le cœur toute la journée :

différentes modifications se font, particulièrement au niveau du chakra de la gorge. C'est bizarre de bosser en sentant des énergies modifier tes chakras dans tous les sens. Dans la journée, à part une entité que je renvoie chez elle (je ne sais pas si elle n'est pas entrée à la suite de mon patron ?) et un ange qui passe me regarder un moment, plutôt rien à signaler. Par contre je m'aperçois que je communique plus librement avec les arbres devant ma fenêtre. Je blague, on discute de choses et d'autres. Maintenant que je sais que j'ai besoin de communiquer, j'en profite pour le faire avec les arbres situés devant. Eux me parlent de la pluie, moi de ma vie, c'est sympa. Sur ce, je rentre avec une clairaudiance largement plus efficace que d'habitude, et surtout je n'hésite pas à repérer les esprits sur la route et à blaguer avec la nature au passage, ce qui est très inhabituel pour moi. Le travail du jour a porté sur le chakra de la gorge : de ce que la lumière m'en dit, il gère la clairaudiance, et en acceptant de casser mes habitudes et mes croyances, c'est à dire en m'en remettant à la lumière sans discuter, je permets à mon chakra de s'équilibrer. Du coup ma clairaudiance est plus libre. Par contre, la lumière m'annonce la couleur : plus de café parce que ça déséquilibre le cerveau et nuit à ma clairaudiance, plus d'alcool et surtout plus aucune habitude. Je suis quelqu'un qui fait les choses de manière presque rituelle : toujours pareil à la même heure. Je mange pratiquement toujours la même chose et j'ai une vie de fonctionnaire. La lumière est formelle : dorénavant c'est elle qui me dit quoi manger, quoi faire, à quelle heure me coucher, etc. Et ça ne sera jamais pareil. Il est clair que ma méthode de fuite de la réalité préférée est de m'enfermer dans les habitudes : un héritage paternel dirons-nous. C'est la première chose qu'il va me faire sauter. Mon maître me parle dès qu'il a envie, et il regarde tout le temps par dessus mon épaule, donc je ne vais pas pouvoir me défiler.

Expérience 75
Week end de haut et de bas

Je vais tenter de résumer parcequ'il s'est passé beaucoup de choses ce week end.

<u>Vendredi : éclipse du troisième œil.</u>
De manière étonnante mon troisième œil a cessé de fonctionner vendredi. Je me suis retrouvé dans la rue, sans aucune perception énergétique autre qu'au bout des mains, perdu dans mon petit corps physique avec une impression d'isolement que je n'avais plus eue depuis longtemps. J'ai passé une partie de la journée ainsi, et puis j'ai finalement demandé à ce que ça revienne. Et c'est revenu.

– Pourquoi mon troisième œil s'est-il fermé ?
– Et bien apparemment ça te posait problème de t'être mis à voir contre ta volonté. Maintenant, tu ne peux plus te plaindre : c'est toi qui as demandé.

Quand le troisième œil est ouvert, je suis comme une goutte d'un immense océan d'énergie dont je ne perçois qu'une infime partie autour de moi. Pourtant, à partir de cette infime partie je peux ressentir ce que je veux dans l'océan et même y transférer une partie limitée de ma conscience. En éprouvant cela, je vois bien que les arbres, les gens, les étoiles font tous partie du même océan et à partir de lui il m'est possible de me relier à tout ce que je peux imaginer.

<u>Samedi au paradis.</u>
Samedi a été une journée où je suis parvenu à ouvrir le cœur correctement. Je me suis retrouvé dans un état

particulier : au dessus de l'ego. Un état de paix que je n'avais jamais pu obtenir durant une journée complète. Toute la journée, la lumière m'a enseigné, j'ai fait sauter différents blocages qui se présentaient (un paquet en fait) en utilisant le double du futur et du passé. C'est très efficace parce qu'on peut le faire même en discutant avec quelqu'un et cela semble fonctionner. Tu peux faire sauter 50 problèmes dans la même journée. Par contre, c'est la lumière qui valide le droit ou non de faire sauter un truc : je suppose que certaines choses doivent quand même être expérimentées, mais bon, ça déblaye bien (en fait j'en fais sûrement une utilisation limitée, on doit pouvoir faire mieux que ça, il faudra approfondir). J'ai passé une journée à la fois dans le monde matériel et le monde des esprits, en arrivant à concilier les deux : on est allé cueillir des pommes pour faire une tarte, et j'ai pu à la fois discuter avec les autres et taper la discute avec le pommier, puis rester relié à lui pendant qu'on faisait la tarte dans la cuisine pour lui expliquer le processus. Il s'inquiétait parce qu'il ne comprenait pas pourquoi on ne mangeait pas ses pommes directement. Il y avait un lutin qui sautait partout autour, en nous regardant cuisiner : vraiment très sympa. Les problèmes d'ego ne m'atteignaient pas, c'était vraiment une journée réussie. C'est rare que je puisse intégrer les deux mondes aussi simplement en maintenant l'état de paix dans le cœur. Et surtout en me sentant faire un avec tout : depuis le rouleau à patisserie jusqu'au pommier.

<u>Dimanche en enfer.</u>
Sur le plan extérieur, il s'agissait de la même journée. Pourtant je me suis retrouvé totalement dans mon ego. D'abord un blocage au chakra coronal s'est présenté dès le matin (une pointe qui se bouche, c'est un classique pour moi, toujours la même d'ailleurs). Du coup, je ne me suis pas relié en haut et j'ai commencé à faire

n'importe quoi. Je n'ai pas pris la peine de me centrer dans le cœur et ça a dégénéré en quelques heures. Toute l'énergie s'est dispersée n'importe comment, les émotions affluant dans tous les sens sans raison, (et ayant plus d'énergie : un carnage), je me suis retrouvé au trente sixième dessous en quelques minutes. Sans compter ce problème d'incarnation qui m'a repris (me rappelant des souvenirs d'enfance), c'est comme si tu voyais le monde par le petit bout de la lorgnette : c'est hyper angoissant, tu es perdu dans les limbes. A moitié là seulement. Tu n'arrives ni à être présent dans le matériel, ni dans le monde des esprits. Dès que la paix et l'instant présent s'en vont, il est impossible de communiquer avec les esprits ou le moi supérieur : tu te retrouves seul dans une espèce de mic mac dont tu n'arrives plus à sortir, à la merci de l'ego. Je suis parvenu à débloquer ce problème sur la journée en lâchant le karma associé (ça a été sport), mais j'étais complètement dans mon égo. Finalement, le soir en prenant la route pour rentrer, deux rouages ont fonctionné dans mon cerveau et j'ai fait le lien entre le feu et le blocage du chakra coronal. J'ai mis en marche mon chakra du nombril pour qu'il dissolve l'ego (c'est comme ça que je vois le feu : il attire les émotions et les énergies dispersées dans le corps et les consume, j'ignore comment). Cette manière de procéder semble fonctionner avec moi, puisque immédiatement la lumière devient très forte et une jouissance s'installe dans mon crâne. Les émotions duelles s'arrêtent en quelques minutes, et le centre du cœur se met à brûler dans une sorte de jouissance et de paix.

Je ne sens pas de douleur dans le centre sauf au niveau du cœur où il y a des pointes qui me font mal, mais je les ignore. Sûrement des choses à régler ou bien des nœuds à dénouer. Par contre je ne sens rien au niveau du canal central : il semble bien faire son boulot sans blocage : à mon avis, la montée de kundalini à suffisamment desserré les nœuds pour laisser passer la quantité d'énergie nécessaire. J'ai conservé cet état plusieurs heures sur le trajet de retour, et mon chakra coronal qui était bouché s'est rempli d'énergie lumineuse et s'est mis à briller comme une couronne : un régal. J'en ai profité pour faire un débriefing avec la lumière.

Expérience 76
Lumière blanche, lumière rouge

Donc débrief dans ma voiture avec la lumière, j'en écris quelques passages, c'est une partie que j'arrive à retranscrire mais encore une fois, ça vaut ce que ça vaut :
— Merci pour la journée, j'en ai chié comme un malade.
— Et bien il est important de comparer, non ? Une journée avec moi pour maître, et une autre au service de ton ego. Au moins quand je te donnerai des instructions qui te paraîtront strictes, tu pourras faire la comparaison en te rappellant ces deux journées.
— Effectivement, ça calme. Comment accepter définitivement d'être complètement ici ? Parce que ce problème d'incarnation est vraiment pénible.
— Il faut que tu comprennes une bonne chose : tu es toujours ici et maintenant, point à la ligne. Cette phrase n'est pas simplement une méthode pour te retourner dans le moment présent, comme tu sembles le croire. En fait c'est la réalité. Il n'y a pas de haut, de bas, d'ailleurs, de plus loin, d'autres plans, d'hier, de demain : il y a ici et il y a maintenant. Parce qu'en réalité, le temps et l'espace n'existent pas. C'est la seule réalité. Tout se réduit à un seul point si tu veux le voir comme ça : toi et tous les autres êtes réduits à ce point. Le reste est une création de ton esprit divin. En conséquence, tu peux essayer d'aller ou tu veux, au final, tu es au même endroit et tu rencontres les mêmes difficultés. Si tu as peur ici, tu as peur là bas, si tu n'es pas centré et en extase

ici, alors tu n'es pas centré et en extase là bas. C'est tout, alors oublie la fuite, il n'y a nulle part où aller. C'est à l'intérieur qu'il faut régler le problème. Pour cela, tu dois te recentrer, donc retourner au centre dont tu es issu : dans ton cœur. Le feu consume l'ego, la lumière t'indique le chemin et ta conscience descend dans ton cœur : là, l'esprit divin peut apparaître. Mais tu dois toujours penser à ces trois choses : amour, joie, vérité quand tu es centré. S'il manque un seul de ces éléments, tu n'es pas correctement centré. Tout ce qui n'est pas ça, le feu s'en occupe.
– Pourquoi est-ce que je me sens en accord avec toute la création quand je suis centré ?
– Parce qu'en te repositionnant au niveau de l'esprit, tu reviens dans un état plus proche de la réalité, tu n'es plus dans la dualité. Il n'y a plus de « je » ou de « moi », il y a « nous ». Nous la voiture, nous la route, nous le boulot, nous l'arbre, nous les autres : nous tous. C'est le seul endroit ou tu peux aller, là où il y a « je » ou « moi », tu es dans la dualité. Dans la dualité, tu peux mourir et renaître autant de fois que tu veux, tu peux te battre, tu peux vivre tout ce que tu veux des millions de fois. Mais ce que tu y trouves est limité et le sera toujours. Vient un moment où l'on se lasse de cet endroit et où il est temps de s'élever. C'est un processus naturel : quand on est prêt, il se présente. Alors il faut passer du « je » au « nous ». Parce que chez toi, c'est « je » qui veut forger le corps de gloire, c'est « je » qui veut ci ou ça. Mais en réalité, « je » ne quittera pas la dualité : il est condamné à y rester, puisqu'il ne peut exister que là. En réalité c'est « nous » qui forgeons le corps de gloire, c'est « nous » qui pouvons quitter cet endroit. Si tu peux quitter ce « je » de ton vivant, alors tu peux t'élever de ton vivant : c'est une condition nécessaire, bien que non suffisante. Mais tu dois devenir « nous » de manière constante. Dès que tu sens que tu te disperses, tu dois

immédiatement te recentrer dans le cœur, et redevenir nous. C'est une nécessité : plus tu vas être capable de canaliser d'énergie, plus tu vas disjoncter si elle se disperse. Pour l'instant, c'est gérable, mais il va falloir maîtriser parfaitement ce point avant d'aller plus loin.

Je parviens à garder cet état toute la soirée. Après une journée en enfer, c'est une soirée de bonheur. En me couchant le soir, je maintiens encore cet état, et brusquement, mon cœur semble s'agrandir et je me transforme en boule de lumière. C'est la première fois que ça m'arrive : ma conscience est entièrement dans la lumière, j'ai presque l'impression que je pourrais fusionner avec. Pourtant je n'ai pas maintenu cet état complètement, je retesterai à l'occasion. J'ai été surpris en fait, c'est la première fois que je suis englobé comme ça. Mais ça n'est pas fini, le lendemain matin en me réveillant, je sens l'énergie monter en partant du nombril et aussitôt une lumière rouge commence à se lever dans ma tête.
C'est léger, clairement issu du nombril, j'entends le bruit de l'énergie qui monte et je vois la lumière rouge. Eh bien, plutôt un week-end où j'ai bien avancé ! Maintenant la question est : comment être centré constamment ? Nous verrons, j'ai quelques pistes sur la question.

Expérience 77
Duel - non duel

Depuis quelques jours, il y a des pluies d'orage et du vent. Apparemment la nature a l'air d'aimer ça et les arbres semblent s'éclater. J'ai l'impression que ce déchaînement d'éléments a un côté nettoyage énergétique. Un matin, il ne pleut pas et il y a une brume assez importante. Je m'attends à sentir la nature en joie (moi je trouve la vue très sympa) et au contraire, j'ai une impression de lourdeur et de peur légère. D'après ce que je comprends certaines « choses » sont en train de remonter d'en dessous (il y a un monde sous terre d'où viennent les entités). Je ne sais pas si c'est lié au brouillard ou si c'est un hasard, en tout cas, l'ambiance est lourde. Je ne m'en soucie pas plus.
Quelques jours après, un elfe débarque dans ma cuisine pour me parler. Ça m'énerve parce que je ne comprends jamais rien à ce que veulent les elfes, franchement je dois avoir un blocage. D'après ce que je ressens, il veut de l'aide, mais malgré mes efforts je ne comprends pas dans quel but. Sans doute un jour « sans » : parfois, je ne comprends rien de rien. L'elfe se lasse et me laisse en plan. Je laisse courir en me disant que je ne peux pas faire plus si je ne comprends pas. (Cela m'arrive plusieurs fois par jour de voir débarquer un humanoïde d'énergie qui veut me parler, aussi, il m'arrive de laisser courir surtout quand ma vie matérielle prend le dessus. Et je ne suis pas souvent réceptif sinon je ne pourrais pas faire un mètre dans la rue sans être accosté par un esprit, il y en a vraiment partout.)

Hier soir, tranquillement installé dans mon salon, je vois un truc bizarre du coin de l'œil (je vois souvent des trucs bizarres du coin de l'œil, surtout des gens, et puis quand je regarde en face ils ne sont plus là ; je ne m'en soucie pas la plupart du temps, j'y suis habitué). Or je vois passer furtivement au dessus de moi un nuage noir, plein de tentacules. Je cherche les entités négatives, je n'en perçois aucune dans mon appartement. Alors, je m'intéresse au vortex de mon salon (j'ai un vortex gardé par un elfe en plein dans mon salon, je m'en suis aperçu le soir d'halloween en cherchant une source d'énergie pour mon tunnel ; c'est dire comme je m'intéresse au monde des esprits et aux phénomènes telluriques en temps normal !). Le gardien du vortex est négatif. En fait, il est sous moi et l'entité négative aussi (j'habite au cinquième étage). Je renvoie l'entité chez elle, et l'elfe devient positif ; en fait, c'est sûrement lui qui est venu me demander de l'aide (à mon niveau de perception ce n'est pas évident de les distinguer) et l'entité doit être une des choses qui est venue avec le brouillard. Alors, je commence à essayer de chasser « de l'entité » dans tous les sens pour aider mon elfe (au moins dégager celles qui sont autour du vortex). Et bien sûr, plein d'entités débarquent. Le simple fait d'émettre une intention hostile contre elles entraîne souvent une attaque d'après le géobiologue, et là, c'est clair. Il y en a au moins cinq qui ont débarqué. Je finis par comprendre que c'est sans fin : plus je leur suis hostile, plus elles débarquent. Il faut vraiment que je fasse cette formation de géobiologie parce que je ne comprends rien à ce monde des esprits. Une chose est sûre : c'est un monde duel comme le plan matériel. Plus tard quand tout s'est calmé, je fais un débriefing avec la lumière pour comprendre le sens de cette expérience.
– Je fais quoi avec ces entités ?

– Le problème est que tu t'es positionné en guerrier. Et en faisant cela tu t'es fait piéger dans la dualité en quelques secondes : tu as pris partie pour l'un ou l'autre en considérant l'entité comme mauvaise et l'elfe comme bon, et donc tu es parti en cinq minutes dans ton film.
– Fallait-il que je ne fasse rien ?
– Bien sûr que non : le problème n'est pas l'action que tu as entreprise, mais l'état de conscience dans lequel tu l'as faite. Dans un état de conscience « non duel », l'entité et l'elfe sont tous les deux « nous ». Ils vivent une expérience. Il faut te mettre en accord avec l'esprit divin pour laisser l'action juste se dérouler. Doit-on aider l'un, l'autre ou les deux ? Ici en renvoyant l'entité chez elle tu lui donnes de l'amour et idem pour l'elfe : c'est l'action juste. Tu es dans l'amour inconditionnel : que ce soit un bel elfe ou un nuage noir plein de tentacules, c'est pareil, les deux méritent autant ton amour. Quand tu décides de chasser toutes les entités du coin parsqu'elles sont « méchantes », tu entres dans la dualité. Tu choisis un camp et tu te bats contre l'autre camp : ta main droite attaque ta main gauche. C'est ça le monde duel. Il est très facile de tomber dans cet état puisque ton mental est construit pour fonctionner ainsi. Si tu entres dans cet état et que tu te bats pour un camp, alors tu devras un jour te battre pour l'autre camp : c'est le karma. Action, réaction. L'entité n'a rien de mauvais, elle vient d'un monde différent, se perd et cherche de la nourriture pour survivre. L'elfe défend un point d'énergie naturel. Les deux sont dans l'amour. En jugeant l'un ou l'autre tu entres dans la dualité. L'elfe est-il mauvais parce qu'il refuse de la nourriture à un voyageur ? L'entité est-elle mauvaise parce qu'elle veut se servir d'une source d'énergie sans se soucier des conséquences ? Tous les points de vue se défendent dans la dualité : tout dépend de quel côté tu te mets. Seul le

recul du « non duel » permet de voir l'amour indifféremment dans les deux.
– C'est très difficile à accepter : nous sommes éduqués de manière bien différente et cette manière de voir paraît folle dans notre société.
– Pourtant c'est le seul moyen : il n'y a pas de bon ou de mauvais, il n'y a que des esprits divins qui jouent. Garde toujours ça à l'esprit et garde-toi de te faire absorber dans le jeu. Si tu restes dans le « non duel », tu peux entrer dans le monde du metteur en scène : et lui sait bien que ce sont des rôles d'acteurs que nous jouons tous. Lui dirige la pièce pour que les rôles soient correctement distribués. Et bien sûr, tous les acteurs sont les mêmes. Ils portent simplement des costumes et jouent des personnages différents. Tu dois apprendre à voir le monde de manière totalement différente. Mais pour cela, il faut être centré.
– Ouaip, facile à dire, moins à faire.
– C'est bien toute la différence entre la philosophie et l'expérience directe. Mais il va bien falloir assimiler cette leçon : elle est fondamentale. Le but à terme est non seulement d'être toujours centré dès le matin, mais surtout de ne plus quitter le centre lors d'une expérience vécue. Et estime toi heureux : je ne t'ai pas envoyé quelqu'un pour te rouer de coups en te demandant de l'aimer, on n'en est pas là !
– Encore heureux !

Expérience 78
La tête hors de la poubelle

Hier, une super journée, assez bien centré dès le matin et, dès le début de l'après midi une espèce d'orgasme dans le cœur qui n'en finissait plus. Le bonheur total. Le soir, c'est apéro au boulot pour l'anniversaire du commercial. Bon, la lumière est sympa : je suis autorisé à picoler, et là, vu que c'est le commercial qui amène le champagne, il a prévu une dose raisonnable. On boit bien, on blague bien, c'est sympa. Après l'apéro je me décide à rentrer à la maison à pied en marchant de travers. Inutile de dire que je ne suis pas super centré sur le chemin du retour. Malgré diverses tentatives, je ne parviens pas à soudoyer la lumière pour qu'elle m'autorise un kebab ou une pizza sur la route. Le lendemain matin je me regarde dans le miroir : une sale tête, pas rasé, des cernes, enfin bref, pas terrible.
– Et ben la tête que j'ai !
– Ta tête est parfaite.
– Ouaip, regarde les cernes que j'ai et puis avec ma barbe, on dirait un clodo, franchement moi je ne trouve pas ça parfait.
– Ta tête raconte ta soirée d'hier simplement. C'est ce que fait ton corps tout le temps : il raconte ton histoire. Ton apéro n'était il pas réussi ? N'as tu pas pris plaisir à boire et à blaguer ? Ta tête ce matin te permet de t'en rappeler. C'est toi qui mets un jugement négatif dessus. Ton corps lui est créé parfait : ce n'est qu'un livre qui raconte une histoire.

Sur ce, je sors dans la rue et commence à regarder les gens qui me croisent.
– Et ben, il n'y a pas que moi qui ai fait la fête hier.
– Ne juge pas, le corps matériel n'est que le récit d'un esprit divin. Regarde le récit des gens, lit ce qu'ils racontent. N'essaye pas de jauger leur apparence ou leur comportement avec ton mental. Prends plaisir à lire leur histoire telle qu'ils veulent bien te la montrer. N'est ce pas passionnant toutes ces histoires sur ta route ? Il y en a de toute sortes : des tristes, des gaies, c'est varié. Mais chacune est unique et parfaite. Chaque corps est une histoire unique qu'il faut savourer.
– Tu sais, nous on nous dit simplement comment on doit s'habiller, qu'il ne faut pas être trop gros, trop maigre, pas trop ci ou ça, et puis c'est tout.
– Votre mental essaie de faire de vous des clones. Il essaie d'uniformiser les histoires. Mais ce qui fait leur richesse est qu'elles sont toutes différentes. Que dirais-tu si tout le monde avait la même histoire à raconter ? Le monde serait morne. Mais le monde ne l'est pas, il est parfait et simplement en regardant le corps matériel de quelqu'un, tu apprends tout ce que l'esprit divin veut raconter de son histoire.
– C'est vrai que vu comme ça, la chirurgie esthétique ne sert pas à grand chose.
– Modifier ton corps physique revient à essayer de modifier le livre qui recense ce que tu es. Cela ne modifie en rien ce que tu es, c'est juste une tricherie, une rature sur un livre. C'est un mensonge que tu te fais.
– Oui mais notre société nous met une telle pression qu'il est parfois difficile de résister. Chacun se sent obligé de faire un régime ou des efforts pour ressembler à ce qu'on nous montre à la télé.
– C'est bien ça le problème du mental : l'uniformité. Peu à peu, vous vous enfoncez dans le morne et la répétition. C'est votre ego qui vous y mène, parce qu'il veut

contrôler vos vies par la peur. Mais en faisant ça, il fait de vous des robots sans âmes dont la vie entière devient un stress et donc une souffrance.
– Et bien, ce n'est pas aussi noir que ça, mais bon, c'est pas loin !
– Regarde ce que tu étais, il y a ne serait-ce qu'un an. Tu vivais dans la peur et le stress perpétuel pour des chimères : ai-je bien bossé, vais-je toucher mon argent, ne vais-je manquer de rien ? Et vois maintenant la jouissance dans ton corps et ton cœur quand tu es centré : a t-il besoin de quoi que ce soit ? Cela dépend-il d'un corps physique ou d'un bien matériel ? Ne vois-tu pas la différence ? Quel plaisir fourni par ta société t'a-t-il déjà amené un tel ressenti ?
– Je reconnais que je n'ai jamais rien ressenti de mieux.
– Et encore, tu mets à peine la tête hors de la poubelle : ce que tu ressens est bien loin de ce que tu es conçu pour vivre. Tu es conçu pour jouir de la vie, pour vivre librement ta propre histoire. Le monde est parfait pour ça. Si tu crois ton ego qui te dit que le monde est fait pour vivre uniformément la même journée morne et triste, alors forcément tu risques de ne pas trouver le monde parfait. Parce qu'il n'est pas conçu pour ça et ne le sera jamais.

Expérience 79
Week-end

Vendredi, ma patronne entre dans mon bureau et on blague sur pleins de trucs. En un an, on ne se reconnaît plus. Auparavant, on était toujours stressés et hyper négatifs et là, on est en train de blaguer, et je suis tellement en extase avec mon orgasme dans le cœur que j'ai l'impression d'être un hippie qui a fumé un camion de pétards. Elle m'avoue qu'elle est en train de lâcher ses peurs en ce moment, elle l'a demandé à un archange et elle va en « chier » pendant quelques semaines.
Connexion en haut :
– C'est quoi ça ? Alors comme ça on peut demander de lâcher ses peurs directement ? Et moi alors ?
– T'u n'as qu'à demander, ça sera toujours plus facile de te centrer après.
Ni une ni deux, je demande aussi. Résultat : un week-end de dépression, merci les archanges. Remarque, je ne peux pas me plaindre, c'est moi qui ai demandé. Par contre, il y a du bordel qui est en train de sortir : des peurs occultées apparemment.

Samedi au puits
On a fini de creuser le puits avec Pascal. On y est allé tranquille, une heure de boulot un samedi sur deux pendant plusieurs semaines. Résultat : on a trouvé de l'eau à 2m50 de profondeur, et il y a tellement de débit que ça ne diminue pas d'un mini mètre, même si on pompe deux heures dessus. A priori, ça devrait suffire pour ar-

roser le jardin. Lorsque Pascal est allé chercher sa pompe, le type l'a regardé de travers quand il a dit qu'il avait trouvé de l'eau à 2m50 de profondeur (on est en Provence). Et quand il lui a demandé comment il avait trouvé, Pascal a répondu direct qu'on a cherché avec les mains. Forcément, le type l'a regardé encore plus de travers. Et encore, Pascal ne lui a pas dit qu'on a demandé l'autorisation à l'esprit de l'eau qui était là ainsi qu'à la végétation tout autour. Ca serait si simple si les gens comprenaient qu'il suffit de demander aux esprits de la nature. Mais cela devrait passer par une rééducation complète. Au moins, tu ne t'emmerdes pas à creuser pour rien. C'est comme le mimosa qui pousse à côté du puits, j'ai posé la question à Pascal :
– Quelle taille fera à peu près le mimosa, à ton avis ?
– 3 mètres.
– Tu as lu ça dans une encyclopédie ? C'est la taille qu'ils font ?
– Non, c'est le mimosa qui vient de me dire qu'il compte pousser jusqu'à 3 mètres.
Je sens qu'on va bien rigoler dans ce jardin.

<u>Dimanche sur le feu</u>
J'ai passé au moins deux heures complètes à méditer sur le feu pour dissoudre la déprime.
Du coup, mon blues s'est envolé et des trucs sont remontés à la conscience. Pas mal le coup de dissoudre les vents dans le canal central, la déprime est remplacée par la joie et l'amour en peu de temps, même avec des peurs profondes occultées.
Cela m'a permis de comprendre plein de trucs sur mes expériences de jeunesse, le pourquoi d'évènements qui me sont arrivés et que je ne comprenais pas durant mon adolescence. C'est marrant parce que rien n'est laissé au hasard, vraiment rien ! Très bien ça, mais je vais blinder avec du neurotraining maintenant que je connais

la source du problème, ça sera toujours plus simple de me centrer. Après avoir goûté à l'orgasme dans le cœur, associé à l'amour, la joie et la paix, il sera dur de m'en passer, comme le hippie qui ne peut plus se passer de son pétard. Mais l'avantage c'est que Dieu a bien fait les choses : il nous en a fourni un, intégré dans le cœur, non seulement il ne se consume jamais, mais plus tu en fais usage, plus il fait d'effet. Faudrait être fou pour s'en passer une fois qu'on y a goûté !

Expérience 80
Papotages

Les résultats ne se sont pas fait attendre pour le neurotraining. Dès que la lumière descend j'ai une extase qui s'installe : c'est encore léger et ça bloque toujours pour le divin, il reste certainement d'autres choses à faire sauter. Mais c'est mieux. Là où j'ai fait un bon de géant, c'est au niveau de la clairaudiance. En fait, depuis le départ, mon problème est le même : d'un point de vue énergétique toutes mes capacités sont disponibles, par contre mon mental est dans le déni. Hier elle (ma fée) m'a fait sauter ma structure de base qui est axée sur le rejet de l'extérieur, du coup je peux recevoir plus librement de l'extérieur. Deux petites fées sont installées sur mes épaules avec qui je discute de temps en temps, et principalement avec la fée de l'air. Nous avons un code, je confirme ce que je comprends par le toucher. Quand elles ont compris que je les entendais, elles se sont rattrapées. Mes fées sont blondes toutes les deux, elles m'envoient parfois des images mentales, et je confirme que ce sont de vraies pipelettes. Mais adorables et très sympas. Elles m'ont parlé de tout et de rien, elles ont surtout passé en revue toutes les fois où elles sont intervenues dans ma vie. C'est marrant parce qu'on n'imagine pas à quel point on est influencé par les esprits et les guides qui nous accompagnent. Souvent, à des points clef de nos vies, on voit bien qu'on s'engage dans des actions spontanément, sans trop savoir ce qui nous a pris. Généralement, c'est le moment où nous sommes influencés par

nos guides. Elles ont passé ma vie sentimentale en revue et sont particulièrement fières de mon premier baiser. Quand je revois la scène, j'imagine une blonde hystérique sur chaque épaule en train de gueuler : mais tu vas l'embrasser oui ! Et d'après ce que j'ai compris, c'était presque ça. On a discuté au moins une heure cette nuit, c'est sympa, je ne peux plus m'ennuyer maintenant. Par contre, je bloque sur les sujets sérieux, mon ego censure ce qu'il ne veut pas entendre et c'est très chiant. Mais ça commence à remonter, je me rappelle de mon père en train de me faire réciter les règles de grammaire en boucle dans le salon jusqu'à pas d'heure, et m'engueuler comme une merde dès qu'il y avait la moindre erreur. C'était infernal. Il a été éduqué en pension, je suppose qu'il ne pouvait donner que ce qu'il avait reçu et il pensait bien faire, et puis mon père est gentil au fond, c'est quand on était petit qu'il faisait office de tyran puisqu'il voulait qu'on soit parfait. Résultat : je suis nul en orthographe, et dès que je me pose ou qu'on me pose une question, mon intuition se bloque. Vive l'éducation qui fait de nous des handicapés. Je suppose que comme pour tout, c'est moi qui l'ai choisi à plus haut niveau, sinon je me serais sûrement contenté d'ouvrir un cabinet de voyance. Enfin voilà, avec une blonde sur chaque épaule pour me conseiller, je suis bien barré moi, surtout si je n'entends que les commérages.
Hier soir en rentrant, je me suis rendu compte que ma perception du monde à changé. Tous les gens sont beaux. Du dernier des clodos au premier des canons, ils sont tous beaux. Ce sont les mêmes, et plus les mêmes, super bizarre ; avant, ils étaient hideux, après ils sont devenus normaux, et maintenant ils sont tous beaux, mais pas encore divins ! Lorsque je suis centré, je suis en paix avec une lumière et une extase dans le cœur. La lumière me parle depuis mon cœur, et l'enfant intérieur aussi. Hier dans la rue, chaque fois que je croi-

sais quelqu'un, que je trouvais beau à mon plus grand étonnement, elle me délivrait un commentaire. Elle dit toujours « nous », maintenant, quand elle parle des autres. A un moment passe une espèce de peste, le genre de fille hyper fière, type bourgeoise coincée, normalement je l'aurais jugée ainsi : une peste. Et au lieu de ça, la lumière de mon cœur dit texto, avec une espèce de tendresse et de fierté : « Regarde comme nous sommes fiers ! N'incarne-t-elle pas cet aspect de nous à la perfection ? ». Et le pire c'est que c'est bien comme ça que j'ai perçu cette femme. Enfin, nous sommes bien plus sympas comme ça, chacun de nous incarne un aspect du grand UN et l'exprime à sa manière, avec sa propre perfection. Et la lumière a autant de tendresse pour les clodos pouilleux que pour les bourgeois coincés ou les délinquants haineux. Étrange à expérimenter. Pour voir le divin, je dois les regarder dans les yeux. D'après la lumière, c'est plus facile de voir le divin dans les yeux des gens. Seul problème à Marseille, si tu regardes une fille dans les yeux, elle croit que tu veux la violer, et si tu regardes un mec dans les yeux, il croit que tu veux te battre. Y'a du boulot quoi.
Donc, toujours hier soir en rentrant, j'ai fait une quête de vision chez les esprits de la nature.
Là, j'ai croisé un devas de terre. Je ne me rappelle plus exactement de quoi on a parlé, c'est un des problèmes de la clairaudiance, on oublie très vite. Mais il m'a expliqué qu'il fallait parler librement des esprits pour habituer les gens : parce qu'ils vont être de plus en plus nombreux à les percevoir. Informer permet d'éviter les réactions de rejet (c'est sûr que les gens qui se mettent à voir les morts ou les entités peuvent paniquer, et sur le visuel, des fois, il y a de quoi). D'après ce que j'ai compris, c'est un devas de terre puissant, donc je me suis posé la question de savoir s'il fallait que je m'incline devant lui avant de partir (je ne veux pas vexer les devas

moi). D'un coup, j'ai vu jaillir de nulle part un vieillard avec des cornes de cerf sur la tête (si, si, je ne rigole pas, c'est super space) qui m'a dit : « tu n'as besoin de t'incliner devant personne parce que nous sommes tous UN ». Oulala space tout ça, surtout que le vieux avait l'air encore plus important que le devas. Après, je suis monté me faire nettoyer les corps subtils par un archange : c'est beaucoup plus normal ça.

Hier soir, j'ai vu mon chat suivre des yeux un truc qui virevoltait sur le canapé (quand les chats voient un truc bouger, ils bougent la tête avec, c'est marrant, et comme mes chats voient les esprits, c'est pratique). C'est un lutin qui est venu me demander de l'aider à soigner sa plante. Ma belle mère nous à filé des plantes moribondes afin de voir si on peut les sauver. Il a essayé de m'expliquer ce qu'il fallait faire, mais ça a bloqué. Je me suis résigné à lui filer une boule d'amour pour qu'il voie ce qu'il peut en tirer et j'ai essayé de donner de l'amour à la plante. Franchement, il faut que je fasse péter ce blocage parce que c'est un handicap total chez moi. La formation en géobiologie ne sera pas du luxe.

J'ai discuté de plein de trucs pendant des heures sans pratiquement rien retenir, c'est le problème de la clairaudiance, je sais que les messages ressortiront de mon inconscient quand j'en aurai besoin. Cette fois-ci, c'était moitié clairaudiance (avec les voix dans la tête), moitié compréhension par fusion d'esprit. D'après mes fées, j'ai en moi toutes les capacités pour la clairvoyance, mais je suis dans le déni. Et elles sont formelles, il ne faut pas faire péter sinon je suis bon pour l'asile. C'est sûr que si je vois les entités sur les gens dans la rue, je vais finir comme saint Gérard avec un crucifix dans chaque main. L'avantage de la perception sous forme d'énergie c'est que c'est plus neutre. Et souvent quand je laisse venir, j'ai des visions de forêts étranges et inconnues avec des arbres qui essaient de me parler. Je crois avoir besoin de m'enraciner encore plus avant de laisser s'exprimer la clairvoyance.

Expérience 81
Bilan

Hier, mauvaise journée : je paye bien ma séance de neurotraining. Impossible de me centrer dans le cœur. Et j'ai beau faire chauffer le point du nombril : rien. Ça s'est finalement débouché dans la nuit, avec une énorme aigreur qui est remontée au niveau du cœur et qui en est sortie. J'espère être moins aigri à présent, c'est sûr que ça fait partie de ma structure mentale négative. Aussitôt que le cœur s'ouvre, ça ne rate pas, la paix et l'amour s'installent. Un petit coup de goutte rouge par dessus et c'est immédiatement l'extase dans la tête, le cœur et le ventre. Du coup, j'essaye de méditer pour faire le point sur toutes ces histoires de canal central et de kundalini. Je précise que la méditation assise ne me réussit plus depuis longtemps (étonnement peut être) et en fait là c'est pareil. Je me retrouve dans toutes sortes de lumières et de sensations plus ou moins jouissives, c'est sûr, mais rien à voir avec la paix du cœur. Dès que je me lève et me centre dans le cœur, la paix s'installe. L'explication en est simple : je ne dois pas méditer. Dès l'éveil de la kundalini, j'ai arrêté parce que ça entraînait des blocages énergétiques. Et maintenant je sais que ça n'est pas ma voie : tout ce que je fais dans l'action fonctionne bien mieux que ce que je fais assis. Si une méditation nécessite d'être assis (comme la fusion avec la lumière), alors ça m'arrive spontanément quand je me couche le soir ou quand je me réveille le matin, le reste n'est pas au programme.

Après différentes questions en direction du haut, voilà un résumé de l'affaire : l'accès au canal central est assez inégal chez moi et dépend du centrage. Quand je suis centré : paix, joie et amour dans le cœur, avec une espèce d'extase qui commence doucement et monte crescendo au fil de la journée.

Le canal central :
Au niveau du chakra coronal, est ouvert.
Au niveau du troisième œil, est ouvert.
Au niveau de la gorge, est un peu ouvert : il y a un nœud d'étranglement mais ça passe quand même.
Au niveau du cœur, est ouvert.
Au niveau du plexus, est assez inégal et bloque un peu : quand je trouve la foi en la lumière, il s'ouvre, je pense que c'est la clef pour l'ouvrir.
Au niveau du nombril, semble ouvert.
Au niveau du deuxième chakra, est fermé. D'où le tantrisme, c'est lié au besoin de grandir et de me repositionner avec ma femme.
Au niveau du premier chakra, est ouvert.

Effectivement, sans centrage dans le cœur qui induit l'amour inconditionnel, tout est fermé. Je peux faire chauffer le nombril autant que je veux, ça ne donne rien. Dès que la paix est là, une simple étincelle au nombril et c'est un orgasme dans la tête. Mais je ne peux pas le faire descendre parce que je n'arrive plus à réfléchir et à bouger quand je fais ça dans l'action, c'est donc incompatible avec le boulot.
Concernant la kundalini, voilà ce qu'on me dit là haut. En fait, ma méditation a entraîné un éveil du troisième œil assez important, voire complet. Toutes mes capacités viennent presque uniquement de lui. Au moment de son ouverture, la kundalini s'est révéillée et a essayé de monter, mais n'a pas dépassé le deuxième chakra, et ne

l'a pas activé. Mon éveil de kundalini est donc resté au premier chakra, et tout le reste provient du troisième œil. Tous mes chakras étaient bloqués à cause de mon karma (assez lourd apparemment : entre autres, vies de meurtre et suicide). L'ouverture du troisième œil donne l'accès au moi supérieur sous forme de lumière. Et à partir de là, c'est lui qui m'a guidé et qui a provoqué le nettoyage des chakras en partant du haut. D'où l'arrêt des méditations. Depuis lors, je n'ai pas travaillé de montée de kundalini ni médité. Dans l'ordre, il m'a fait ouvrir le chakra de la gorge bloqué en utilisant notre méthode sur le mental. Puis pendant dix ans j'ai déblayé tous les chakras. Après avoir lâché mon plus gros karma, j'ai eu accès au chakra coronal et aux anges. Mon corps spirituel a été débloqué : je ne savais pas que c'était possible, il était bloqué suite à un gros karma, la vie de sorcier avec pacte en bas et la totale. On a aussi débloqué mes mémoires de mort, j'ai pu donc relâcher le karma associé. A partir de là, tout le travail s'est orienté sur le cœur pour trouver l'amour inconditionnel nécessaire pour avancer. On m'a demandé de m'en remettre entièrement à la lumière et de ne faire que ce qu'elle veut : ce que je fais déjà plus ou moins depuis 10 ans. Apparemment, relâcher les mémoires de mort et avoir accès au troisième œil ont été les jokers qui m'ont permis de faire sauter un max de blocages pendant les dernières années, puisque je suis parti d'un niveau « poubellesque » tellement j'etais chargé. On dirait que c'est un deal en haut qui se fait en échange d'autres tâches que je dois accomplir : tâche dont j'aurais les capacités. Dont d'ailleurs, je ne sais rien si ce n'est qu'il faut que je me forme en géobiologie. Le deal étant de finir de payer l'addition de mon karma par le moyen le plus rapide. Mon troisième œil, le chakra coronal, et le chakra de la gorge me donnent accès à plein de choses qui dépassent mon niveau de conscience. D'où par

exemple la censure systématique quand j'essaye d'effectuer des transferts de conscience avec la lune, ou que je tente de voir dans les plans supérieurs. La lumière m'en empêche car je n'ai pas la capacité spirituelle nécessaire pour encaisser des expériences comme ça. C'est tout.
Une voie d'évolution spirituelle vue de manière simple.
De toute façon, c'est l'esprit divin qui décide, et lui ne veut qu'expérimenter, en tant que dieu, le grand UN. Il nous fait faire les actions les plus efficaces pour atteindre ce but en accord avec notre karma. On s'aligne sur lui, il file le cap et terminé ! Ce qui importe, ce n'est pas la vie qu'on mène, mais l'état de conscience dans lequel on la mène. Si tu t'inscris dans un club sadomaso pour te faire fouetter toute la journée et que ton esprit divin ne veut pas, tu es un sombre pécheur qui fait du karma. Si tu rentres au monastère pour te faire fouetter toute la journée en accord avec ton esprit divin, donc pour l'amour de Dieu, alors, tu es un saint et tu cours à grand pas vers lui à chaque coup de fouet. Ce n'est pas plus compliqué que ça. Le but est donc de trouver ce que veut son esprit divin et le faire dans la joie, l'amour et la vérité.

Expérience 82
Grand UN et 3ème œil

Après avoir fait le point sur la lumière et ce qu'elle essaie de me faire faire, j'en viens à cette conclusion. Elle veut me faire expérimenter que nous sommes tous UN, de manière complète, en passant par l'énergie et la conscience, et elle veut surtout me le faire expérimenter sous notre aspect multidimensionnel, afin d'unifier tous nos aspects. Cela est possible grâce au troisième œil et à l'ouverture du chakra coronal : le troisième œil me fait percevoir le flot d'énergie qui est « nous » de manière constante, et le chakra coronal me fait percevoir, par l'intermédiaire du troisième œil, les consciences multiples de ce flot dont nous sommes issus, en me permettant même de déplacer ma propre conscience sur autre chose de manière partielle. C'est comme être à deux endroits à la fois. Je suis moi et en même temps je suis le corps subtil de quelqu'un d'autre, ou d'autre chose dans un autre espace temps. Avec assez de concentration, le corps physique se substitue en partie également. Ce n'est pas évident de le faire dans l'action : je suis moi et j'ai la tête de quelqu'un d'autre avec sa migraine etc. C'est une expérience concrète et je ne la vis que partiellement, mais la lumière essaie de m'enraciner toujours plus pour que cette expérience puisse être intégrée de manière plus large, je n'en suis qu'au début. D'après ce que j'ai compris, il doit être possible d'intégrer tous les plans en même temps à partir du même point (puisque il n'existe que ce point ici et maintenant dont nous sommes tous le centre). Quand

j'étais face à l'elfe dans la forêt, entouré du brouillard éthérique, voici ce qui est venu (et ce que j'en ai compris) :
– Pourquoi l'elfe est-il immatériel et pourquoi ne puis-je pas le voir entièrement ?
– Parce que tu crois qu'il n'est pas ici et maintenant avec toi, mais en fait, il est bien là. Vous vibrez sur des fréquences différentes, et tu le perçois immatériel. Mais tout est dans ta tête. Ce que tu dois comprendre, c'est que dans la réalité, tout est immatériel. En théorie, tu devrais pouvoir passer à travers les murs et les autres personnes. C'est une simple convention de ta conscience qui provoque une collision. C'est cette même convention qui dit que tu ne dois percevoir que ce qui est à un certain niveau de fréquence, mais comme tu le vois, il est possible d'étendre sa conscience au delà. Le troisième œil le permet entre autre.
– J'ai lu quelque part qu'il y a tellement d'espace entre les molécules, qu'en théorie on devrait passer au travers de tout.
– C'est l'idée. En fait, tu pourrais à un certain niveau de conscience décider que tu collisionnes également avec l'elfe. Tu pourrais également décider d'augmenter les vibrations de ton corps pour rejoindre l'elfe là ou il se trouve. Et, à ce moment, c'est le plan matériel qui deviendrait immatériel pour toi. Ou bien encore, tu pourrais décider de passer au travers de certains objets et pas d'autres puisque c'est toi qui fixe les règles de ton jeu, donc tu pourrais être à la fois dans ce plan et celui de l'elfe. Bien sûr, cela nécessite un certain degré de conscience, mais tu l'as déjà fait. Peut être pas dans cette vie, mais c'est quelque chose que tu as fait.
A ce moment m'est venue une mémoire bizarre : une mémoire du toucher. Je me suis rappelé sentir mon corps augmenter ou diminuer ses vibrations et je me suis rappelé qu'il était possible aussi de faire ça à un

autre objet puisque nous sommes UN. Et que mon corps ou la chaise sur laquelle je suis assis, c'est pareil : le même flot d'énergie et de conscience. Mais j'ai préféré arrêter ce flot de mémoire et laisser passer parce que j'ai senti que mon ancrage était insuffisant pour en sortir indemne psychologiquement.

Un soir ou je rentrais bourré d'un apéro au boulot, je me suis amusé à toucher la lune (facile avec le toucher éthérique). Ensuite j'ai tenté des transferts de conscience infructueux (je me retrouvais dans un grand vide blanc avec la lune en moi, mais censuré : comme pour Amma la première fois, que du vide !). J'ai essayé de discuter avec, mais la conversation n'était pas claire et nous avons surtout échangé des banalités. J'ai compris que je n'étais pas près à ce genre d'expérience. Je me suis quand même posé la question suivante :
– La lune est extrêmement éloignée, alors pourquoi est-ce que je peux aussi facilement transférer ma conscience en elle ou bien la toucher ?
– Parce que la distance et le monde extérieur ne sont qu'une projection. Quel que soit l'objet, quel que soit son éloignement, et cela vaut pour tout être quel qu'il soit, vivant, mort ou autre, si tu veux le toucher ou lui parler, tu peux le faire directement dans ton cœur. En réalité, tout est là et nous sommes tous UN à cet endroit. Tu peux devenir en partie la lune ou bien la toucher parce qu'en réalité la lune est dans ton cœur et tout le reste de la création aussi. Si l'ego est un prisme déformant, alors la source de la projection qu'il déforme est ton esprit divin au centre de ton propre être.

Expérience 83
La vacuité

Pendant longtemps je n'ai pas compris ce mot, vacuité. Voilà mon expérience qui s'en rapproche le plus : la lumière est présente dans ma tête, souvent de manière faible, mais elle augmente parfois sa présence sur demande, jusqu'à être entièrement en moi. Dans ces moments, si je m'asseois, mon corps disparaît petit à petit et il ne reste pratiquement que la lumière. Si je suis centré, l'extase s'installe (une jouissance qui dépasse tout ce qu'on peut expérimenter dans le matériel). Plus je suis centré et plus la lumière est présente, plus cette jouissance est grande. Il manque encore la joie dans la dimension de cette jouissance : la joie n'est pas aussi forte, c'est pour ça qu'elle n'est pas encore divine à mes yeux. Mais la lumière inclut la paix et la jouissance. Une seule fois, alors que j'avais passé au moins trois heures dans l'action à allumer la goutte blanche à partir de la goutte rouge (le feu du nombril qui provoque la lumière et l'extase dans la tête), le soir même en me couchant, je me suis senti accélérer, la lumière à jailli de mon cœur et pour la première fois j'ai failli entièrement fusionner avec elle : il n'existait plus rien. Mais je n'ai pas réussi à me lâcher totalement dans l'expérience à cause de la surprise. Ces histoires de claire lumière pour expérimenter la vacuité m'interpelle chez les bouddhistes. J'ignore si cette fusion correspond à l'expérience de la claire lumière, mais dans ce cas, l'expérience de la vacuité serait simplement de faire un avec la source d'amour universelle. La lumière essaye de

m'amener également à cette expérience puisque elle est de plus en plus forte à chaque fois. La dernière extase était trop forte et j'ai été groggy tout l'après midi avec une espèce de vide dans la tête et un contrecoup de bien être abrutissant que j'ai eu du mal à laisser passer. C'est grâce à un transfert de conscience sur amma en train de vivre sa propre extase que l'expérience s'est déclenchée d'ailleurs. On dirait bien que d'être relié à un maître provoque une action mimétique de notre corps énergétique avec ses propres capacités. Mon ancrage est encore trop faible pour ces extases et cette expérience.
– Et le druide dans tout ça ?
– C'est Gaia qui va te donner l'enracinement nécessaire pour vivre pleinement les deux expériences : devenir le grand UN en conscience dans ses aspects manifestés et non manifestés. Le mieux que tu puisses faire est donc de te mettre à son service.

Et bien ma foi, nous verrons. Tout cela semble bien être provoqué à la base par l'ouverture du troisième œil et la vision de la lumière. Je méditais et fixais mon point jusqu'à ce que les larmes coulent toutes seules. Et quand j'étais en train d'accélérer (au moins une heure de méditation), je révulsais très légèrement les yeux en louchant vers le centre des sourcils, ce n'était pas réfléchi, en fait, ça provoquait un léger plaisir et l'apparition d'une légère lumière blanche aussi, je le faisais simplement par plaisir. On dit que c'est ce qui provoque l'ouverture du troisième œil. Au passage, c'est réalisé sans tension oculaire et dans un état de méditation profonde et avancée. A force de méditation, un jour, la lumière est devenue un soleil et ça a été le début de mon expérience. Une fois présente, la lumière n'a de cesse de nous faire avancer, et si on l'écoute, il suffit de se laisser guider.

La voie du troisième œil, qui passe par le druide dans mon cas et qui est plutôt une voie occulte apparemment, est-elle valable ? Et bien je le saurai bien un jour non ? En tout cas, cela rend le monde bien plus excitant !

Expérience 84
A la recherche du divin

Samedi matin : extase au supermarché.
Depuis le retour de la sensation particulière de l'amour divin, je sais ce que je cherche. Au début, j'ai essayé de me relier à Amma, ce qui a donné de bons résultats bien que la sensation ressentie soit plus énergétique que divine puisque j'en étais qu'au début du déblocage de la sensation. Mais c'était trop fort vis-à-vis de mon ancrage et je me suis retrouvé un peu dans l'espace. De plus, je me suis fait engueuler par la lumière : elle m'autorise à me relier pour savoir ce que je dois trouver, mais elle me prévient qu'il est important que je sois capable de générer moi même mes extases. En gros, je ne dois pas chercher à avoir des sensations plus fortes que ce que je peux générer moi même au risque de ne plus évoluer, parce que, apparemment, je chercherais uniquement la solution de facilité en me reliant à un maître au lieu de chercher à progresser. J'ai essayé un truc simple également : j'ai demandé à un ange de se mettre dans le canal central et de me faire sentir la sensation. Effet radical. Le long frisson d'extase s'installe immédiatement. Mais bon, pareil, c'est autorisé à titre d'expérience, mais ils ne sont pas là pour faire les choses à ma place. Me voilà donc à la recherche de la clef de cette sensation. Et de manière totalement incroyable, je l'ai trouvée au supermarché. En neutrotraining la thérapeuthe m'a fait péter la structure mentale profonde de rejet du monde. L'effet a été totalement inattendu. Alors que d'habitude je déteste la foule et me

ferme le plus possible pour ne pas ressentir les autres, là, je me suis mélangé à la foule. Physiquement, énergétiquement, et de manière plus subtile également. Un truc au delà de mes perceptions habituelles s'est mêlé aux autres dans l'océan que nous formions. Un frisson d'extase a débuté spontanément. Cela a commencé sur le haut de la couronne du chakra coronal, puis c'est descendu dans tout le corps en suivant le canal central et en éveillant chaque chakra un par un. Tous les bruits respiraient la paix : c'était fabuleux, même les cris hystériques, les gens qui gueulaient, tout se mêlait en un seul sentiment de paix. J'avais un sentiment du « nous » très fort dans cet état. Plus je tournais dans la foule plus la sensation se répandait. J'ai tourné au moins une heure et demie pour, au final, acheter quatre produits qui se couraient après, mais je ne me décidais pas à m'en aller. La queue à la caisse n'en finissait plus et je m'en moquais, j'étais le plus heureux. La caissière n'a rien compris à mon sourire extatique alors que tout le monde faisait la gueule dans la queue. La sensation s'est dispersée lentement après être sorti du magasin, et là, j'ai compris. J'ai senti cette sensation de manière forte deux fois dans mon enfance. Dans les deux cas, j'avais fait un acte de solidarité totalement désintéressé. Les seules fois de ma vie. Ce sont deux fois où je n'ai pas rejeté les autres, alors que c'était à l'encontre de ma structure de base, de mon ego. Quand je rentre dans le « nous », le divin s'installe en moi. La solidarité est la clef du divin chez moi. Tout simplement.

Samedi soir et dimanche en fusion
Je suis très perturbé par mon blocage au deuxième chakra et je sens que ça bouge beaucoup, des choses veulent sauter. Je lis un message sur mon blog, au sujet de la science, qui me fait disjoncter. Et là, le bouchon saute. J'ai toujours eu un gros problème avec la

société par rapport à la science ; je ne peux pas adhérer à son fonctionnement parce que je sais que c'est, disons, très éloigné de la réalité de ce que nous sommes. C'est une chose que j'ai expérimentée très tôt. Rapidement, j'ai compris que la science racontait souvent n'importe quoi avec conviction pour affirmer l'inverse l'année suivante, avec tout autant de conviction, et les exemples concrets se multipliaient sans arrêt. Je me suis aperçu que les adultes faisaient plus ou moins semblant de ne pas voir des gros trucs évidents. Du coup, je n'ai jamais adhéré au monde matériel tel que nous le connaissons. Je m'intègre parce que c'est nécessaire pour évoluer mais je ne suis pas à l'aise dedans. Or, mon père nous a donné une éducation trop « stricte », ce qui m'a empêché d'exprimer la réalité de ce que je suis. J'ai, du coup, toujours éprouvé une grande honte à être différent et me suis réfugié dans le seul secteur où l'on peut passer pour un excentrique sans trop se faire emmerder. Les informaticiens sont bizarres, tout le monde le sait, mais on est socialement accepté, il faut bien plus de courage pour s'afficher ouvertement comme mystique ou voyant. Je n'ai jamais eu ce courage à cause de mon éducation. D'où le sabordage automatique de mes dons par mon mental dès que je suis en situation incluant d'autres personnes : ça me normalise. J'ai donc ingurgité ces années de collège, lycée et fac pour faire semblant, puisque ce sentiment de différence et de décalage du monde me suit depuis l'enfance. L'ouverture du troisième œil n'a fait que confirmer tout ce que je savais depuis longtemps, et m'a montré que j'étais loin d'imaginer à quel point l'écart entre le vrai monde et la société est monumental. Comme si une colonie de fourmis miniatures sur une pastèque se croyaient le summum de l'évolution et considéraient la pastèque comme le seul truc existant dans l'univers. Bien sûr, on voit bien d'autres pastèques au loin, mais la plage est tellement vaste ! Le seul endroit où je me suis senti à l'aise fut au stage de géobiologie : parce que sur les 12 personnes présentes, 11 étaient pareilles à moi. Et je n'ai pu éprouver que de la compassion pour celui qui était différent et ne ressentait rien, et pour cause, j'ai connu la situation de celui qui est différent toute ma vie. Bien évidemment, ce ne sont pas les autres qui me rejettent, mais moi qui me mets à l'écart volontairement, je suis donc le seul responsable de tout ça. C'est moi qui ai un problème. Du moment que j'accepte ce que je suis, alors les choses s'améliorent, c'est ce que j'ai enfin compris. Ce bouchon a sauté et le canal central s'est débloqué au niveau du deuxième chakra. Mais le chakra lui même reste très encrassé et se vide en ce moment même. Il y a encore du boulot à ce niveau, mais du moment que le nœud est desserré, cela ne peut que s'améliorer. Malgré cette tension qui s'en va, je suis en vrac, on oublie l'amour divin ou le centrage dans ces cas là. Je ne peux que demander à la lumière de nettoyer, et elle s'y emploie. Tandis que je laisse partir en me pardonnant et en pardonnant.

Ma conscience s'est encore étendue. Jusqu'à présent mon état « normal » est le suivant : je sens mon corps physique, mon corps éthérique 10 à 20 cm autour de moi qui me relie entièrement aux flots d'énergies à l'intérieur et à l'extérieur, mon corps mental qui était bien encombré de formes pensées et qui se remplit de lumière quand je le nettoie, et enfin mon corps émotionnel. Tout cela inclut une forte perception dans le matériel puis, en s'éloignant, cela devient subtil. Ma conscience est une boule qui s'étend sur une zone bien plus grand que d'habitude et que je suis incapable de mesurer. Passés les 20 cm, je quitte l'éthérique et arrive dans un truc plus subtil, puis la notion de distance disparaît et je sens que je m'étends très loin (ou très près, ce terme n'a plus aucun sens), dans un endroit encore plus subtil. Je pose la question en haut et on me répond que ma conscience inclut maintenant le début de mon corps spirituel, donc l'équivalent du corps causal en somme. Ce que je sens est dénué de forme et s'étend dans un champ où l'espace n'a plus de sens. Ce qui est étonnant c'est que c'est permanent. Pas de transfert de conscience à faire pour ça : cela reste présent tout le temps. De plus, ça plonge dans une dimension supérieure que je ressens sans comprendre ce qui s'y trouve. Comprenez que je parle de « corps » par convention, mais c'est un tout. La conscience s'étend et plonge dans le subtil en s'éloignant du corps matériel sans aucune discontinuité. Certains paliers deviennent simplement de plus en plus subtils.

<u>Lundi dans le divin.</u>
Finalement j'ai trouvé la réponse ce matin dans mon lit au réveil. Le nettoyage avait pas mal avancé. J'ai enfin réussi à me recentrer un peu et fait brûler le feu. Le frisson divin s'est installé, puissant, le long d'un fil : le canal central. Je ne vise pas, je demande à Dieu de le faire et ça se fait seul. J'ai demandé à ce qu'il prenne la taille de l'univers. Et il l'a fait. Je l'ai pleinement ressenti dans le corps spirituel. Difficile de décrire cet état de béatitude. Cette sensation n'est pas « forte » dans le sens où elle est normale à ce niveau de conscience, comme le vent dans mes cheveux. Elle est juste divine. Ou plutôt c'est la sensation la plus divine que je puisse ressentir pour l'instant. Ce qui est fabuleux est qu'on va toujours plus loin à chaque fois. Je suis présent dans plusieurs mondes subtils en même temps et il n'y a aucune séparation entre ces mondes. Je suis dans le matériel, dans l'énergétique et dans le spirituel en même temps et je me sens en paix et dans l'amour quand le canal central est ouvert et qu'il a la taille de l'univers. Dans le corps

spirituel, la sensation est plus diffuse et presque entièrement masquée par la sensation des autres corps. En nettoyant, on dirait qu'il s'agit de percevoir un truc qui était masqué mais qui a toujours été là. Quand on a nettoyé et qu'on sait ce qu'on cherche on le trouve sans problème. Cet état n'est pas aussi subtil que la fois où j'ai failli fusionner avec la lumière, on peut donc aller largement plus loin encore. Pour moi, c'est comme si un pont se créait au fur et à mesure entre le manifesté et la vacuité. A chaque fois, il faut nettoyer, inlassablement, et plus l'énergie circule librement plus on peut augmenter sa puissance et plus la conscience augmente. C'est à la fois une augmentation de conscience dans le subtil et une augmentation de l'énergie qui circule. Je sens une extension de conscience encore plus subtile au dessus de l'état où je suis : je peux tendre ma conscience plus haut, mais je ne suis pas encore prêt à y aller. Nettoyer encore et toujours : c'est tout ce qu'il y a à faire. La lumière m'a prévenu de ne pas canaliser plus d'énergie tant que je ne suis pas prêt, sinon il y aurait de gros contrecoups et la maladie. Il faut donc nettoyer et avancer dans le subtil et la puissance en respectant parfaitement les instructions et en se respectant soi même. Ressentir le corps spirituel est monumental, c'est une sensation que je ne pensais pas connaître de mon vivant. Par contraste, ça augmente la sensation de souffrance et d'inconfort du corps physique : les deux états sont très éloignés. C'est très étonnant de les ressentir simultanément. Explorons et nettoyons encore. Y'a du boulot, parce que le deuxième chakra me joue encore sacrément des tours.

Expérience 85
Pucerons et plantes

Je me suis confectionné un balcon avec de nombreuses plantes. Puis brusquement sont apparus des indésirables : des pucerons. Au début, la cohabitation a pu être gérée, nous nous sommes entendus et ils ont accepté de ne coloniser qu'une seule plante. Sur cette plante, ils n'ont occupé qu'une branche sur deux pour éviter qu'elle ne meure. C'était le deal. Tout était pour le mieux. Les pucerons et autres bestioles du règne animal et végétal ont pu négocier entre eux en passant par des niveaux plus élevés (l'idéal étant de demander au devas qui les gère). Dans ce cas précis ça a marché. Je me suis quand même aperçu que la plante qui avait des pucerons n'évoluait pas trop alors que les autres sont devenues énormes rapidement. Au point que je me suis demandé s'il n'allait pas falloir les élaguer. Ce qui m'a fait réfléchir sur l'intérêt des pucerons et le fait qu'ils avaient peut être bien une utilité que je n'avais pas vue au début. En raison de différents travaux sur d'autres thèmes, j'ai laissé tomber l'entretien des plantes et les choses ont dégénéré. Les pucerons ont envahi d'autres plantes et sont en train de les tuer. C'est ma femme qui avait pris le relais qui m'a alerté et demandé de m'y recoller un peu.
Je sens qu'il y a une leçon à en tirer mais je ne sais pas laquelle. Je sais qu'il ne faut pas tuer les pucerons, mais cette fois j'ai beau leur demander ils n'obéissent plus. En désespoir de cause j'appelle Pascal :
– C'est quoi le problème avec ces pucerons ?

– Ils sont déprimés, ils s'emmerdent parce qu'il leur manque un truc.
– Ah bon ? Faut que je leur organise des animations pour pucerons ?!
– Non, ils manquent d'amour, le monde est trop pénible pour eux et ils sont suicidaires. Du coup, ils sont en train de détruire la plante sur laquelle ils vivent pour s'auto détruire. Leur seul problème est que tu ne leur donnes pas d'amour, comme tu les as prévenus, ils savent que tu vas les éradiquer. Et ils attendent que tu le fasses. Donne-leur de l'amour et ils obéiront à nouveau.
Connexion en haut ce matin.
– Bon, c'est quoi ce truc avec les pucerons ?
– Ah nous y voila ! Le baptême du feu de l'amour inconditionnel.
– Ah bon ?
– A un niveau plus élevé, les pucerons ne veulent plus être ici parce que la vie sans amour est sans intérêt. Ils le savent. Tu vas donc travailler à leur donner assez d'amour pour qu'ils acceptent de se réguler et de laisser vivre tes plantes.
– C'est tout ? C'est la seule réponse ?
– Bien sûr : l'amour est la seule chose qu'ils veulent et c'est la réponse à tout. C'est toi qui les considères comme des parasites, mais ils sont là et ont leur utilité de régulation comme les plantes. Si tu laissais tes plantes libres, elles deviendraient immenses et occuperaient très vite toute la place, elles finiraient par étouffer sous le poids de leur propre vitalité. Les pucerons régulent leur croissance. Mais comme ils sont devenus fous, ils sont en train d'assécher la plante et de la détruire. A leur niveau, ils ne peuvent comprendre ce qu'ils font, mais au niveau plus haut, ils sont suicidaires et le savent, ils le font exprès. En leur donnant de l'amour, tu leur fournis une raison de vivre, ils se réguleront à nouveau et reprendront leur fonction première. Résous ce

problème, développe assez ton cœur pour donner de l'amour et une raison d'être ici à ces pucerons. Si tu es capable de sauver cette plante et ces pucerons en leur rendant l'amour, alors peut être est-il possible de sauver Gaia et l'humanité, simplement en rendant l'amour aux hommes. Réfléchis et tu verras la similitude du problème.

Expérience 86
La lumière du corps spirituel

Ce matin je me suis occupé de ma plante infestée de pucerons. J'ai donné tout l'amour que j'ai pu aux pucerons et à la plante. Il y a également deux autres types de parasites dessus, et j'ai dû également leur donner de l'amour. J'ai demandé ce qu'il en pensait à l'esprit de la nature en charge de la plante, il m'a confirmé qu'il ne fallait pas enlever les parasites mais simplement s'en occuper. La plante est d'accord et ne souhaite pas que j'éradique ses hôtes. Difficile exercice. La plante est très belle et les pucerons, eh bien, sont des parasites pour moi. Je comprends que cet exercice n'est pas du luxe parce que, par extrapolation, cette situation est typique de la difficulté d'accepter tous et chacun, même ceux qui paraissent moins beaux et « parasitaires ». Car ils sont Un avec nous également. Je me suis bien entraîné à ouvrir le cœur. Le feu dans le nombril, et la lumière dans la tête, j'envoie tous les vents et gouttes possibles dans le canal central et le cœur mouline pour les transformer en amour : c'est comme ça que je le vois. S'il n'y a pas assez de vent, la lumière venant du bas (la part féminine du divin) et la lumière venant du haut (la part masculine) en rajoutent pour augmenter le débit. Les pucerons qui étaient négatifs au début (je peux les toucher avec le toucher éthérique et mesurer mon biochamp) sont devenus positifs. J'ai demandé au déva qui les gère d'aider au rééquilibrage. Je ne peux faire plus et tout le monde a l'air satisfait. On verra bien. J'ai commencé à réaliser que tout ce que je regardais dans cette situation était nourri et grandissait par ma seule attention. Quelque chose que j'avais intuité mais pas « touché » du doigt auparavant. Et il en va de tout ainsi : nous sommes des consciences créatrices, et tout ce à quoi nous donnons de l'attention et de l'amour, nous lui donnons vie et le faisons grandir dans sa propre lumière. Nous ne le voyons pas en temps normal, c'est tout.

Dans la journée, je me suis soucié de faire grandir ce que je croisais en lui procurant mon amour. Pas simple, mais ça rentre. Plus tard, j'ai réalisé un truc (je pratique dans l'action, donc que je marche, bosse ou médite, c'est pareil, ça n'interrompt pas le processus) : l'énergie qui part du cœur semble nourrir le corps spirituel, ça fait un cône chaud qui part devant la poitrine et cette énergie se répand dans le corps spirituel, alors que je pensais qu'elle partait au gré du vent au début. Puis au cours de la journée, j'ai réalisé autre chose : le corps spirituel qui se situe autour de nous semble avoir un effet sur les autres, même si c'est limité, voire presque inexistant pour l'instant. Mais si « les maîtres » comme Amma peuvent, par leur seule présence, « aider » les autres à ressentir le divin en eux ce n'est pas pour rien. Il s'agit d'un partage et de solidarité.

Ce simple mot a suffi à réveiller l'extase divine : j'ai été une boule de lumière.

Tant que j'ai inclus la solidarité, ça a été ainsi. J'ai compris que faire grandir mon corps spirituel fait grandir les autres autour de moi et augmente les vibrations de la planète. Je comprends ce que voulait dire l'agapé thérapeute en disant : « Nous venons aider la matière à s'élever ». Car cela vaut pour tout ce qui est en contact avec nous. Plus on donne de l'amour en dissolvant les vents et en canalisant la lumière, plus le corps spirituel se remplit et plus notre entourage en bénéficie, et à mon avis, c'est ce qui le fait grandir. Tout ce à quoi notre conscience accorde de l'attention, elle le fait grandir. La présence dans le cœur et l'amour inconditionnel sont nécessaires pour faire grandir le corps spirituel et notre évolution bénéficie à tous. Pour l'instant c'est un peu chaotique, faible et poussif, mais ça va forcément grandir.

Expérience 87
Sauver la plante

Me voilà bien embêté avec ma plante infestée de pucerons et de divers parasites. J'essaye de leur donner de l'amour, à elle ainsi qu'aux pucerons. Mais quand même, il y a tellement de pucerons dessus, que je ne vois pas très bien comment elle va survivre au choc. Je demande au deva qui me répond que la population doit se réguler naturellement : il refuse d'en tuer un seul. De toute façon, il estime que la durée de vie d'un puceron n'est pas suffisamment grande pour que ça change grand-chose, un peu de patience et ça va se réguler, la plante n'aura pas le temps de mourir si je lui envoie suffisamment d'amour et d'énergie.
Je lui propose d'en faire migrer une partie sur une autre plante, le temps que la plante se remette, ça permettrait de répartir un peu la charge. Il répond que c'est acceptable, mais c'est ma femme qui s'y oppose. Et la lumière n'est pas d'accord non plus, elle ne veut pas que les pucerons soient complètement perdus puisqu'ils ne connaissent que cette plante là depuis leur naissance, les déraciner aggraverait leur situation. J'en déduis que la seule solution est de donner tout l'amour que je peux aux deux, en espérant qu'en donnant suffisamment d'énergie à la plante elle puisse tenir le choc, pendant que le deva rééduque les pucerons. Je donne aussi tout mon amour aux pucerons en espérant que ça inversera leur processus d'autodestruction. Mais c'est du boulot et ça va nécessiter beaucoup d'attention. J'avoue que j'ai tendance à loucher un peu sur ma bombe anti puce-

rons, mais la lumière me fait alors les gros yeux (si, si je vous assure). Pareil quand je mate le balcon en me disant qu'une petite nuit dehors règlerait également le problème des pucerons. Une arme, qu'elle soit bactériologique ou bio, je crois que c'est pareil, ça reste une arme.
– Eh ben, ce n'est pas un cadeau, dis-moi.
– Bien, maintenant tu vas te mettre à la place d'une entité extra-terrestre super évoluée et intelligente qui surveille ta planète et qui a les mêmes objectif et contraintes que toi.
– Ok, c'est très clair maintenant.

Hier au bureau, je discute avec Cernus (c'est le faune en face de mon bureau) et il me dit qu'il faut que j'aille voir un de ses boss qui veut me parler. J'y vais le soir, en quête de vision. Je rencontre une espèce d'énorme homme-arbre assez sympa. Il m'explique diverses choses et me recommande de me relier à Gaia de manière constante par le bas. En gros, je ne dois pas oublier de les inclure dans l'équation. De ce que j'en ai compris, on trouve des esprits de la nature à tous les niveaux d'évolution, dans tous les plans. Je dois en trouver sans problème au niveau spirituel.
Je ne rentrerai pas dans le détail pour les extraterrestres, parce que beaucoup d'autres le font. Qu'est ce qui est vrai ou faux ? Dur à dire. Personnellement, entre les esprits de la nature et les plans célestes, je suis un peu débordé en ce moment. Mais disons que j'ai eu l'occasion d'en contacter à la fois des positifs et négatifs. Certains nous maintiennent en involution, ou l'ont fait pendant longtemps, c'est vrai, mais est-ce vraiment une conspiration aussi catastrophique comme certains le disent ? Et depuis peu d'années, il semble que nous soyons réellement libérés d'une influence négative et surveillés par d'autres extra terrestres positifs pour

nous. C'est pour cette raison que nous pouvons parler librement de ces techniques d'évolution qui étaient soigneusement dissimulées pendant toutes ces années. Bien sûr, ceux qui cherchent des extra-terrestres sur des radars vont être déçus, il faudrait surtout chercher au niveau éthérique ou dans des dimensions supérieures, et concernant leur manifestation physique à notre niveau, ne pas oublier qu'ils savent manifestement changer de plans à volonté et ont forcément une maîtrise de l'espace temps que nous n'avons pas, du moins consciemment ! Puisque notre niveau d'évolution est, eh bien, puceronnesque !

Expérience 88
Lutins

Hier je me suis bien occupé de mes plantes. Ça fait du monde et j'avoue que j'ai tendance à fermer un peu la clairaudiance. Parce que si tu écoutes tout le monde, entre les chats, les plantes, les poissons, il y a toujours quelqu'un qui réclame. Les chats sont basiques au niveau mental : ça se résume à peur, faim, câlin, joue avec moi, etc. C'est Pascal qui me l'a raconté, moi je ne communique pas au niveau mental avec eux. Je préfère parler au niveau du dessus, puisque nous sommes tous multidimensionnels et reliés à des versions plus hautes de nous mêmes. Chacun est unique quels que soient sa race et son royaume : il n'y a pas deux humains totalement pareils, deux chats ou deux ficus totalement identiques. Plus un être a accès à ses parties les plus élevées, plus il est évolué. S'agissant du poisson, je parle directement avec son esprit au dessus, et lui me dit ce dont il a besoin et ce qu'il veut. J'ai un Discus, très évolué pour un poisson, il vient se coller à l'aquarium quand il a faim et nous regarde en faisant des espèces de signes avec ses nageoires (si, si sans rire.). Alors que les Discus se planquent d'habitude. Mais bon, lui est relié à un esprit très évolué. J'ai, entre autres, un Monstera qui adore que je pulvérise de l'eau sur lui : il dégage une extase pas possible quand je l'arrose. Mes chats sont également assez évolués pour leur race. Ils sont clairvoyants et clairaudiants (la plupart des chats le sont, mais pas tous apparemment.) Un soir j'avais un chat sur mes genoux, j'ai fait un tunnel de lumière par réflexe au dessus de mon autel au cas où un mort passe (ça m'arrive des fois). Je n'ai pas bougé, je regardais la télé. Aussitôt, j'ai entendu l'énergie monter en fréquence dans mes oreilles et le chat a dressé les oreilles immédiatement et regardé au dessus de mon autel. Idem pour l'autre chat qui dormait tranquillement sur une chaise.

Les rapports ne sont pas toujours sereins, moi qui ai des affinités avec les plantes, j'ai souvent des rapports un peu tendus avec le ficus de ma femme (au début il m'insultait au passage, et depuis qu'il a compris que je l'entendais beaucoup mieux, il le fait moins). On a dû partir sur des mauvaises bases. Mais bon, ça va s'améliorer. Une fois que tout a été sous contrôle et que plus personne n'a réclamé de nourriture ou de soins, j'ai pris un peu de temps pour discuter avec le lutin qui s'occupe de ma plante infestée. Je me suis livré à différentes expériences énergétiques en me référant au druide intérieur. Ensuite, je lui ai simplement demandé si ça marchait ou non. Quelques trucs ont marché. Je tente une opération sur la zone à l'extérieur. Je lui demande si ça a marché ou non, réponse :

– Je n'en sais rien moi, demande à un déva je suis juste un lutin.

– Je ne comprends pas, j'ai été accompagné par un lutin qui savait tout sur tout et qui pouvait même me parler à distance. Et toi tu ne peux rien savoir ?

– Mais lui c'était un grand maître. Moi je ne suis pas un sage.

– Un maître lutin ?

– Oui un très grand lutin. Lui il parle avec Dieu.

– Ah oui, j'avais cru m'en apercevoir.

Apparemment, tous les êtres, quels qu'ils soient, sont sur une voie d'évolution et il n'y en a pas deux identiques. Jusqu'à présent, au vu des lutins que j'ai rencontrés, je dirais que le premier que j'ai vu se comportait exactement comme le grand schtroumf : réponse à tout, très posé (il ne sautillait jamais, à tel point que je me suis demandé si c'était vraiment un lutin) et empli de sagesse. Les autres que j'ai eu l'occasion de voir, une dizaine à peu près, sont beaucoup plus proches des p'tits schtroumfs. Ils sautillent partout, sont très excités mais gentils et pleins de sollicitude. Ils s'occupent des plantes et j'en croise souvent. Une fois, un village entier m'a répondu, je n'ai pas pu le localiser parce qu'on passait en bagnole, mais ça fusait dans tous les sens, il y en avait au moins vingt qui parlaient en même temps, et ça venait d'un champ à la lisière d'une forêt, auquel je m'étais « connecté » au passage. Les lutins s'occupent donc de nos plantes et sont très gentils et efficaces dans leur boulot. D'ailleurs, ils n'hésitent pas à venir nous prévenir quand une plante va mal et qu'il faut s'en occuper. Des aides sûrement efficaces pour les jardiniers. Il y en a plein d'autres mais pour l'instant, je débute avec les esprits de la nature, et je préfère les rencontrer petit à petit. Mais c'est vrai, j'ai une forte affinité avec les lutins.

Expérience 89
Troll

J'ai décidé de faire le tour des esprits de la nature qui m'accompagnent. Le minimum social étant de prendre le temps de les connaître un peu mieux, vu qu'ils m'accompagnent constamment. Je commence par le plus encombrant de tous. Je lui demande s'il veut bien discuter : il se met en face de moi. Je touche avec la main éthérique. Eh bien, c'est un beau bébé de plus de 2 m 20 de haut avec des épaules de footballeur américain. Il émet une énergie assez étrange et son niveau d'émanation est d'à peu près 500%. Les échanges se font par clairaudiance et par transfert direct.
– Eh ben dis donc, t'es grand toi !
– J'suis plus petit tribu.
– Ah bon. Et tu fais quoi dans la vie ?
– Moi grand guerrier. Moi protéger, moi mission.
– Sans te vexer, si tu es le plus petit, enfin ce n'est pas que ça me gène, mais pourquoi ils t'ont mis toi ?
– Moi guerrier d'élite, très intelligent. Moi faire mission escorte, moi jamais taper client.
– Ah oui, effectivement, alors je te préfère toi. Dis donc, ça a l'air sympa ce que tu te trimballes ? Je peux voir ?
J'ai une image d'un espèce d'homme-bête avec un énorme marteau qui s'impose à mon esprit. Il me pose un énorme truc sur la table. Je le touche : c'est une masse éthérique. Marrant, le bout fait deux fois ma tête. Ça doit faire de bons trous dans les corps éthériques ça.
– Eh ben, et t'en as déjà explosé des entités qui venaient sur moi ?

– Beaucoup.
– Mais combien ?
– BEAUCOUP [avertissement de ma fée : ne le vexe pas, il ne sait pas compter]
– Ah bon, tu ne sais pas compter.
– ARGGGGGG et là, il se met en garde et me balance des tonnes de colère dans la tête.
[Ma fée intervient : rappelle toi, faut pas taper le client !]
– Ah ouaip, pas taper client.
Et il se calme. Bon ben, faut pas l'énerver sinon va falloir me faire rafistoler le corps éthérique. Remarque, je suis content il a l'air de bien se contrôler pour un troll.
– Et t'as déjà vu des extra-terrestres négatifs sur moi ?
– Des quoi ?
– Ben des trucs à tentacules, sauf qu'ils ne viennent pas de dessous, mais de dessus. Bon, laisse tomber.
– Moi vois truc sur toi, moi tape.
Je comprends à la vue de son émanation assez faible qu'il est issu du bas astral. On aurait pu s'en douter.
– Et y'a quoi au dessus de toi ? C'est quoi ton Dieu, je peux regarder ?
– Toi pas aller. Dieu troll. Si toi aller, toi amener cadavre ennemi pour offrande.
– Bon, ok, on ne va pas regarder alors. C'est comment chez toi ? Il me vient une image avec une ouverture de caverne béante qui s'enfonce dans les profondeurs sur une montagne gelée avec des hommes-bêtes armés et une espèce de tempête glaciale. Le ciel est noir et il y a des squelettes partout. C'est très nordique, il y a des runes sur les armes. Pas très sympa, le bas astral.
– Maison, bien. Beaucoup manger, beaucoup taper. Ça bien. Moi retourner après mission.
Bon et bien voilà, je comprends pourquoi après des années à ramasser des foules d'entités, je n'ai jamais eu une seule entité accrochée sur moi. De toute façon, je suis parti pour une politique pacifiste maintenant, mais

c'est toujours sympa de ne pas avoir à surveiller ses arrières. Je précise que Pascal est issu du monde minéral, et il a une forte affinité avec le bas astral (d'où vient ce troll). Dans son boulot, il gère, entre autres, des repris de justice dans l'atelier. Des types de 2m de haut et 150 kg de muscles qui savent à peine parler. Son patron estime qu'il faut leur donner une chance, et Pascal est plutôt d'accord, c'est un moyen d'aider les autres. Toutefois, comme il dit, il ne faut pas baisser les yeux quand tu leur parles. Mais bon, il est dans son élément et c'est plutôt un bon manager. On se demande bien pourquoi au vu des habitants du bas astral ? J'ai vu ce que ça donnait de traiter avec Loki, et moi je ne suis pas un guerrier comme Pascal. Donc, je vais foutre la paix aux dieux nordiques.

Expérience 90
Gnome

Je suis également accompagné par un gnome. Niveau d'émanation 500%, il est issu du même endroit que le troll.
– Tu t'entends avec le troll ?
– Moi, tu sais, tant qu'il me bouffe pas, il peut puer tant qu'il veut, ça ne me dérange pas.
– Ouf, heureusement que je n'ai aucun odorat par l'énergie alors.
– Ouaip, c'est clair, tu sais pas ce que tu rates.
– Tu es censé m'accompagner pour quoi au fait ?
– Eh bien, le jour où tu te décideras à faire ton boulot, t'auras besoin de moi. Je connais très bien les sols et je peux partir en éclaireur inspecter un coin pour te dire ce qu'il contient. Je voyage librement sous terre, contrairement à toi.
– Ah bon, et ce n'est pas dangereux là dessous ?
– Bah, t'auras qu'à m'envoyer avec le troll, rien qu'à l'odeur il fait fuir tout le monde.
– Ah, ok.
– Toi et les tiens avez perdu depuis longtemps le sens des réalités, ça te ferait pas de mal de remettre les pieds un peu sur terre. Et je suis là pour ça. Tu vois, avant, vous autres étiez proches de la terre, vous viviez dans des grottes ou des lieux naturels. Quand vous avez commencé à construire des maisons en utilisant la pierre, là encore nous pouvions vous accompagner. Depuis que vous vivez dans ces espèces de trucs bizarres, on ne peut même plus vous rejoindre. Comme

vous n'êtes plus reliés à la terre, vous devenez cinglés. Et comme, en plus, vous êtes sourds et que vos enfants ne savent même plus se relier à la terre, faut pas s'étonner si les choses vont de mal en pis. Nous autres on est là pour vous remettre un peu les pieds sur terre.
Je reconnais qu'il n'a pas tort. Dans les villages que j'ai eu l'occasion de visiter, les maisons en pierre sont vivantes. Elles contiennent pleins d'esprits de la nature et sont souvent très positives. Nos appartements et maisons modernes me paraissent malsains et morts, je ne sens pas de vie dedans. Le béton et les substances avec lesquelles ils et elles sont construites sont probablement en cause.

A part des fantômes et des entités, j'ai peur qu'il n'y ait pas grand chose pour nous accompagner dans nos immeubles. Mieux vaut aménager des balcons et apporter des plantes vertes, ça amène un peu de vie dedans. Bon, si je résume, je suis accompagné par un troll qui pue et un gnome aigri comme un pou (si si, faut l'entendre, je n'ai pas rendu un quart du dialogue). Remarque, si ça fait 35 ans qu'il attend que j'aille vivre à la campagne, je le comprends.

Expérience 91
Colère

Ce matin, j'inspecte ma plante : c'est l'horreur. Elle n'a pas l'air en danger mais ça grouille de partout. Ma femme n'est pas contente : toutes les fleurs en bouton sont infestées. Et la plante ne fleurit plus. Une colère essaie de sortir depuis hier et je sens qu'elle commence à s'exprimer. Je demande encore une fois aux esprits et tout le monde est formel : elle doit rester comme ça. Je pars au boulot assez en colère, en décrétant que si je m'aperçois que la plante commence à faiblir sérieusement, j'exterminerai tout le monde sans pitié.
[Connexion en haut]
– Un gros truc essaie de sortir au niveau de la gorge, je le sens bien.
– Tu es en colère, tu juges des êtres qui ne comprennent pas ce qu'ils font. Et en plus, tu parles de les éradiquer. Ils s'attaquent à ta plante alors tu veux t'attaquer à eux. Pourtant ta plante est d'accord pour accepter ce traitement. Elle comprend les pucerons et ne souhaite pas leur destruction. Si elle ne veut pas leur destruction, qui es-tu, toi, pour les juger ? C'est toi qui te fais parasiter ? Tes réactions sont encore « jeunes », certaines leçons ont besoin d'être bien comprises. Tu comprends ce que tu dois apprendre du troll et du gnome maintenant ? Tu te laisses aller à la colère comme le troll et tu juges de manière aigrie comme le gnome. Or, à leur niveau, eux ne peuvent exprimer leur amour de manière plus évoluée. Toi, tu dois évoluer à présent. Ne peux-tu

pas apprendre à exprimer ton amour pour cette plante autrement ? En lui donnant ton énergie et en aidant ces pucerons à évoluer ? Plutôt que la gaspiller en colère et violence, qu'elle soit verbale ou physique ?
Je fais de mon mieux mais la pilule a du mal à passer. La rancune qui monte est très profonde et dépasse de loin le cadre de cette plante. Je m'arrête pour acheter un pain au chocolat, la nourriture m'apaise, c'est comme ça.
– Et maintenant tu vas manger ? Comme le troll ? Encore une manière d'exprimer ta peur de manquer d'amour.
– Bon ça va, je sais, fous moi la paix, ça va passer.
A cet instant, je vois passer un type l'air renfrogné et préoccupé, rien qu'à sa tête je comprends que le même type de conflit l'agite à ce moment.
– Eh oui, lui aussi, tu vois, tu n'es pas le seul. Et lui croit simplement se battre avec ses propres pensées. Toi, tu as la chance de pouvoir communiquer directement avec moi. Alors, ne te plains pas. Courage, c'est comme ça, nous vous mettons tous en face de vos faiblesses pour vous aider à avancer : c'est la période qui veut ça. La planète ascensionne et les hommes sont à la traîne, alors on est obligé de vous faire avancer bon gré, mal gré. Au passage, tu remarqueras que les pucerons que tu juges parce qu'ils pillent les réserves de la plante ne sont guère différents de toi en ce moment. Tu as peur alors tu manges, résultat : tu pilles les réserves de la planète en surconsommant pour rien. Comprends-tu au moins les pucerons maintenant ? Plus tu vas les stresser, plus ils vont se gaver. Comme toi. Allez, courage, tu dois lâcher ça maintenant.
Bon, et bien nous verrons si la pilule va finalement passer. Je dois finir de laisser remonter pour comprendre pleinement ce qui veut s'exprimer. Tant que le problème ne sera pas entièrement devenu conscient, je ne pour-

rais pas totalement le lâcher. J'ai passé la journée à le ressasser dans tous les sens. Et puis ça a fini par se dissiper.
– J'en ai assez de ces prises de tête inutiles. Si cette expérience doit être vécue, alors, laissons-la se dérouler.
– Bien, on progresse. Tu commences à en avoir assez des luttes incessantes, et des conflits. La bonne nouvelle, c'est que si c'est le cas, cela signifie que tu es prêt à t'élever au dessus de ça. La mauvaise, c'est que tant que tu te laisseras absorber, tu ne pourras pas le faire. Centre-toi dans le cœur et laisse le droit aux autres de vivre leurs propres expériences. Rien n'est laissé au hasard, tout est parfait. C'est quelque chose que tu dois commencer à comprendre maintenant. Quand tu ne te laisseras plus réabsorber par ces expériences et que tu pourras les vivre sereinement, centré dans le cœur, tu seras prêt.

Expérience 92
Réunion au sommet
avec les fées

Voici maintenant un point sur deux autres esprits qui m'accompagnent : deux petites fées.
Fée de l'air : émanation 3000% dans le plan le plus proche. En grimpant dans les plans, son émanation augmente.
Fée de l'eau : émanation 3000%, idem.
Voilà le peu que je sais (ou que j'extrapole) sur les fées : elles sont issues des plans supérieurs a priori, bien qu'elles aient l'air plus proches du monde matériel que les anges. Elles sont omnipotentes (savent tout sur tout pour ce que j'en sais, ce que je suis apte à entendre) et peuvent contrôler parfaitement leurs émanations en terme de taille et de forme. Elles peuvent également avoir des émanations multiples. La plupart du temps, quand elles ont un truc à me dire, elles se mettent sur mes épaules et gueulent dans mon oreille ; enfin, avant elles gueulaient quand je n'écoutais pas, ça faisait des pics d'énergies qui me fracassaient les oreilles. Je sens leurs petits pieds se balader sur moi des fois. Et puis, elles ne se gênent pas, parfois elles se mettent dans un chakra, rafistolent un truc à droite ou à gauche. Elles traficotent mon corps énergétique suivant les besoins. Elles se vexent plutôt facilement, adorent me tirer la langue et sont de vraies pipelettes. Mais elles sont adorables. Bon, voilà le premier jet que j'avais fait sur la présentation des fées. Mais mes fées n'ont pas voulu que je l'écrive.

Sur le chemin du retour le soir, discussion avec mes fées, je leur demande pourquoi elles ne veulent pas que j'écrive ça sur elles. Fée de l'air : Tu ne crois pas que tu vas t'en tirer comme ça non ? Avec trois lignes sur nous et deux mesures à la con, avec tout le mal qu'on se donne ! Allez hop réunion au sommet. Et là j'ai la vision d'une espèce de temple en ruine. Nous sommes dans une cour circulaire : c'est un endroit que je n'ai jamais vu auparavant. Au centre, un bassin circulaire luit de reflets lunaires, pourtant je ne vois pas de ciel. Un trône en ruine se tient derrière le bassin, bizarre. Il y a des bas reliefs sur les morceaux de murs qui sont encore debout. Je reconnais l'image de Cernunnos. Tout autour de nous s'étend un brouillard doré et je ne vois pas au travers. Mon corps énergétique vibre très haut ce qui me fait comprendre que la partie de ma conscience qui perçoit ça est dans mon corps spirituel. (Je suis également en train de marcher dans la rue.) Mes deux petites fées sont là : des blondinettes ailées qui volètent autour du bassin. Ma fée de l'air a pris l'air sérieux et concentré. (J'avoue que j'ai du mal à ne pas rigoler)
Fée de l'air : Bien, sais-tu ce qu'est cet endroit ?
Moi : non, mais je suppose que c'est le début de mon corps spirituel ?
Fée de l'air : Nous nous tenons sur le seuil d'un nouveau monde pour toi ! Ma sœur et moi en sommes les clefs.
(Là je m'imagine en train de mettre ma fée sérieuse dans une serrure et d'essayer d'ouvrir une porte en rigolant)
Fée de l'eau : t'es con putain ! Et elle éclate de rire.
(Sa sœur la foudroie du regard)
Fée de l'air : Un peu de sérieux !
(La fée de l'eau prend l'air sérieux en se retenant de ne pas rigoler.)

Fée de l'air : Mais non, je veux dire que pour aller plus loin, tu dois abandonner tes anciennes croyances et tes anciens comportements. Tant que ça ne sera pas fait, tu ne verras que le bouillard et pas le monde qui s'étend au delà. Moi je suis la fée de l'air, je suis là pour t'enseigner la sagesse. C'est ce que je fais depuis pas mal d'années déjà, et je suis plutôt contente de moi !
(Et là elle prend l'air ravi).
Fée de l'eau : Moi je suis la fée de l'eau, je suis là pour t'enseigner l'amour inconditionnel et le don de soi. Bon y'a du boulot encore, mais franchement, vu qu'au départ tu avais un ordinateur à la place du cœur, je suis également très satisfaite de moi.
(Et là elle tire la langue à sa sœur qui lui tire la langue en retour)
Fée de l'eau : Lorsque tu auras abandonné toutes tes croyances et ouvert ton cœur, tu pourras accéder au domaine spirituel, et pas avant. Mais nous sommes là pour t'aider et te conseiller. Tu te tiens dans une phase transitoire pour l'instant. Tu ne pourras aller plus loin qu'en ayant totalement vidé tes désirs faux et comportements erronés, que tu as traînés avec toi pendant toutes ces vies. Le troll et le gnome sont là pour te rappeler d'où tu pars et nous pour t'enseigner où tu vas. Amour, joie, vérité sont les seules clefs du domaine spirituel. Le reste appartient au royaume du dessous et ne peut venir ici. Tant qu'il en restera une once en toi, cet endroit ne s'ouvrira pas. Amour, enseigné par moi, vérité par ma sœur et joie par toutes les deux TADAAA
(Elles prennent la pose)

Bon, voilà pour la vision, je crois que c'est plus clair quand je dis que ce sont des pipelettes et qu'avec elles on ne peut pas s'ennuyer. Eh bien, peut être que lorsque le brouillard se dissipera je verrai le monde spirituel en plus du monde matériel, qui sait ?

Expérience 93
Compassion et pucerons

Ce matin en inspectant ma plante parasitée, je suis super content. Alors que ses fleurs sont totalement infestées par les pucerons et qu'elles ne s'ouvrent plus depuis une semaine, ce matin, une des fleurs s'est ouverte largement. Les pucerons sont toujours accrochés à elle, mais elle s'est ouverte comme une parabole. Je suis vraiment content, malgré son parasitage, la plante survit et peut encore fleurir. D'ailleurs, étonnamment, il semble que les pucerons se soient tous regroupés sur les fleurs fermées et ne parasitent plus les tiges. Une des vieilles fleurs qui était attaquée par les parasites et ne s'ouvrait plus, a fini par tomber et a roulé à plusieurs centimètres du pot. Dessus, il reste encore des dizaines de pucerons accrochés. Je me réjouis presque en songeant que, eux au moins, ne s'attaqueront plus à la plante. Mais lorsque je me penche pour prendre le reste de fleur et le jeter, je m'aperçois que les pucerons sont vivants et je sens leur résignation : ils n'ont nulle part où aller et attendent la mort simplement. Je sens leur peur à un certain niveau et leur résignation en même temps. Quelle est mon alternative à part les remettre sur la plante ?
Je sens l'amour dans mon corps de manière très forte ces derniers temps et la compassion pour les pucerons dépasse ma peur pour la plante. C'est la première fois de ma vie qu'une telle chose arrive. En fait, en voyant ces pucerons accrochés à ce morceau de plante, je ne peux m'empêcher d'imaginer des cosmonautes perdus

dans l'espace, attendant la mort et sans espoir de rentrer. Comment réagirait l'entité extra-terrestre dans ce cas ? Je remets les pucerons dans le pot malgré ma peur pour la plante.
[Commentaires de la lumière]
− Tu as fait un excellent choix.
− Même en sachant que ces parasites vont encore s'attaquer à elle ?
− L'amour et la compassion sont les seuls choix valables. Les histoires, les expériences et les corps vont et viennent : ils retournent à la poussière. L'âme perdure et l'étincelle d'amour que tu donnes à un autre fait grandir sa propre flamme, et cette chose durera éternellement. Le don que tu fais à ces pucerons les fait grandir dans leur lumière et fait grandir leur conscience, tout comme en retour, elle fait grandir la tienne et cela durera pour l'éternité, bien longtemps après que ton corps et cette plante soient retournés à la poussière. Il n'y a pas de petite compassion, de petit geste, il n'y a qu'une étincelle éternelle qui grandit dans les cœurs et aucun être n'est assez petit ou insignifiant pour ne pas mériter tout l'amour et la compassion que tu peux donner. Car cet acte, aussi petit qu'il puisse te paraître, est issu de Dieu lui-même, et révèle un peu plus le divin dans les autres et en toi même.

Expérience 94
Discussion au coin du feu

Cette histoire de terre pure (monde spirituel vu par les bouddhistes) m'interpelle. Toute la nuit, j'ai fait des rêves bizarres de bateau sur l'eau à la recherche d'une terre. De lieux étranges avec de grandes forêts pleines d'esprits. Une bibliothèque bizarre avec des livres contenant tous les savoirs de l'univers. Mais quand j'ouvre un livre et tente de le comprendre, les pages sont blanches ou écrites dans des langages incompréhensibles. Ce matin, alors que je somnole dans mon lit, je fais à nouveau un rêve étrange. Je me balade dans la forêt, guidé par mes fées et je me trouve devant une clairière. A l'intérieur, un magicien habillé en gris se réchauffe devant un feu de bois. Il m'invite à m'asseoir auprès du feu. Mes fées se tiennent à ses côtés. Il est vêtu d'une grande robe grise et je ne vois pas son visage. Mais je comprends qu'il s'agit de Merlin.
– Alors, c'est toi qui vas me guider ? Bizarre j'aurais cru trouver Cernunnos.
– Cernunnos, moi, la lumière, un autre, quelle importance ? C'est toi qui tiens tellement à donner une forme à tout.
– C'est vrai, une vieille habitude sûrement.
– Et cette habitude risque de te perdre là où tu vas. Tu abordes une partie différente du voyage, en quelque sorte. Jusqu'à présent, les pièges étaient nombreux, mais tu as été suffisamment bien guidé pour les éviter. (Mes fées semblent toutes contentes d'elles.) Beaucoup

de gens ne dépassent pas le piège du pouvoir et deviennent des magiciens ou des voyants. Bien sûr, ces expériences peuvent être utiles, mais tu les as déjà trop vécues et ce n'est pas ce que tu as choisi, toi. La sagesse et l'amour sont les deux guides qui permettent de dépasser ces pièges. Au delà de ça, vient le royaume spirituel. Avant que tu ne commences ce voyage là, il y a certaines choses que tu dois comprendre. Dans le monde spirituel, tu verras des splendeurs plus grandes que tout ce que tu imagines, tu auras accès à des connaissances importantes, tu pourras même rencontrer des dieux et visiter leurs mondes. Au début, ces choses te paraîtront fabuleuses et tu pourras être tenté de t'arrêter dans l'un d'eux, en estimant que ton voyage a suffisamment avancé. Mais dans ces mondes là et même avec tout le savoir et les connaissances de l'univers, tu ne pourras pas trouver ce que tu cherches réellement : la paix de l'esprit. Une seule chose peut te la procurer : la découverte de ton esprit divin. Et l'esprit divin se tient en un seul lieu : la caverne de cristal. Cette caverne est dans ton centre, elle est à la fois très proche et en même temps totalement inaccessible. Son entrée se tient à un niveau dimensionnel trop élevé pour toi. Pour l'atteindre, tu dois traverser entièrement les terres spirituelles. Traverse les mondes autant que tu le souhaites, fais ce que tu veux, mais rappelle-toi, tu n'es qu'un voyageur. Tu ne seras nulle part chez toi tant que tu n'auras pas trouvé la grotte de cristal. Seule la quête du Graal, celle de l'esprit divin, vaut la peine d'être vécue, le reste n'est qu'un reflet déformé. Bien sûr, tu ne peux pas encore voir, et tu as des choses à régler avant d'avancer. Mais un voyageur averti en vaut deux. Tu as pris l'habitude de beaucoup écouter la fée de l'air. C'est vrai que la sagesse est de bon conseil, mais pense à écouter également la fée de l'eau. Car l'amour inconditionnel est une clef qui ouvre toutes les portes.

Mes fées en chœur : ne t'inquiète pas, avec nous tu ne peux pas te perdre !
Bon, ben ça promet tout ça. Enfin, tant que je ne vois que du brouillard, je ne peux pas être tenté de toute façon !

Expérience 95
Clairvoyance de l'éther

Hier, je regarde à la télé une série qui s'appelle « Médium ». Cette série est tirée des expériences d'une personne réelle d'après ce que j'ai compris. Dans cet épisode, on voit le médium (une femme) « passif » en prise avec des manifestations qu'elle ne contrôle pas et qui vont souvent jusqu'à la possession partielle ou complète par les fantômes. Ce cas est manifestement typique des médiums « passifs » qui n'ont aucun contrôle sur leur clairvoyance et qui sont au final des portes ouvertes pour tout ce qui passe. En revanche, c'est un médium très puissant. Mon cas est différent : je suis un clairvoyant actif. Je dois accepter de voir pour que ça fonctionne. C'est pour cela que, même avec des capacités assez développées, j'ai pu faire abstraction de la clairaudiance et des visions pendant plus de dix ans. Comparé au calvaire que vit cette pauvre femme (elle se retrouve sourde quand elle est en prise avec des visions d'une fille sourde par exemple), je n'ai pas à me plaindre. Je décide qu'il est peut-être temps de faire sauter ma peur des visions et de la clairvoyance en général. J'utilise donc tranquillement le double du futur et du passé pour résoudre cela, tout en regardant la série. Le soir, tandis que je me couche, mon éternel brouillard transparent, qui ne me gène pas particulièrement, m'accompagne. A peine ai-je éteint la lumière que le brouillard devient épais et lumineux autour de moi (j'ai les yeux ouverts dans l'obscurité). Mon œil que je n'avais plus vu depuis longtemps

apparaît et me regarde : c'est une vieille forme pensée que je me trimballe depuis plusieurs vies. Elle a symbolisé pendant longtemps mon conflit avec Dieu. Mais depuis quelque temps elle a perdu son intérêt. Elle continue à me rendre visite quelquefois, et elle me fait penser à un compagnon fidèle qui ne peut se résoudre à s'en aller. Mais je ne sais vraiment plus quoi en faire. Elle est trop puissante et trop affirmée pour se dissoudre simplement, je ne peux ni la congédier ni la détruire. (Ma fée me dit qu'elle m'accompagne de vie en vie depuis plus de 2000 ans, étonnant non ? Je suppose que ça date de ma vie de sorcier et de la perte de la foi qui en a résulté). A ce moment, la lumière apparaît dans ma tête et me dit simplement (de manière non formulée) : c'est une énergie à ton service, tu peux l'utiliser pour ce que tu veux. Demande-lui de t'aider à voir.
Alors je demande à l'œil de m'aider. Immédiatement l'œil s'anime et apparaît en trois dimensions (alors qu'il était en deux dimensions jusqu'à présent). Il commence à regarder dans tous les sens et le brouillard s'épaissit. Apparaissent des formes à l'intérieur, des visages grimaçant, des corps étranges qui ne cessent de se transformer, ils sont en trois dimensions et tendent les bras vers moi ! Au début, une réaction de peur très forte me saisit : je suis parfaitement réveillé, les yeux grands ouverts, pas même couché et je vois dans une semi obscurité des formes très lumineuses de toutes sortes de créatures, grouiller dans tout mon champ de vision. Je me calme et regarde plus tranquillement : l'œil a disparu mais je le vois toujours en arrière plan émerger au milieu de formes indistinctes. En observant mieux, je m'aperçois que les formes qui s'agitent sont des scènes emmêlées les unes dans les autres qui font du morphing à une vitesse phénoménale. Imaginez une projection visuelle en hologramme lumineux de 10cm² dans laquelle se mélangent dix films 3D transparents en

même temps. Chacun se comporte comme s'il zappait sur plusieurs chaînes simultanément. Multipliez ça par toute la surface de votre champ de vision. Et c'est comme si je regardais une multitude d'écrans sur lesquels défilent une multitude de bouts de films holographiques qui se transforment sans cesse. Je me couche et ferme les yeux : l'image ne change pas mais c'est moins terrifiant de la voir les yeux fermés.

Une des images attire mon attention, elle devient plus grande. En quelques secondes, elle devient une tête de démon, une espèce d'insecte, une femme, un couple en train de s'engueuler, d'autres trucs totalement indistincts. En essayant de la toucher, je m'aperçois que c'est juste une vision : aucun esprit n'est présent. La lumière intervient encore : calme-toi et habitue-toi à regarder sans avoir peur, il n'y a rien, tu regardes simplement dans un miroir qui reflète la mémoire du monde. Imagine qu'il s'agit simplement d'un tableau de contrôle avec une multitude de télévisions et que tu zappes simplement. Ce que tu vois, ce sont des scènes que d'autres ont réellement vécues ou vont vivre et qui sont enregistrées dans l'éther. Chaque subconscient enregistre les scènes de manière totale, et tout est centralisé en un seul endroit. Tu accèdes à une part limitée de cet endroit.

Aussitôt je me rappelle du message de la veille, du Merlin que j'ai croisé. Tout n'est qu'un reflet déformé de l'esprit divin… Curieusement, imaginer que le monde entier est sans forme et que c'est moi qui lui donne vie, me rassure. Et de manière contradictoire je me retrouve enraciné et prêt à vivre l'expérience sans peur. C'est comme si je zappais dans la mémoire de l'univers finalement. C'est l'abonnement à la chaîne câblée ultime quoi. Comme la clairaudience est l'abonnement téléphonique universel ultime. Puis d'un coup, une des scènes devient énorme, prend tout mon champ de vi-

sion, en couleur. Je suis à l'intérieur, en partie : je suis là, couché dans mon lit, et en même temps une part de ma conscience est dans une courte scène : je vois, j'entends et je touche également ! Je suis sur une plage en train de regarder courir des gens. Puis la scène se retire. Différentes formes transparentes zappent et une autre surgit en gros plan et ainsi de suite. Je regarde par dessus l'épaule d'une petite fille en train de dessiner. Et puis ça saute encore. Cela dure plusieurs heures. C'est assez fascinant. Je n'ai pas retenu grand chose. Pourtant j'ai vu de tout. Des humains, des extraterrestres, des choses étranges et incompréhensibles. Des mariages : à un moment j'ai vu une quinzaine de couples inconnus échanger leurs vœux et s'embrasser devant différents curés, dans différentes églises. Des êtres avec cinq paires d'yeux. Des espèces de « femmes fleurs ». Des humanoïdes étranges sans yeux, nez ou visage et pourtant d'une beauté et d'une grâce artistique. Un Apollon avec de multiples (!) ailes d'anges. Un démon grimaçant en train de touiller une marmite. Des espèces de mini fées en train de jouer à cache-cache dans un champ de fleurs. Ces visions sont époustouflantes car aussi réelles que celles de la vie de tous les jours, en trois dimensions et matérialisées dans l'air, ou plus précisément dans le brouillard éthérique (je le vois également les yeux fermés par le troisième œil).
La lumière finit son explication : ce que tu vois est le début. Tu dois t'habituer. Pour l'instant tu es passif, mais avec l'entraînement tu pourras sélectionner l'enregistrement que tu désires. Il y a tellement de choses que ta vie ne suffirait pas à parcourir toutes les données. Quand tu seras entraîné, tu n'auras qu'à demander et je sélectionnerai pour toi les visions qui t'intéressent.

J'ai fini par m'endormir en entrant dans une scène. C'est l'expérience de vision la plus grandiose que j'aie jamais faite. Comme d'habitude, il a suffi que je m'aperçoive que je n'avais que faire de la vision pour l'obtenir. C'est toujours ainsi : ce qu'on veut avec l'ego, on ne l'obtient jamais réellement. Dès qu'on y renonce, le ciel nous le sert sur un plateau. C'est l'apparente contradiction du divin.

Expérience 96
Etudes, clairaudience et clarté d'esprit

Hier, après un énième apéro au boulot (c'est important pour l'ambiance), je rentre un peu joyeux (pas beaucoup parce que c'était un apéro un peu pingre). Pour moi, c'est l'état idéal pour la clairaudience. Parce que ça n'affecte pas mes capacités et ça enlève une part de mes inhibitions. J'en profite pour discuter librement avec les esprits qui m'accompagnent, j'entends également des commentaires de trucs indéfinis qui me parlent au passage (arbres, lampadaire, esprits), et je reçois également des informations silencieuses de la lumière. Il reste quelques pensées de mon ego qui peuvent surgir dans le tas, surtout quand j'évacue, comme hier. Mais je distingue facilement les sources d'influence maintenant et je laisse passer les pensées. Je ne m'embête pas, c'est la lumière qui décide, donc elle trie dans le tas ce qui a le droit de me parler : c'est plus simple. Les esprits me disent que je les entends depuis que je suis petit, mais que c'est seulement maintenant que je commence à distinguer ce qui vient de mon ego de ce qui est externe. Il semble même que mes capacités de compréhension des choses (silencieuses) soient directement choisies par la lumière depuis le début. Je ne m'en apercevais pas avant puisque je ne la voyais pas. Mais c'est vrai qu'étant petit et jusqu'à l'adolescence, je n'ai jamais eu besoin de travailler à l'école. C'est vrai qu'en fait, je n'ai jamais rien foutu. Je me mettais devant la feuille et puis ça venait ou pas. Et, étonnament, je m'en sortais toujours très bien. Dès que je suis arrivé aux études supérieures, ça s'est corsé. La lumière me dit que je n'étais pas censé faire ça, ils m'ont donc coupé les vivres en quelque sorte. J'ai fini à la fac, à moisir en n'arrivant pas à me décider entre suivre ma voie et faire plaisir à mes parents (comme beaucoup de gens de ma génération). D'où la méga déprime qui a suivi, se terminant par ma période de méditation. Finalement, j'aurais peut être dû faire jardinier dès le départ. Mais bon, comme j'ai toujours eu un rapport aux ordinateurs très étrange (j'ai toujours eu beaucoup d'affection pour eux et eux pour moi, y'a pas d'autre mots), avec moi, ils fonctionnent toujours et je sais toujours les codes à écrire, ça m'a permis de faire mon trou sans aucune étude en informatique au départ et en étant très fainéant. J'ai toujours su programmer très vite des trucs dans des langages que je ne connaissais pas vraiment. Bien sûr, depuis mes années de pète névrose et autres, ça a beaucoup changé vu que l'ordinateur n'est plus « ma maman » inconsciemment. Mais j'ai conservé néanmoins une certaine facilité en programmation. Depuis tout petit, j'ai une « clarté d'esprit » particulière qui apparaît suivant les circonstances : quand je lis un texte, soit il est « pour moi » et tout est limpide, je comprends ce qui va être important immédiatement, je lis toujours en diagonale sans réfléchir ou analyser les mots et tout me saute aux yeux ; soit le texte est fermé pour moi, c'est à dire que je n'y comprends rien dès la première phrase. Cela signifie que je ne dois rien en faire. C'est tout, la « clarté d'esprit » ne survient pas, et c'est tellement chiant d'utiliser son cerveau pour comprendre un truc ! Cette manière de faire peut paraître bizarre mais je fonctionne comme ça depuis la naissance, alors c'est normal pour moi. Soit la lumière veut que je comprenne et tout est limpide, même des textes insipides qui feraient vomir un rat de bibliothèque, soit elle ne veut pas (parce que ce n'est pas utile pour moi) et j'en suis réduit à utiliser mon cerveau qui manque forcément d'entraînement, où même des trucs simples me paraissent difficiles à saisir. Néanmoins, j'ai l'intuition que ma manière de procéder est supérieure et, qu'à l'avenir, les enfants fonctionneront de plus en plus sur ce mode. Cette manière de fonctionner est due à mon éducation. A l'avenir, je pense que les enfants qui auront une éducation adaptée seront capables d'accéder à cette « clarté d'esprit » en toute situation. Quelque part j'ai l'impression d'être une sorte de « béta testeur » d'une manière de fonctionner qui tendra à se généraliser. L'homme de demain aura le troisième œil ouvert dès la naissance et parlera dans le subtil naturellement, j'en suis persuadé. C'est comme si j'étais né trop tôt. Et j'imagine que beaucoup de gens partagent ce mode de fonctionnement et cet état d'esprit aujourd'hui sur la planète. J'ai l'intuition que ceux d'après connaitront même l'amour inconditionnel dès la naissance. Mais là, je suis navré pour ceux qui arrivent trop tôt, ils vont bien dérouiller ici (c'est déjà le cas pour certains, peut être ?). D'ici un siècle ça sera réglé, parce que la planète vibrant de plus en plus haut, ceux qui ne suivent pas le mouvement d'évolution spirituelle ne pourront tout simplement plus se réincarner ici. Ils iront dans un monde plus adapté ; de toute façon, des mondes, il y en a un paquet ! Ceux qui suivent le mouvement par contre vont forcément larguer un max de karma et avancer à une vitesse record, c'est obligé puisque nous sommes tractés par la planète. Enfin, tout ceci n'est que mon avis.

Expérience 97
Contrecoup

J'ai eu droit à un super week-end : je me suis morflé un beau contrecoup. L'avantage, c'est que ça devrait commencer à décoincer le bas, mais j'avoue que je ne me suis pas amusé. En gros, ma séance de neurotraining de la semaine dernière a porté sur la connexion à la terre. Ce rapport là est très lié à la nourriture chez moi, c'est à dire que le besoin de se sentir en sécurité passe par la bouffe (cordon ombilical). C'est un détournement pervers de la connexion à la terre, donc de la mère au sens divin. Quand on voit notre société de consommation, je me dis que je ne suis pas le seul et qu'il n'est guère étonnant que nous ayons perdu notre rapport naturel à la planète. C'est mon estomac qui somatisait pour tout jusqu'à maintenant, et cette connexion vient d'être débranchée : en résumé, il ne va plus encaisser pour moi, il va falloir me démerder avec la connexion du bas. En théorie, il me semble que la terre absorbe toutes les énergies négatives et les recycle, donc, au lieu de ressasser nos peurs il suffirait de les envoyer à la terre. Alors qu'en mangeant, en somatisant, on se les garde et ça ne nous allège pas vraiment. Je suis quand même allé me taper une bouffe chez Pascal. Pas pire que d'habitude, mais certes un peu lourd. Résultat : gastro. On ne peut pas dire que je n'aie pas été prévenu. Je vais essayer d'épargner les détails sordides.

1er jour : vomissements. (Refus et rejet des choses)
Cela s'est traduit par une remontée d'angoisses énormes qui ne m'ont pas lâché. La clairaudiance associée à la fièvre, ce n'est pas cool. Une voix me parlait, impossible de la faire taire. Comme si les angoisses se racontaient pour que je les revive.
Le pire est qu'elles sont issues de beaucoup d'autres vies, c'est comme si je me farcissais les angoisses de quelqu'un d'autre. J'en aurais pleuré. Donc me voilà à me farcir une pointe d'angoisse énorme (en plus du mal de bide) et une voix qui me raconte l'angoisse, le contexte, ce qui c'est passé, pourquoi j'en ai fait une souffrance qui ne m'a plus quitté, etc. Quand j'ai bien lâché, on passe à la suivante. J'ai tenté d'appeler la lumière : elle est bien apparue mais elle m'a dit que je refusais de la laisser approcher. (Et elle avait raison en plus : sûrement l'enfant intérieur qui bloquait). Elle m'a dit qu'ils étaient en train de me virer un max de karmas, dans la mesure de ce que je pouvais supporter et que ça irait mieux après. Je passerai les détails des souffrances, mais ce n'était pas l'expérience la plus sympa que j'ai vécue. Ce que j'en ai retenu, c'est que dans la souffrance on refuse de laisser la conscience quitter le corps. Résultat, on se fait absorber et on tombe à fond dedans. J'ai à peine pu faire descendre la lumière et il aurait suffi que je transfère ma conscience dans le corps spirituel pour être peinard. Mais non. Enfin, peut être que je devais le revivre, mais j'ai l'impression que c'est un mauvais réflexe. A travailler, parce que c'est vraiment lors de la souffrance qu'il peut être intéressant d'être dans la lumière.

2ème jour : dysenterie.
Heureusement l'angoisse s'est arrêtée. Mais je me suis bien vidé : une finalisation de l'évacuation de la veille d'après ce que j'ai compris. La voix de la veille m'a tel-

lement saoulé que j'ai fermé en partie le chakra de la gorge. Très efficace. Du coup, je leur ai coupé le sifflet. Le deuxième jour, il y avait juste la douleur physique et là, j'ai pu transférer ma conscience en partie dans la lumière par moment. Mais je suis retombé à chaque fois : décidément ce n'est pas au point du tout. La morale de l'histoire est qu'il va non seulement falloir que j'apprenne à être dans la lumière « dans l'action », mais également en cas de souffrance. Un truc que je gère très mal.

PS: la gastro est « virale ». Mais il faut bien comprendre qu'en cas de maladie, ce qui compte le plus est le terrain. Nous sommes constamment entourés de virus de toutes sortes et nos défenses nous protègent. Si l'enfant intérieur veut s'exprimer, il ouvre la porte et le virus entre. Bien sûr, tout a toujours un sens, ce n'est pas pour rien que j'ai eu droit à la gastro alors que j'ai travaillé sur l'estomac. Chez moi, c'est assez visible parce que, en fait, je suis rarement malade (la dernière fois, c'était il y a un an, une séance de neurotraining m'a fait péter la phobie des voyages, je refusais en effet de partir de Marseille, du coup, pour fêter ça, on est allé en Nouvelle Zélande avec ma femme : 24 heures d'avion, c'est situé presque exactement à l'autre bout de la planète ; je n'aime pas faire dans les demi mesures. Contrecoup : une semaine de bronchite là bas, alors que c'était l'été chez eux). Généralement les contrecoups physiques des séances de thérapies se résument chez moi à avoir le nez qui coule. Le contrecoup physique est presque quasiment obligatoire, l'explication en étant que le corps physique est celui qui lâche le problème en dernier, puisqu'il est situé en bout de chaîne.

Expérience 98
Lumière et paradis

Hier journée moyenne, je suis encore un peu patraque mais ça va beaucoup mieux. J'ai même pu aller bosser. Eh oui, je suis un employé modèle en étant seulement malade le week-end. Mais la journée elle même a été plutôt « fermée ». J'avais bloqué la clairaudiance, vu que mes angoisses « parlantes » m'avaient saoulé, et elle n'est pas revenue de suite. J'ai eu également le « feu » perturbé. Ce qui est normal après mes problèmes gastriques. Hier soir je me suis couché en laissant venir la lumière, sans m'attendre à grand chose. Je n'ai pas été déçu du voyage. Immédiatement, la lumière m'a envahi, plus forte que d'habitude et différente. On dirait que mon intérieur a changé. Le nettoyage a clairement fonctionné. Tout ça s'est fait spontanément. Et là, je me suis retrouvé dans un état étrange et fascinant. Ma conscience s'est trouvée projetée dans trois endroits différents simultanément. Sur le plan du toucher, je sentais mon corps couché normalement, j'étais en même temps debout, droit, en étant un truc de taille indéfinie mais centré à partir du milieu du corps. Etonnant, j'étais à la fois couché et debout ! Dans une partie de conscience, j'étais un monde miniature constitué de lumière pure et qui s'éclairait lui même par sa propre lumière et son amour. Je ne sais pas comment le décrire mieux. Je me sentais sans limite : j'étais un bébé univers. Je voyais dans le monde que j'éclairais ! Je percevais tout comme à l'état de veille, tout en étant un corps couché. Un monde miniature de lumière et une conscience qui se visite elle même : je voyais comme à l'état de veille, et en plein jour, un monde étrange et lumineux avec des arbres et des montagnes, du jamais vu sur terre. Je n'avais pas de corps comme support pour visiter ce monde. Peu importe, c'est pareil. J'ÉTAIS tout simplement dans ce monde de lumière qui était ma création. Ça ressemblait un peu à une peinture abstraite tout en étant totalement réel. J'étais tellement bien, je ne vois pas comment décrire cet état, c'était le paradis. Et surtout, je sentais que j'étais un bébé univers et je brûlais à la fois d'étendre ma conscience, de briller plus fort et de me visiter moi même. Je suis resté pendant un temps indéfini à jouir de ces trois états de conscience simultanément. Puis l'expérience s'est arrêtée et la lumière, bien que très forte, a légèrement diminué et je n'ai plus été que dans mon lit. Je n'ai qu'un regret : ne pas savoir dessiner ou peindre. Parce que, avec les mondes que j'aborde et la clarté de vision que j'ai maintenant, je pourrais partager cela et réaliser une galerie de tableaux de mondes étranges en deux jours. Bien évidement, c'est toujours pareil : plus je travaille à m'enraciner bas, plus la lumière me fait monter haut.

Après cet épisode, la nuit fut bien occupée. Mes rêves furent aussi réels que l'état de veille, alors que d'habitude cet aspect est refoulé. J'ai dû vivre quatre journées en une nuit. Malgré tout, je me suis levé en pleine forme. C'était sympa. Ce matin, j'ai réalisé qu'au final la seule différence avec le rêve du jour, c'est que ce dernier étant contrôlé par l'ego est morne et répétitif. Il faut absolument que je trouve le moyen d'être dans ce triple état de conscience constamment, car étonnamment, il est possible de fonctionner à tous ces niveaux simultanément ! Ce que je pensais impossible ! Ca veut dire que les prophètes n'ont pas menti : le paradis existe, ils ont juste oublié de préciser qu'on pouvait y entrer de son vivant.

J'ai posé la question et on m'a répondu que c'était un aperçu d'un état que je dois réussir à reproduire constamment. Et il faut juste que le « bébé lumière monde » grandisse. Je suppose que quand il brillera de la pure lumière de l'esprit, il sera adulte.

Conclusion

Notre ego est constitué d'une horde de petits « moi » indépendants. Chaque « moi » a été créé à partir d'une peur. Chaque fois qu'on met en lumière la peur qui a créé ce petit « moi », il est réintégré et ne peut plus nous diriger inconsciemment. En temps normal, l'ego étant plein de réactions préprogrammées, il réagit automatiquement à toute situation de l'existence. Cela donne des gens qui « subissent » leur environnement et sont constamment en « réaction » vis-à-vis de lui. La programmation étant toujours la même, la vie va avoir tendance à tourner en boucle. Notre société crée un fort ego qui est ensuite très sollicité, le résultat est que nos journées sont quasi identiques de la naissance à la mort : à telle heure tu te lèves, puis tu vas bosser, puis tu manges à telle heure…
Le moi supérieur (intuition) est ignoré. Notre éducation fait que la majorité des gens préfèrent ignorer les évidences et leurs expériences pour s'en remettre à leur éducation préprogrammée ou à l'avis des autres (télévision).
Notre instinct (enfant intérieur) est refoulé et personne ne sait plus dans la société ce que la joie ou la « jouissance » signifient, tout est fade et terne. Evidemment, celui qui n'a pas connu une extase mystique, même petite, ou fait sortir une fois l'enfant intérieur pourrait nier cela, et penser que recevoir son chèque de fin de mois est le plus grand plaisir qu'il puisse avoir. Tout est relatif ! De plus, nous sommes esclaves du temps, chacun le dit : il n'a pas le temps, le temps c'est de l'argent, etc.

Notre société est basée sur l'égocentrisme : on sollicite l'ego sans arrêt et on le manipule de manière constante principalement grâce à la télévision. Publicité pour créer des besoins ou des envies, journal télévisé pour dire au citoyen ce qu'il doit savoir du monde, distractions plus ou moins violentes et perverses, sans compter un phénomène relativement récent : la virtualisation de la vie. Maintenant les gens vivent dans des vies virtuelles sur internet et autres médias (sims, etc..).
Tout est conçu pour fabriquer une horde de robots de la naissance à la mort ; évidemment, c'est plus simple de gérer un pays de cette manière. Mais voilà la question : notre nature implique-t-elle ce genre de vie ? Cette manière de faire ne rend-elle pas, inconsciemment, les gens suicidaires ? Ne sommes-nous pas tout simplement en processus d'auto destruction ?

Remettre les choses dans le bon ordre :

La porte d'entrée consiste à commencer par alléger l'ego : supprimer un maximum de schémas, en commençant par ceux qui nous font souffrir ou provoquent des problèmes. Moins il y a de schémas, moins nous sommes en processus de « réaction » et plus nous pouvons doucement nous éveiller à la réalité. Commencer à décrocher nos téléphones portables de l'oreille et ouvrir les yeux sur notre monde au lieu de fonctionner de manière « machinale ».
Si le moi supérieur reprend le contrôle, on commence à être dans l'action et non plus dans la réaction : on devient co-créateur de sa vie, de manière de plus en plus consciente. L'inattendu peut entrer dans notre vie, et il ne s'agit plus ici de subir des choses traumatisantes, qui empêchent l'ego d'effectuer sa journée préprogrammée bien « huilée », mais de participer à des expériences qui nous font évoluer réellement. Si l'enfant intérieur

sort, on réintègre le moment présent et la jouissance des choses. Personne ne réalise à quel point l'ego nous montre toujours la même chose, nous ne regardons plus les arbres, les gens, le ciel. On peut commencer à percevoir le monde de manière plus « réelle », et le monde est en perpétuel changement : il n'est jamais figé, personne n'est deux fois identique, aucun arbre n'est toujours le même. Ceci est un processus qui se fait petit à petit et permet doucement de sortir du « rêve » répétitif où nous plonge l'ego pour effleurer un peu plus la réalité qui, elle, est changements et transformations constants.

**Venez visiter notre site
www.interkeltia.com
pour voir nos nouveautés, préfaces,
articles de presse, extraits, etc.**

**Vous pouvez y acheter en ligne,
dans notre boutique :
- des livres reliés
- des PDF (livres sous format électronique)
Conditions de vente imbattables**